BLUE BOOK

智库成果出版与传播平台

河南省社会科学院哲学社会科学创新工程试点项目

河南蓝皮书
BLUE BOOK OF HENAN

河南流通发展报告
（2024）

ANNUAL REPORT ON CIRCULATION DEVELOPMENT
OF HENAN (2024)

恢复和扩大消费

主　编／王玲杰　宋　峰
副主编／任秀苹　王中亚

社会科学文献出版社
SOCIAL SCIENCES ACADEMIC PRESS (CHINA)

图书在版编目(CIP)数据

河南流通发展报告.2024：恢复和扩大消费／王玲杰，宋峰主编；任秀苹，王中亚副主编.--北京：社会科学文献出版社，2023.12
（河南蓝皮书）
ISBN 978-7-5228-2775-9

Ⅰ.①河… Ⅱ.①王… ②宋… ③任… ④王… Ⅲ.①流通业-产业发展-研究报告-河南-2024 Ⅳ.①F724

中国国家版本馆CIP数据核字（2023）第218436号

河南蓝皮书
河南流通发展报告（2024）
——恢复和扩大消费

主　　编／王玲杰　宋　峰
副 主 编／任秀苹　王中亚

出 版 人／冀祥德
组稿编辑／任文武
责任编辑／王玉山
文稿编辑／张　爽　田正帅　李铁龙
责任印制／王京美

出　　版／社会科学文献出版社·城市和绿色发展分社（010）59367143
　　　　　地址：北京市北三环中路甲29号院华龙大厦 邮编：100029
　　　　　网址：www.ssap.com.cn
发　　行／社会科学文献出版社（010）59367028
印　　装／天津千鹤文化传播有限公司
规　　格／开　本：787mm×1092mm　1/16
　　　　　印　张：18.5　字　数：282千字
版　　次／2023年12月第1版　2023年12月第1次印刷
书　　号／ISBN 978-7-5228-2775-9
定　　价／128.00元

读者服务电话：4008918866

版权所有 翻印必究

河南蓝皮书系列（2024）
编委会

主　任　王承哲

副主任　李同新　王玲杰

委　员　（按姓氏笔画排序）

　　　　万银锋　王宏源　王建国　王承哲　王玲杰
　　　　邓小云　包世琦　冯玺玲　刘朝阳　闫德亮
　　　　李　娟　李立新　李同新　杨东风　杨兰桥
　　　　完世伟　宋　峰　张富禄　陈东辉　陈明星
　　　　陈建魁　赵西三　郐永军　唐金培　曹　明
　　　　潘世杰

主编简介

王玲杰 经济学博士,河南省社会科学院党委委员、副院长,二级研究员。享受河南省政府特殊津贴专家、河南省学术技术带头人、河南省宣传文化系统"四个一批"人才、全省百名优秀青年社会科学理论人才。主持国家级、省部级社会科学研究项目20余项;发表论文80余篇,出版著作20余部。

宋　峰 河南省社会科学院商业经济研究所副所长,高级经济师。长期从事企业管理及管理现代化、管理创新、企业文化、人力资源管理、企业管理咨询等研究工作。承担并完成了数十项研究课题,多项研究成果获得省部级以上奖励。先后发表论文30余篇,出版著作4部。

摘　要

本书由河南省社会科学院主持编撰，主题为"恢复和扩大消费"，全面分析了2023年河南省流通业运行的基本态势和突出特点，对2024年河南省流通业发展面临的形势进行了研判，并对流通业运行趋势进行了预测和展望。全书分为总报告、主题报告、分报告、专题报告、区域报告五个部分，多角度提出恢复和扩大消费、加快河南省流通业高质量发展的思路和对策，助力河南省加快融入新发展格局和国内统一大市场，强化河南省锚定"两个确保"、实施"十大战略"的流通支撑。

总报告由河南省社会科学院商业经济研究所课题组撰写，代表了本书对2023~2024年河南省流通业运行态势与发展趋势的基本观点。报告认为，自2023年以来，面对极其复杂的国内外环境，河南省主动适应新形势新要求，紧抓构建以国内大循环为主体、国内国际双循环相互促进的新发展格局战略机遇，锚定"两个确保"，实施"十大战略"，把恢复和扩大消费摆在优先位置，消费市场提质扩容，新模式新业态快速发展，物流助推降本增效，电子商务发展迅速，对外贸易稳中提质，发展环境不断优化，全省流通业呈现稳中有进的良好态势。2024年是全面贯彻落实党的二十大精神的关键之年，河南省流通业发展面临的机遇大于挑战，大宗商品价格将企稳回升；消费品市场稳中有升，持续向好；高基数下，货物贸易将稳中提质，贸易结构将持续优化；电商应用愈加广泛，电子商务交易额预计增长10%以上。

主题报告对河南省恢复和扩大消费的重点与路径提出了针对性对策建议，并对全省17个省辖市和济源示范区流通业发展质量进行了评价。分报

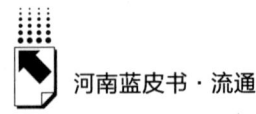

告主要对大宗商品流通、消费品市场、对外贸易、电子商务2023年度运行态势进行了分析并提出了对策建议。专题报告从银发消费、数字消费、绿色消费、城乡消费、消费环境、"夜经济"、商贸流通效率等角度展开研究。区域报告对郑州经开区陆港型物流发展高地、郑州国际消费中心城市、鹤壁城市一刻钟便民生活圈建设及其文旅消费态势等进行了典型案例研究。

关键词： 流通业　恢复和扩大消费　业态创新　跨界联动　河南省

目 录

Ⅰ 总报告

B.1 2023~2024年恢复和扩大消费背景下河南省流通业发展形势
分析与展望………… 河南省社会科学院商业经济研究所课题组 / 001

Ⅱ 主题报告

B.2 河南省恢复和扩大消费的重点与路径研究
………………………………………… 候淑娟 宋 峰 任秀苹 / 019
B.3 河南区域商贸流通业竞争力评价报告
……………………… 河南省社会科学院商业经济研究所课题组 / 037

Ⅲ 分报告

B.4 2023~2024年河南省大宗商品流通形势分析与展望
…………………………… 孙 波 李晓沛 刘叶青 吴 涛 / 051
B.5 2023~2024年河南省消费品市场形势分析与展望 …… 曹 雷 / 062
B.6 2023~2024年河南省对外贸易发展形势分析与展望
………………………………………………………… 周 琼 / 072
B.7 2023~2024年河南省电子商务发展形势分析与展望
……………………………………………… 张 巍 袁文卓 / 087

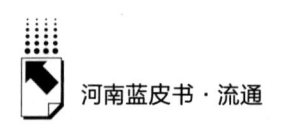

Ⅳ 专题报告

B.8 以完善河南社区养老服务促进银发消费………… 陶宏展 / 097
B.9 河南省数字消费需求扩容研究………………………… 胡骁马 / 108
B.10 河南省绿色消费发展研究…………………………… 杨 旭 / 120
B.11 河南省城乡消费差异化研究………………………… 许元涛 / 136
B.12 河南省"夜经济"高质量发展对策研究…………… 乔金燕 / 148
B.13 河南省农产品现代流通体系研究…………………… 都鹤鸣 / 162
B.14 河南省消费环境提升策略研究……………………… 王超亚 / 172
B.15 中部六省视域下河南省商贸流通效率评价研究…… 贾万聪 / 184
B.16 发挥口岸优势 提升河南省经济循环效能………… 王 梁 / 198
B.17 新发展格局下河南跨境电商高质量发展的机遇与挑战
　　　　……………………………………………………… 候淑娟 / 209

Ⅴ 区域报告

B.18 打造陆港型物流发展高地 释放枢纽经济新动能…… 张进才 / 221
B.19 以枢纽经济助力郑州国际消费中心城市建设的思考与建议
　　　　……………………………………………………… 弋伟伟 / 228
B.20 鹤壁市城市一刻钟便民生活圈试点建设借鉴
　　　　………………………… 李红生 王斋民 党 伟 杨济铭 / 243
B.21 2023年鹤壁文旅消费态势分析
　　　　………………………………… 呼田甜 李 凯 秦福广 / 253

Abstract ………………………………………………………………… / 263
Contents ………………………………………………………………… / 265

总报告

B.1
2023~2024年恢复和扩大消费背景下河南省流通业发展形势分析与展望

河南省社会科学院商业经济研究所课题组[*]

摘　要： 自2023年以来，面对极其复杂的国内外环境，河南省主动适应新形势新要求，紧抓构建以国内大循环为主体、国内国际双循环相互促进的新发展格局战略机遇，锚定"两个确保"，实施"十大战略"，把恢复和扩大消费摆在优先位置，消费市场提质扩容，新模式新业态快速发展，物流助推降本增效，电子商务发展迅速，对外贸易稳中提质，发展环境不断优化，全省流通业呈现稳中有进的良好态势。2024年是全面贯彻

---

[*] 课题组组长：王玲杰。课题组成员：宋峰、任秀苹、王中亚、贾万聪、陶宏展、胡骁马、候淑娟。执笔人：任秀苹。宋峰，河南省社会科学院商业经济研究所副所长、高级经济师，研究方向为企业管理；任秀苹，河南省社会科学院商业经济研究所高级经济师，研究方向为流通、消费等；王中亚，河南省社会科学院商业经济研究所副研究员，研究方向为产业经济等；贾万聪，河南省社会科学院商业经济研究所研究实习员，研究方向为企业发展与商贸流通；陶宏展，河南省社会科学院商业经济研究所助理研究员，研究方向为人口老龄化；胡骁马，河南省社会科学院商业经济研究所助理研究员，研究方向为财政理论与政策、数字经济、消费理论；候淑娟，河南省社会科学院商业经济研究所研究实习员，研究方向为数字贸易、商贸流通。

落实党的二十大精神的关键之年，河南省流通业发展机遇大于挑战，大宗商品价格将企稳回升；消费品市场稳中有升，持续向好；高基数下，货物贸易将稳中提质，贸易结构持续优化；电商应用愈加广泛，电子商务交易额预计增长10%以上。河南省以习近平新时代中国特色社会主义思想为指导，深入贯彻党的二十大精神，坚持稳中求进工作总基调，完整、准确、全面贯彻新发展理念，抢抓构建新发展格局战略机遇，把恢复和扩大消费摆在优先位置，以深化供给侧结构性改革为主线，多措并举促进消费，提高供需适配性，推动线上线下融合发展，加快流通跨界联动，加大流通创新力度，提升辐射力影响力，促进流通业高质量发展，打造以国内大循环为主体、国内国际双循环相互促进的新发展格局的重要支点。

关键词： 扩大消费　流通创新　跨界联动　河南省

一　2023年以来恢复和扩大消费背景下河南省流通业发展成效

自2023年以来，面对极其复杂的国内外环境，河南省坚持以习近平新时代中国特色社会主义思想为指导，坚决贯彻党中央、国务院决策部署，主动适应新形势新要求，紧抓构建以国内大循环为主体、国内国际双循环相互促进的新发展格局战略机遇，锚定"两个确保"，实施"十大战略"，把恢复和扩大消费摆在优先位置，新模式新业态快速发展，物流助推降本增效，电子商务发展迅速，对外贸易稳中提质，发展环境不断优化，全省流通业呈现稳中有进的良好态势，促进消费市场加快恢复升级，更好满足人民美好生活需要。

（一）消费市场提质扩容

随着经济社会全面恢复常态化运行和各项助企纾困及促消费政策持续出

2023~2024年恢复和扩大消费背景下河南省流通业发展形势分析与展望

台并加快实施，政策效应不断显现，全省消费品市场持续稳定恢复。2023年1~9月全省社会消费品零售总额为18745.9亿元，同比增长5.0%，高于上年同期3.1个百分点，比上半年收窄0.8个百分点，低于全国平均增速1.8个百分点。9月，限额以上单位消费品零售额增长7.7%，增速环比上升1.2个百分点；全省限额以上批发零售业的23类商品中有14类增速比上半年加快，占比为60.9%。出行类消费保持增长态势。1~9月，全省限额以上单位汽车类、石油及其制品类商品零售额分别增长8.6%、19.8%，其中新能源汽车零售额增长58.0%。文娱类消费快速复苏。2023年1~9月，全省规模以上文化、体育和娱乐业营业收入增长27.2%，比上年同期提高33.8个百分点。河南省文化和旅游厅数据显示，中秋国庆双节8天假期全省共接待游客8480.1万人次，旅游收入达587.6亿元。河南省商务厅数据显示，双节8天假期全省重点监测的360家零售和餐饮企业累计实现销售额31.33亿元，比上年同期增长9.7%，比2019年同期增长14.4%；重点监测的15家餐饮企业累计实现营业收入772.5万元，比上年同期增长42.7%，比2019年同期增长24.3%。10月，全省限额以上单位通过公共网络实现的商品零售额增长56.9%，高于限额以上单位零售额增速24.7个百分点，占限额以上单位零售额的7.5%，占比比上年同期提高1.6个百分点。

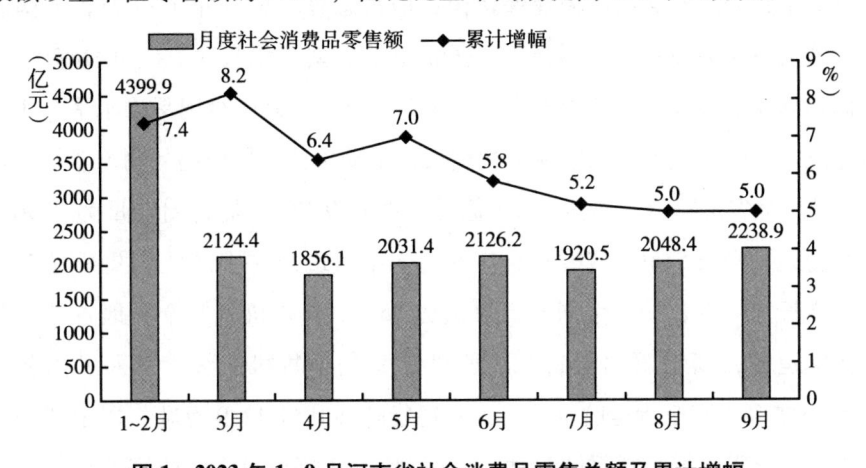

图1 2023年1~9月河南省社会消费品零售总额及累计增幅

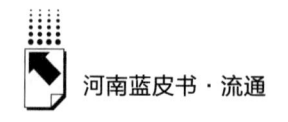

（二）新模式新业态快速发展

新一轮科技革命和产业变革加速推进，互联网、大数据、人工智能、虚拟现实等新一代信息技术加速渗透，深刻改变了消费习惯与供需衔接方式，新零售、预制菜、沉浸体验式消费等新业态新模式不断涌现。近年来，网络购物的发展进程和流通企业的数字化转型步伐不断加快，除了传统的实体门店以外，短视频、社交媒体、测评类App成为影响消费者决策的重要渠道。面对个性化、多元化消费的兴起，市场竞争逐步从以产品、渠道为中心向以消费者为中心转变，直播、即时零售、折扣店、奥莱因契合了疫情后消费者"高质优价"的心理诉求和互动抢购式的购物模式，成为当下热门的新零售形式。"赵一铭零食""折扣牛""多乐屯"等平价折扣店加速发展，"小吃小喝"品类的连锁化率快速提升。

（三）物流助推降本增效

2023年前三季度，河南省物流业景气指数均值回升至51.9%，高于全国平均水平0.6个百分点，高于上年同期2.9个百分点，高于2023年上半年0.2个百分点。交通运输业保持快速增长态势。2023年1~9月，河南省社会物流总额为146846.7亿元，按可比价格计算，增长5.1%，增速高于上年同期0.6个百分点、高于上半年0.2个百分点、高于全国平均水平0.3个百分点。其中，线上电商物流加快增长，带动单位与居民物品物流总额增长12.1%。全省货物运输量为20.9亿吨，增长9.7%；货物周转量为8796.4亿吨公里，增长5.5%。2023年1~9月，中欧班列（中豫号）共开行2028列，增长76.3%，约占全国开行总量的15%。郑州机场首个异地货站在苏州揭牌运营，新增郑州至首尔、德里等9条全货机航线，引入了比利时CHG航空等4家全货运航空公司，实现货邮吞吐量42.9万吨，居中部六省第1位。全省机场货邮吞吐量达43.0万吨，降幅较上半年收窄4.0个百分点。截至2023年9月，全省社会物流总费用为6807.2亿元，增长5.5%，增速低于上年同期0.6个百分点，社会物流总费用占地区生产总值的14.2%，占比低于上年同期0.2个百分点，低于全国平均水平0.1个百分点。

（四）电子商务发展迅速

2023年1~6月，全省电子商务交易额为6467.8亿元，居全国第10位，较上年同期增长12.4%；其中，商品类交易额为4880.6亿元，同比增长7.0%；服务类交易额为1587.3亿元，同比增长32.9%，保持快速增长态势。1~9月，全省网上零售额为3258.3亿元，同比增长19.0%，高于全国平均增速7.4个百分点。其中实物商品网上零售额为2726.2亿元，同比增长18.3%，高于全国平均增速9.4个百分点。截至6月底，河南监测的本省电子商务平台共计78个，在本省电子商务平台上实现的交易金额为2034.3亿元，同比增长14.6%。从地区分布来看，电子商务平台拥有量最多的城市是郑州，其拥有34个电子商务平台，实现交易金额1549.7亿元，分别占全省的43.6%和76.2%。截至2023年9月，河南省创建国家级电子商务示范城市、示范基地、示范企业分别为2个、8个、19家，认定省级电子商务示范基地、示范企业分别为96个、324家，累计认定电子商务进农村综合示范县99个，电子商务示范体系建设成效显著。

（五）对外贸易稳中提质

2023年1~9月，全省货物贸易额为5719.6亿元，同比下降6.8%，规模居全国第12位，降幅较1~6月扩大3.4个百分点，增速低于全国平均水平6.6个百分点。其中，出口额为3730.8亿元，下降1.6%，规模居全国第10位；进口额为1988.8亿元，下降15.2%，规模居全国第13位。对"一带一路"共建国家进出口2555.6亿元，增长1.8%，占全省进出口总额的44.7%。对金砖国家进出口428.0亿元，增长6.5%，占全省进出口总额的7.5%。从主要进口商品来看，农产品进口额为93.9亿元，增长27.3%。其中，肉类（包括杂碎）进口额为23.0亿元，增长106.5%；奶粉进口额为7.4亿元，增长165.8%；豆类进口额为23.0亿元，增长68.2%；食用油进口额为1.6亿元，增长48.0%；酒类及饮料进口额为2.8亿元，增长53.0%；中药材进口额增长484.7%；服装及衣着附件进口额为7.3亿元，增长2443.3%；电动载人汽车进口额增长19.5%（见表1）。1~9月，全省跨境电商进出口额（含快递包裹）为1880.9亿元，增长10.4%。其中，出口额为1435.2亿元，增长10.0%；进口额为445.7亿元，增长11.5%。快递包裹出口额为6.5亿元，增长22.6%。周口、焦作、许昌3市跨境电商进出口额增幅超30%。

表1 2023年1~9月河南省部分商品进口额及其增速

单位：万元，%

商品名称	金额	增速	商品名称	金额	增速
农产品	939361.5	27.3	机电产品	11924673.4	-26.0
肉类（包括杂碎）	230485.7	106.5	家用电器	2098.0	24.9
水产品	30971.9	37.7	音视频设备及其零件	3887850.9	4.1
乳品	87405.7	60.1	音视频设备的零件	3887355.9	4.1
奶粉	74351.2	165.8	电子元件	4951410.3	-41.0
干鲜瓜果及坚果	14754.2	2.4	汽车（包括底盘）	2640.3	-46.8
粮食	247500.2	14.2	乘用车	2640.3	-45.9
谷物及谷物粉	17471.6	-78.2	商用车	0.0	-100.0
豆类	230028.5	68.2	货车	0.0	-100.0
食用油	16120.4	48.0	汽车零配件	57778.0	-13.0
食糖	550.7	-46.4	飞机及其他航空器	14704.8	--
酒类及饮料	27840.0	53.0	航空器零部件	806.1	-22.1
医药材及药品	23436.4	-43.7	医疗仪器及器械	55667.1	-45.3
中药材	2701.4	484.7	钟表及其零件	5068.4	-22.7
美容化妆品及洗护用品	368286.9	-12.1	手表	5033.0	-23.1
服装及衣着附件	73104.2	2243.3	电动载人汽车	337.4	19.5
珍珠、宝石及半宝石	17913.5	23.8	文化产品	116046.8	-21.5
钻石	6920.5	80.4	食品	858221.1	41.5

注：农产品、机电产品和高新技术产品包括本表中已列明的有关商品。
资料来源：郑州海关。

（六）发展环境不断优化

党中央和国务院高度重视扩大消费。习近平总书记多次就促进消费做出重要论述，强调"把恢复和扩大消费摆在优先位置"[1]"要增强消费能力，改善消费条件，创新消费场景，使消费潜力充分释放出来"[2]"着力扩大有收入支撑的消费需求"[3]。商务部将2023年定为"消费提振年"，组织开展一系列促消费活动。中共中央、国务院印发了《扩大内需战略规划纲要（2022—2035年）》，国家发改委、商务部等部门就进一步扩大消费出台了关于促进家居消费的11条措施、关于促进汽车消费的10条措施、关于恢复和扩大消费的20条措施等具体政策举措。自2023年以来，河南省相继出台《大力提振市场信心　促进经济稳定向好政策措施》《关于印发进一步促进消费若干政策措施的通知》《关于印发持续扩大消费若干政策措施的通知》等系列政策措施，助力商贸流通业高质量发展。

二　恢复和扩大消费背景下河南省流通业存在的主要问题

（一）线上线下融合深度不够

2023年1~9月，全省限额以上单位通过公共网络实现的商品零售额占限额以上单位商品零售额的7.5%，占比比上年同期提高1.5个百分点，但仍处于偏低水平。2023年前三季度全省实物商品网上零售额为2726.2亿元，占全省社会消费品零售总额的14.5%，比全国平均水平（26.4%）低11.9个百分点。电商新兴主体深挖细分领域、创新业态模式，消费品制造企业触网、全渠道营销大势所趋。从全国电商发展情况来看，电商呈现较高

---

[1] 2022年12月15日，习近平在中央经济工作会议上的讲话。
[2] 2022年12月15日，习近平在中央经济工作会议上的讲话。
[3] 2023年1月31日，习近平在中央政治局第二次集体学习时的讲话。

的空间集聚性，发展格局呈现"东强西弱"的态势，河南省电子商务销量占比和销售额占比分别居第 11 位和第 12 位（见表2）。从各类别商品区位熵来看，河南省在家用电器、母婴用品、日用百货、食品生鲜、图书影像、玩模乐器、艺术收藏等品类方面具有一定优势，但与发达省（区、市）相比并不突出（见图2）。截至 2022 年底，河南省市场主体突破 1000 万户，居全国第 4 位，但触网主体偏少，线上线下未深度融合。

表 2　排前 15 位的省（区、市）电子商务销量占比及销售额占比情况

单位：%

省(区、市)	销量占比	销量占比排名	省(区、市)	销售额占比	销售额占比排名
浙江省	28.61	1	广东省	28.08	1
广东省	18.20	2	北京市	17.26	2
上海市	11.45	3	浙江省	15.87	3
北京市	11.15	4	上海市	13.74	4
江苏省	6.32	5	江苏省	6.08	5
福建省	4.23	6	福建省	3.94	6
安徽省	3.28	7	山东省	3.48	7
山东省	3.17	8	安徽省	1.82	8
湖北省	2.15	9	湖北省	1.42	9
四川省	1.91	10	河北省	1.11	10
河南省	1.64	11	四川省	1.05	11
湖南省	1.40	12	河南省	1.03	12
河北省	1.33	13	湖南省	0.85	13
江西省	1.11	14	江西省	0.75	14
内蒙古自治区	0.55	15	重庆市	0.72	15

资料来源：商务部国际贸易经济合作研究院、值得买科技集团《中国电子商务区域发展大数据报告（2023）》。

（二）跨界联动发展不足

2022 年全国居民人均服务性消费支出占居民人均消费支出的 43%，人均 GDP 突破 1 万美元，医疗、教育、体育、文娱等服务消费占比攀升，成

2023~2024年恢复和扩大消费背景下河南省流通业发展形势分析与展望

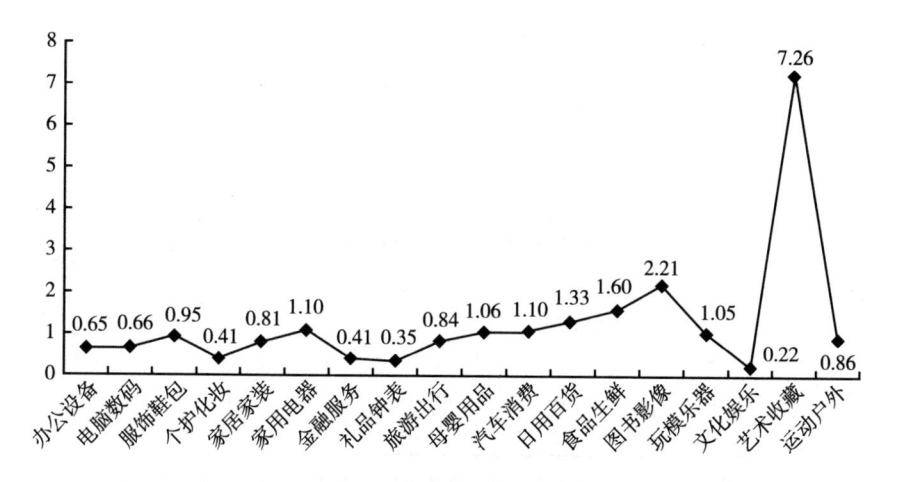

图2 河南省分类别商品区位熵

数据点:办公设备0.65、电脑数码0.66、服饰鞋包0.95、个护化妆0.41、家居家装0.81、家用电器1.10、金融服务0.41、礼品钟表0.35、旅游出行0.84、母婴用品1.06、汽车消费1.10、日用百货1.33、食品生鲜1.60、图书影像2.21、玩模乐器1.05、文化娱乐0.22、艺术收藏7.26、运动户外0.86。

说明:区位熵用来衡量某个区域某个产业的集聚水平,一般而言,区位熵值大于1表明该区域该产业在全国具有一定优势。

资料来源:商务部国际贸易经济合作研究院、值得买科技集团《中国电子商务区域发展大数据报告(2023)》。

为消费升级的主要方向。扩消费离不开商品消费和服务消费,需要促进商品消费与文化、旅游、展会、体育、科技等服务消费深度联动发展。虽然河南省在商文旅联动发展方面已取得一定成效,尤其是以河南博物馆为代表的头部文博机构流量暴涨,但在传统文化回归和国风文化盛行的大环境下,省内一些文博单位客流量仍需提升,商贸流通与展会、体育等联动不足。重庆、成都等地的一些好的做法值得借鉴(见表3)。重庆结合特色优势产业、密切跟踪跨界融合新热点、新趋势,创办重庆国际马拉松赛体育博览会、中国西部动漫文化节、中国西部旅游产业博览会等"展会+体育""展会+文化""展会+旅游"等融合性展会,链接多元产业释放"蝴蝶效应"。截至2023年5月,运营10余年的悦来国际会展城累计承接展会活动2638场,展览面积达1411万平方米。其中,10万平方米以上大型展览36场、国际展会117场,举办500人以上会议642场,接待世界客商约2215万人次,拉动城市消费上千亿元。成都借势大运会,致力发展"体育+百业"的公园城市体育经济,依托大型商业项目,以体育为引领,对餐饮、娱乐、购物等产业进行深度整合互融。自2023年以来，持续开展融入体育消费、具有"体商"融合特点的赛事活动208场次，第一季度成都体育消费额达157.7亿元，同比增长12.3%。

表3 2022年重庆、成都、郑州展览规模情况

城市	展览面积（万平方米）	展览面积占比（%）	展览数量（场）	展览数量占比（%）	全国城市排名（按展览面积）
重庆	176.78	3.74	95	3.69	4
成都	173.60	3.68	49	1.91	5
郑州	114.09	2.42	69	2.68	14

资料来源：中国会展经济研究会统计工作专业委员会《2022中国展览数据统计报告》。

（三）流通创新有待加强

新一轮科技革命和产业变革加速推进，助推跨境电商、新零售等新业态新模式不断涌现，即时零售向全场景渗透、全品类创新，咖啡、茶饮、烘焙等品类品牌细分赛道持续突围，万店以上规模的餐饮连锁门店数占比从2018年的0.7%提升至2022年的1.5%。近1亿人口超大规模市场为河南全省流通创新提供了肥沃土壤，但流通创新仍显不足。美团和连锁经营协会联合发布的《2023中国餐饮加盟行业白皮书》显示，在"2023中国餐饮加盟榜Top100"中，河南省仅有蜜雪冰城、幸运咖和至尊比萨3个品牌入围；在"2023年中国网络零售Top100"榜单中仅好想你一家入围，入围企业数量与北上广深差距较大。

（四）影响辐射力待提升

一是知名爆款消费IP较少。受制于历史文化和旅游资源开发水平以及地标性商业载体和新消费场景缺失、地域特色不够鲜明、宣传推广不足等多重因素，省内知名爆款消费IP较少，对外辐射力和影响力不足。二是省会城市吸引和辐射带动力不强。郑州作为国家中心城市，在促进消费升级和满

足省内人民日益增长的消费需求方面发挥了重要作用，但相较于中西部其余7个省会城市，常住人口首位度和社会消费品零售总额首位度排名都较为靠后，特别是郑州零售业对区域消费的吸引力不足，市场影响力和辐射力均需提高（见表4）。相较之下，湖北、湖南、四川等省都实施强省会战略。2022年，湖南省委、省政府印发了《关于实施强省会战略支持长沙市高质量发展的若干意见》，从多个方面支持省会长沙发展。

表4 2022年部分中西部省份省会城市常住人口及社会消费品零售总额首位度情况

省会城市	常住人口（万人）	常住人口首位度（%）	社会消费品零售总额（亿元）	社会消费品零售总额首位度（%）
太原	543.5	16	1761.4	23.30
合肥	963.4	16	5021.6	23.30
南昌	653.8	14	3012.0	23.40
郑州	1282.8	13	5223.1	21.40
武汉	1373.9	24	6936.2	31.30
长沙	1042.1	16	5235.6	27.50
成都	2126.8	25	9096.5	37.70
西安	1299.6	33	4642.1	44.60

资料来源：2022年各省、市国民经济和社会发展统计公报。

三 河南省流通业发展面临的形势及展望

流通连接生产和消费，是实现国民经济循环畅通的关键环节，对推动经济高质量发展发挥着重要的基础性、先导性、战略性作用。2024年是全面贯彻落实党的二十大精神的关键之年，河南省流通业发展将迎来更多机遇与挑战。

（一）提升消费内生动力助推商贸流通业高质量发展

超大经济体都具有内需占主导的经济特征，特别是居民消费成为超大经济体最持续、最强大的经济发展动力。世界银行数据显示，2021年美国、日本、印度和法国等国的居民消费占GDP的比重分别为68.2%、53.5%、61.1%和52.7%。2022年，我国社会消费品零售总额达43.97万亿元，稳居全球第二大消费市场，居民消费支出达44.79万亿元，居民消费支出占GDP的比重为37.13%，仍处于偏低水平，未来提升空间很大。2022年全国经济工作会议将"着力扩大国内需求"作为重点工作任务，并提出"要把恢复和扩大消费摆在优先位置"。流通作为生产和消费的中间环节，具有促进消费和引导生产的重要作用。未来相当长一段时间里，商贸流通业将伴随消费内生动力提升迎来一个黄金发展期。

（二）消费更趋理性对流通降本增效提出更高要求

德勤发布的《2023中国消费者洞察与市场展望白皮书》显示，41%的受访者选择"我买的都是我真正需要的东西"，36%的受访者选择"我乐于寻找性价比最高的品牌和产品"紧随其后，凸显出务实、理性正成为消费者的主流消费观念。在好而不贵，大品牌小价格，既好又省等消费理念驱动下，折扣零售进入发展快车道，对便利店、商超和购物中心的冲击不可避免。波士顿咨询公司（BCG）发布的2023年上半年中国消费者调研数据显示，中产消费者群体持续向物美价廉的渠道倾斜，具有价格优势的渠道吸引力大幅提升，其中，对比过去6~12个月，奥莱店/折扣店作为首选渠道指数增长68%。公开数据显示，2023年上半年，全国奥特莱斯销售额超过1300亿元，仅用半年时间就达到了上年61%的销售额。奥莱店/折扣店离不开高效的供应链和门店运营、精益化的成本控制以及持续的产品创新，奥莱店/折扣店的业态创新核心，应是如何打造低成本经营体系、向消费者持续供给品牌折扣商品和加大品牌商品的折扣力度。真实的"性价比"及供应链和运营的高效率是折扣店的核心竞争力。

（三）复杂多变的国内外经济环境影响流通业发展

国际形势动荡多变，全球通胀率上升提高各国货币政策收紧可能性，叠加地缘政治冲突，多方因素冲击大宗商品供给和价格；国内经济承压回升向好，中国经济韧性强、潜力大、活力足，长期向好的基本面依然未变，煤炭、有色金属、化工等行业运行平稳，为大宗商品保障供给和价格稳定给予强劲支撑。全球经济缓慢复苏，国际需求增速放缓，新增长点不足等因素不利于高基数下河南省外贸增长。省内需求收缩、供给冲击、预期转弱三重压力仍然较大，但2023年以来省内围绕恢复和扩大消费打出一系列"组合拳"，消费信心提振，消费潜力不断释放，消费市场将持续提质扩容。

（四）未来展望

综合上述形势判断，2023年全省大宗商品价格波动回落，社会消费品零售总额有望增长6%左右；电商应用更加广泛，电子商务交易额预计将增长10%以上；高基数下外贸继续承压，货物贸易稳中提质。2024年，大宗商品价格将企稳回升；消费品市场稳中有升，持续向好；高基数下，货物贸易将稳中提质，贸易结构持续优化；电商应用愈加广泛，电子商务交易额预计增长10%以上。

四 河南省加快流通业发展的对策建议

以习近平新时代中国特色社会主义思想为指导，深入贯彻党的二十大精神，坚持稳中求进工作总基调，完整、准确、全面贯彻新发展理念，抢抓构建新发展格局战略机遇，把恢复和扩大消费摆在优先位置，以深化供给侧结构性改革为主线，多措并举促进消费，提高供需适配性，推动线上线下融合发展，加快流通跨界联动，加大流通创新力度，提升幅射力影响力，促进流通业高质量发展，打造以国内大循环为主体、国内国际双循环相互促进的新发展格局的重要支点。

（一）提高供需适配性

顺应消费需求新趋势，把恢复和扩大消费摆在优先位置，提高供需适配性，促进消费提质扩容。

一是提高商品消费的适配性。让高收入者敢于消费，提高高端需求的供给质量，推动高端消费由购买管理向使用管理转变，对居民消费尽可能不干预、少限制。大力扩大优质消费品进口规模。优化调整跨境电商零售进口商品清单，扩大消费需求旺盛的商品进口规模，更好满足居民多元化消费需求。积极发展免税经济，支持设立市内免税店和口岸免税店，满足进出境人员消费需求。出台鼓励耐用品更新换代的回收政策和财税政策。规范发展二手市场，形成梯次消费结构，满足不同消费群体需求。加快构建废旧物资循环利用体系，推动二手汽车、家电、家具、电子产品等循环利用。

二是扩大服务消费。遵循服务消费升级趋势，结合河南省老龄化加剧、"Z世代"群体独立、健康意识增强等发展实际，大力发展医疗、教育、家政、文旅、体育等服务，完善高中低端多层级供给体系。发展壮大医疗康养服务。以郑州肿瘤、儿童、心血管等六大国家区域医疗中心建设为契机，吸引一批顶尖医疗科研人才，实现优质医疗资源扩容，打造高端医疗集聚区。支持养老服务与文化、旅游、养生、健康、地产等行业融合发展，拓展旅居养老、健康养老、养生养老等新型消费领域，满足银发群体康养需求。支持公共文化、体育场馆等公共设施向社会免费或低价开放。建立健全河南省服务消费统计监测体系。大力发展文旅产业，增加国际航线，拓展国际人文交流渠道，振兴入境旅游。

（二）推动线上线下融合发展

顺应流通网络化趋势，推动电子商务广泛应用，加快流通企业数字化建设，推动线上线下融合发展。

一是加快电子商务推广应用，大力发展在线教育、智慧医疗、在线文娱、智能体育等重点产业。通过用户互动、内容分享和社交传播方式优化服务，提高用户体验和服务质量，推动社交电商拓展下沉市场。

二是推动线上线下消费深度融合。引导餐饮、商超、菜市场、药店等拓展线上渠道，采取线上团购、无店铺经营等销售方式，打造"云上商店""云上街区"；引导优势行业大中型骨干企业加快应用直播电商、社交电商，鼓励传统实体品牌、老字号、特色产品等企业开展网上分销或零售。实施一批"绿灯"措施，支持个体工商户做大做强。

（三）加快流通跨界联动发展

以"消费+"为导向，推动商文旅体展等跨界联动，依托城市地标、旅游景区、重点商圈推出一系列主题活动和精品项目，实现相互引流、消费互促。

一是强化文旅推广。借鉴成都做法，建立微博、微信、抖音、小红书等新媒体矩阵，加强文旅宣传推介，以官方媒体权威、及时、全面的文旅资讯和自媒体视频化、交互式传播扩大受众范围，提升影响力。塑造"行走河南、读懂最早中国"品牌，讲好"河南故事"，强化文商旅融合发展，打造一批文化旅游精品线路。

二是做大做强体育经济。积极创建国家体育消费试点城市，实施全民健身行动，丰富节假日体育赛事活动，激发大众体育消费需求。充分挖掘少林功夫在健身、养生、文化等方面的价值，构建文化旅游、健身休闲、竞赛表演、康养旅游等产业链。

三是提质会展经济。重视展会的溢出带动效应，依托新国际会展中心招引一批规模性、高质量展会项目，充分发挥"豫籍会展企业家联盟"优势，培育引进一批会展设计策划、运营等服务商和龙头企业，做大做强会展经济。

四是发展口岸经济。加快推进郑州航空口岸72小时过境免签政策落地，积极争取144小时过境免签政策，争取更多免税退税店市内布局。完善功能性口岸配套服务设施，加大招商力度，发挥运营主体主观能动性，出台奖补、金融等扶持政策，提升口岸集聚效应。

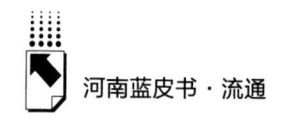

（四）加大流通创新力度

以流通创新为引领，以降本增效为目标，强化产品创新、业态创新、场景创新，加强供应链整合、大数据支撑，推动流通转型升级。

一是加强产品创新与研发。鼓励企业加大研发设计、文化创意和技术创新力度，开展反向定制（C2M）和柔性化生产，满足居民个性化消费需求，以高质量供给引领创造新需求。加大"烩面""黄河大鲤鱼""胡辣汤"等传统特色美食创新、推广力度，培育品牌餐饮企业和中原小吃。适应消费新潮流，深挖老字号文化价值，坚持技术创新，实现产品推陈出新。推动豫酒振兴，鼓励酒企提升品质和扩展品类，帮助其走出河南走向全国。

二是加大业态模式创新。发展首店经济，出台配套政策，鼓励支持国内外知名品牌商在豫设立首店或旗舰店、体验店，根据地域特色和文化商业底蕴，推出城市概念店、主题店，定制限定款、合作款；支持鼓励品牌商结合品牌内涵特色在豫景区、场馆、街区等举办新品首发首秀首展活动。

三是培育新消费场景。实施标志性消费场景影响力提升工程，汇聚全国各地老字号，打造"中华老字号"主题特色街区，提升郑州二七德化、洛阳洛邑古城等商业街区消费场景影响力，打造沉浸式、体验式消费标杆。围绕"消费+"，重点突出与文化、科技、艺术、体育、旅游、休闲娱乐深度融合，拓展河南博物院、河南科技馆、郑州奥体中心等展馆设施功能，植入少林功夫、黄河、豫剧、火车等河南特色文化要素，丰富文化演艺、旅游、体育、娱乐多元化场景，打造一批具有中原地域文化特色的新消费场景。培育打造一批消费热点，借鉴成都开展主题消费活动的做法，月月有活动，季季有主题，扩大醉美·夜郑州主题消费活动等知名度。

（五）提升辐射力影响力

充分发挥河南省交通区位优势、文旅资源优势和人口规模优势，加快培育本土品牌，创建国际消费中心城市，打造区域消费中心城市，提升河南省流通业的辐射力和影响力。

一是加快培育本土品牌。以"增品种、提品质、创品牌"战略，引领带动河南消费品工业向产业链中高端升级，培育一批面向垂直领域、细分客群的"河南造""小而美"消费品牌。鼓励支持建立本土品牌孵化基地，构建集研发设计、集成服务、产业发展于一体的全链条创新机制。支持本土品牌借力免税渠道走向国际市场。推动中原文化元素融入品牌，彰显河南品牌文化特色，打造一批中原精品和"百年老店"。深挖少林寺、黄河、豫剧、火车、枣等郑州特色文化符号，推出一批"河南礼物"文创品牌。推动"郑州烩面"申报非物质文化遗产，传承发展"合记烩面"等一批豫菜、豫茶、豫酒"老字号"和历史名店，搭建中原美食创新、直播平台，引导餐饮潮流发展，推出一批中原餐饮名店。大力推动中华老字号传承创新发展，加强地理标志产品认定、管理和保护，培育更多本土特色品牌。推动落实中医药振兴发展重大工程，加大中医方剂保护力度，充分发挥中医药在治未病、重大疾病治疗、疾病康复中的重要作用，以及在卫生健康、文化、经济等方面的多元价值，提升河南省中医药产业的国际影响力。

二是建设消费中心城市。支持郑州创建国际消费中心城市，提升省会城市辐射力和影响力。细化《郑州市创建国际消费中心城市实施方案》或制定专项行动方案，对标《国际消费中心城市评价指标体系（试行）》，结合自身优劣势，明确短期、中期和长期建设任务，建立工作台账，推动创建工作落到实处。增强工作专班力量，完善工作推进和考核机制，充分发挥专班统筹协调作用。建议省级层面加大对郑州创建国际消费中心城市的支持力度，鼓励郑州出台专项扶持政策。针对支持政策对新消费新场景、本土品牌培育、首店招引等覆盖不足的问题，建议对现有产业发展、对外开放等各类扶持资金进行梳理，查漏补缺，借鉴成都、重庆等地区的先进做法，出台专项扶持政策及实施细则。支持洛阳、南阳建设区域消费中心城市。

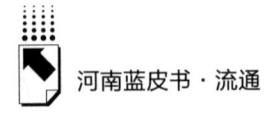

参考文献

商务部国际贸易经济合作研究院、值得买科技集团：《中国电子商务区域发展大数据报告（2023）》，2023。

商务部国际贸易经济合作研究院：《即时零售行业发展报告（2023）》，2023。

中国连锁经营协会：《2023中国餐饮加盟行业白皮书》，2023。

主题报告

B.2
河南省恢复和扩大消费的重点与路径研究

候淑娟 宋峰 任秀苹*

摘 要： 2023年是消费提振年，恢复和扩大消费被摆在优先位置，如何扩大消费是经济进入新发展阶段的重要议题。本报告首先明确恢复和扩大消费对经济发展的重要意义，其次根据近年来河南省消费现状，研判河南省消费市场出现的新趋势，如消费规模总体缓慢回升、消费观念更加理性、消费方式向线上转变、农村消费增速比城镇快、消费需求趋于发展型、消费场景更注重氛围体验等，明确了恢复和扩大消费重点需要从汽车行业、房地产市场、文旅消费、农村地区以及家居家电市场发力。最后针对出现的消费新趋势和恢复消费的重点，探析提升消费的路径，如从增加就业、加大消费补贴、完善收入分配制度三方面解决"消费者不敢消费"的问题，通过提供优质产品和培育新型消费激发消费意愿，通过完善县域商业体系和外部条件

---

* 候淑娟，河南省社会科学院商业经济研究所研究实习员，研究方向为数字贸易、商贸流通；宋峰，河南省社会科学院商业经济研究所副所长、高级经济师，研究方向为企业管理；任秀苹，河南省社会科学院商业经济研究所高级经济师，研究方向为流通、消费等。

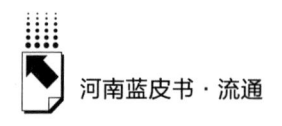

便利居民消费，切实发挥消费拉动经济增长的基础性作用。

关键词： 消费新趋势 消费重点 消费提升路径 河南省

近年来河南省紧跟国家政策要求，大力发展生产力，经济总量稳居全国第五，制造业基础设施日渐完备，物流体系较为健全。在省委经济工作会议和省政府工作报告部署下，始终坚持稳固内需，发挥消费对经济的基础性作用，积极采取措施，增强消费能力，提振消费信心。2023年上半年，居民人均消费支出为10275元，同比增长9.17%，城镇和农村居民人均消费支出不断增长，农村消费潜力持续释放，绿色消费占比提升，消费结构不断升级，消费新趋势不断显现。为进一步稳定内需，河南省必须针对新的消费趋势，明确恢复消费的重点，构建恢复和扩大消费的路径，从而推动全省经济高质量发展。

一 恢复和扩大消费的重要意义

中央经济工作会议提到"2023年经济工作要从战略全局出发，着力扩大国内需求"。消费是经济生活最直接的"晴雨表"，是畅通国内大循环的关键环节，也是经济高质量发展的重要引擎。消费一边连接着生产，一边连接着民生。一方面，消费数量的增加和消费需求的增长可以带动相关企业扩大生产规模，形成规模经济，激发企业生产活力，同时增加就业机会，提高人民生活水平；另一方面，消费结构的升级能从需求侧不断引导企业调整生产结构，形成升级的产业形态，优化经济发展结构，推动经济动能转换，从而推动经济实现高质量发展。另外，恢复和扩大消费也是经济进入新发展阶段的客观要求，目前我国总体已进入工业化、城镇化优化提质期，投资贡献率开始下降，消费对经济增长的贡献率不断上升，所以必须扩大消费需求，形成供给和需求的良性互动，畅通国民经济循环体系，实现高质量发展。

二 河南省消费新趋势

（一）消费规模呈总体缓慢回升态势

回顾河南省消费市场发展十年，2014~2019年，河南省社会消费品零售总额增速一直保持在10%以上（见图1）。2020年受到新冠疫情影响，线下聚集性、体验性、接触性的消费模式受到冲击，社会消费品零售总额增速出现断崖式下跌，相较于2019年社会消费品零售总额下降4.15%，是近10年降幅最大的一年。2023年1~4月，全省社会消费品零售总额达8380.4亿元，增长6.4%，社会消费品零售总额从2013年的12243.5亿元增长到2022年24407.4亿元，年均增长7.97%，河南省消费市场在逐渐回暖。根据2023年"福布斯中国消费活力城市榜"数据，河南郑州排名第十九，虽然消费规模有所回升，但是整体而言近两年回升速度较慢，远远落后于疫情之前的水平。

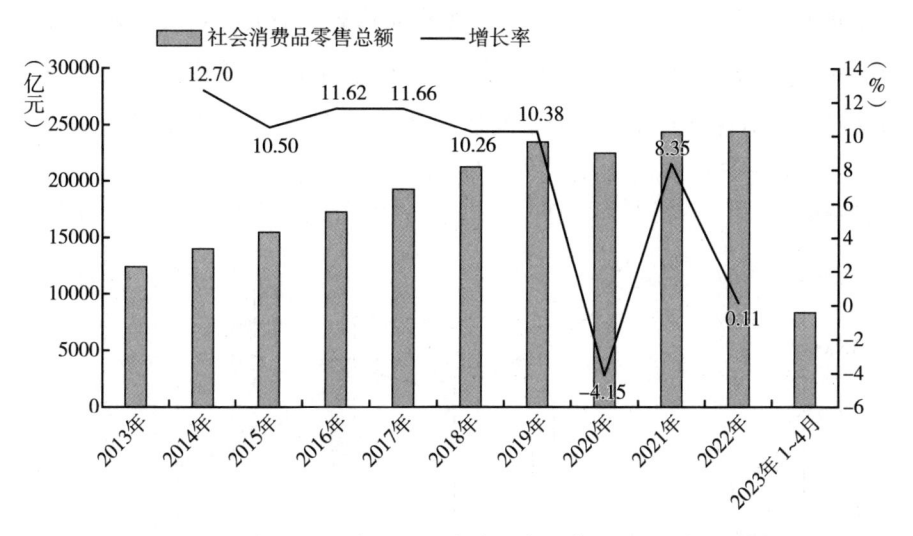

图1 2013年至2023年4月河南省社会消费品零售总额及增速

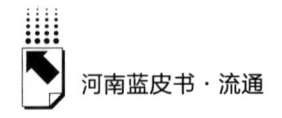

（二）消费观念更加理性

自党的十八大以来，城乡居民收入稳步增长，市场供给体系不断完善，多样化、品质化、高性价比的商品越来越受到消费者青睐，日常消费更加理性。就汽车消费市场而言，2022年汽车商会和艾瑞咨询调研发现，由于疫情的影响消费者购车周期明显拉长，22.8%的用户购车周期从6个月以内延长到6个月以上，10.9%的用户购车周期从1个月以内延长到1个月以上，且更新换代周期从6年上升至10年。从社会消费品零售总额数据分析，2023年4月，河南省基本生活类商品销售额稳步增长，限额以上单位烟酒类、服装鞋帽针纺织品类、粮油食品类商品零售额分别增长9.1%、5.3%、1.5%，居民开始增加基本生活消费支出。

2012~2019年河南省居民的储蓄率一直位于中线31.0%左右，受新冠肺炎疫情影响，2022年居民储蓄率达55.1%，居民存款余额从2017年的32279.00亿元增长到2021年的51767.01亿元，年均增长12.53%。近年来，河南省居民个人消费贷款额虽不断上升，从2015年的5961.59亿元增长到2021年的22301.53亿元，但增速呈现下降趋势。个人住房贷款额增速从2016年的47.82%下降到2021年的11.32%，下降幅度较大（见图2）。2022年，河南省存款和贷款余额均居中部六省首位。居民储蓄率上升，贷

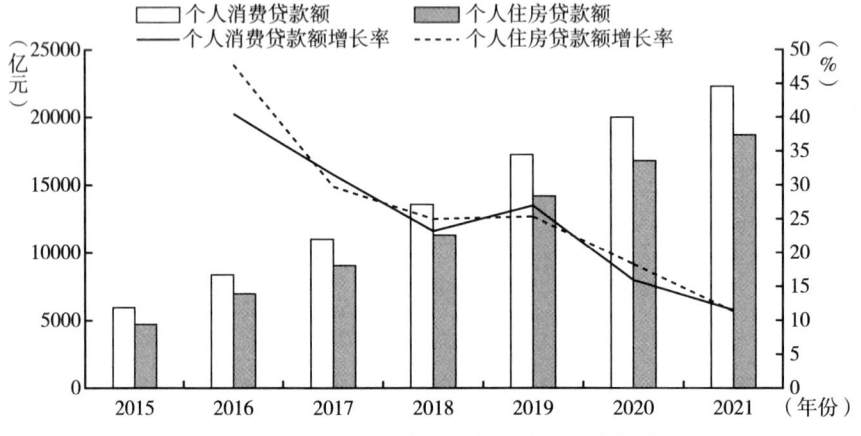

图2 2015~2021年河南省个人消费贷款额、个人住房贷款额及其增长率

款消费增速不断下降，存款余额上涨，反映出居民消费更加谨慎，对基本生活用品消费额增加，消费选择周期延长，说明居民消费更加理性。

（三）消费方式向线上转变

随着互联网技术的不断普及，直播带货、社区电商团购、短视频电商成为购物的新渠道。2017~2022年，河南省网上零售额由1735.7亿元增长到3665.5亿元，占社会消费品零售总额的比重也由9.00%上升到15.02%，线上消费占比逐渐增加（见表1）。2023年上半年，河南省商品、服务类电子商务交易额为6467.8亿元，同比上涨12.4%，交易规模居全国第10位，河南省监测的90家电子商务平台实现了4220.22亿元的交易额。根据2023年京东"618"数据，河南省购买力全国排名第八，郑州、焦作、济源、平顶山、新乡是河南"最能买"的城市。从餐饮业来看，2020年河南省线上门店数保持高速增长态势，增速达47.2%；餐饮线上订单数量增长62.05%，远超全国平均增速（39.50%）。2022年，河南省社区团购呈现爆发式增长，美团优选、兴盛优选、多多买菜等平台线上订单量猛增。美团优选日订单量最多大概有130万单，2022年5月兴盛优选河南区商品交易总额为1.2亿元，月订单总量约900万件。2022年，河南省实现农村网络零售额1516.3亿元，相较于2019年增长了7.7%，其中农产品网络零售额达985亿元，同比增长8.1%。全省农村电商应用水平高于全国平均水平，网上零售额保持较快增长。不论是城镇地区还是乡村地区，线上消费的占比都在不断提升，消费方式逐渐向线上渠道转移。

表1 2017年至2023年5月河南省网上零售额及其占社会消费品零售总额的比重

单位：亿元，%

年份	网上零售额	实物商品网上零售额	社会消费品零售总额	网上零售额占社会消费品零售总额比重
2017	1735.7	977.5	19289.1	9.00
2018	1889.6	1373.0	21268.0	8.88
2019	2255.8	1750.0	23476.1	9.61

续表

年份	网上零售额	实物商品网上零售额	社会消费品零售总额	网上零售额占社会消费品零售总额比重
2020	2744.4	2280.3	22502.8	12.20
2021	2948.2	2426.4	24381.7	12.09
2022	3665.5	3088.8	24407.4	15.02
2023年1~5月	2109.7	1785.1	10411.82	20.26

资料来源：历年《河南统计年鉴》，河南省统计局。

（四）农村消费增速较快

从地域角度来看，河南省消费现状呈现农村消费增速快于城镇地区的发展趋势。从2021年第一季度到2023年第二季度，农村居民的人均消费支出同比增速始终高于城镇地区。2022年第一季度城镇和农村居民人均消费支出同比增速出现断崖式下降，城镇地区下降8.5个百分点，农村地区下降8.7个百分点，主要原因是2022年3月疫情发生，市场销售明显受阻，同年第四季度城镇和农村居民人均消费支出同比增速也出现短暂性下降。但自2023年第一季度以来，河南省居民人均消费支出同比增速明显回升，农村地区市场恢复速度要快于城镇地区（见图3）。

近年来，农村地区的人均可支配收入增速要高于城镇地区（见图4）。就农村居民收入来源而言，其中，41.4%来自经营性收入，31.6%是工资性收入。伴随农村基础设施的完善，各类惠农、惠民补贴相继实施，农村便民超市、便民服务网点不断铺开，电子商务平台和物流设施下沉基层，消费环境日益改善，给农村地区消费提供了便利。2022年，城镇地区市场零售额同比增长0.1%，其中城区增长0.3%。乡村市场零售额同比增长0.4%，增速快于城镇市场0.3个百分点，乡村市场恢复速度快于城镇市场。

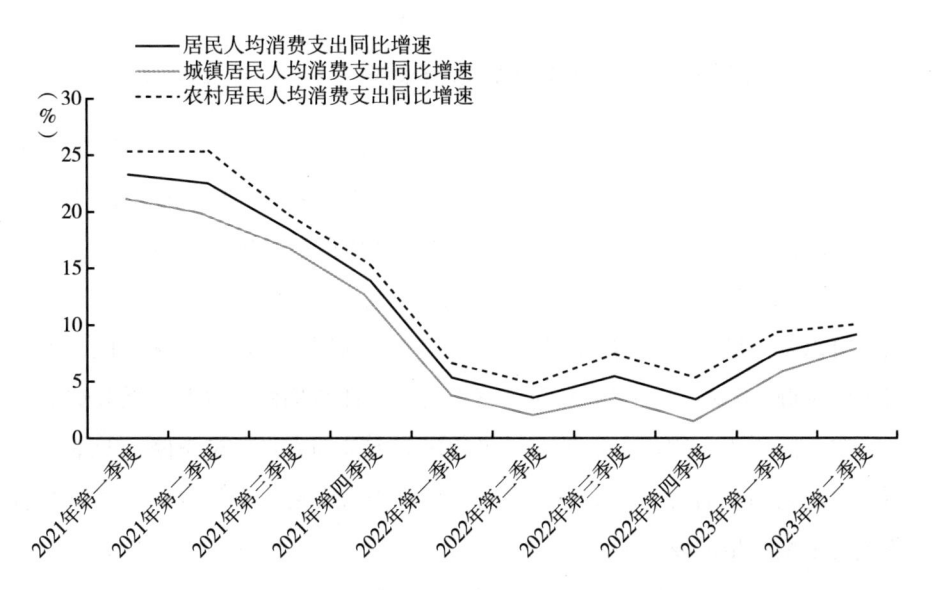

图3 2021年第一季度至2023年第二季度河南省城乡居民人均消费支出同比增速

图4 2021年第一季度至2023年第二季度城乡居民人均可支配收入同比增速

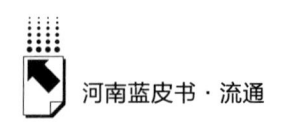

（五）消费需求由生存型升级为发展型

河南省的消费结构持续优化，2012 年河南省城乡居民家庭人均恩格尔系数分别为 33.6% 和 33.8%，2022 年恩格尔系数分别下降至 20.9% 和 29.4%，居民在满足基本生活需求的基础上开始追求发展型消费。通过对比 2012 年和 2021 年城乡居民家庭平均每百户主要耐用消费品年末拥有量数据，可以发现城镇地区增长率较高的是接入互联网移动电话、洗碗机、家用汽车以及健身器材，农村地区则以家用汽车、抽油烟机、空调、微波炉等商品为主，照相机、固定电话等在手机的影响下其拥有量逐渐下降（见表 2），而上述变化都是居民为追求更高生活质量和未来发展机会导致的，居民的消费倾向由生存型向发展型转变。

表 2　2012 年和 2021 年河南省城乡居民家庭平均每百户主要耐用消费品年末拥有量

项目	城镇居民 2012 年	城镇居民 2021 年	增长率（%）	农村居民 2012 年	农村居民 2021 年	增长率（%）
家用汽车(辆)	14.06	50.34	258.04	4.62	39.25	749.57
摩托车(辆)	17.97	13.22	-26.43	53.52	32.36	-39.54
助力车(台)	48.96	129.79	165.09	—	135.91	—
洗衣机(台)	97.43	103.09	5.81	91.14	101.82	11.72
电冰箱(柜)(台)	92.07	100.49	9.15	63.31	100.96	59.47
微波炉(台)	42.08	42.83	1.78	5.64	20.81	268.97
彩色电视机(台)	124.85	116.1	-7.01	110.71	114.66	3.57
空调(台)	132.4	202.34	52.82	33.24	135.07	306.35
热水器(台)	76.17	95.87	25.86	27.74	83.73	201.84
洗碗机(台)	0.57	2.44	328.07	—	1.34	—
抽油烟机(台)	—	76.21	—	4.07	36.36	793.37
固定电话(线)(部)	51.86	6.08	-88.28	25.5	4.42	-82.67
移动电话(部)	194.65	265.87	36.59	194.5	283.04	45.52
接入互联网移动电话(部)	28.69	232.42	710.11	23.69	242.48	923.55
计算机(台)	59.38	58.99	-0.66	16.19	28.33	74.98
接入互联网计算机(台)	71.41	50.75	-28.93	11.93	23.55	97.40
照相机(台)	35.24	8.31	-76.42	2.33	1.85	-20.60

续表

项目	城镇居民			农村居民		
	2012年	2021年	增长率(%)	2012年	2021年	增长率(%)
中高档乐器(架)	4.01	5.95	48.38	0.38	0.69	81.58
健身器材(台)	2.39	5.61	134.73	—	1.55	—
空气净化器(含新风系统)(台)	—	8.49	—	—	—	—
吸尘器(台)	—	9.17	—	0.48	—	—

资料来源：历年《河南统计年鉴》。

发展型消费还包括家庭人均教育、旅游、娱乐、家电、通信、交通等方面的支出。截至2023年4月，河南省限额以上单位书报杂志类、通信器材类、金银珠宝类、体育娱乐用品类商品零售额分别增长10.7%、7.3%、6.4%、5.3%；限额以上单位新能源汽车、智能手机、能效等级为1级和2级的家用电器和音像器材商品零售额分别增长62.7%、10.4%、8.2%。从2012年和2021年河南省城乡居民人均消费数据来看，教育文化娱乐和医疗保健占比在城乡之间都有所增加，尤其是农村居民教育文化娱乐支出占比增幅较大（见表3）。由此可知，河南省城乡居民消费需求向发展型商品转变，从而满足人民对美好生活的需要。

表3 2012年和2021年河南省城乡居民人均消费结构

单位：%

项目	城镇居民		农村居民	
	2012年	2021年	2012年	2021年
食品烟酒	3.55	27.78	33.82	29.44
衣着	13.73	7.72	8.43	7.53
居住	8.67	22.88	21.09	20.44
生活用品及服务	8.34	7.00	7.19	6.22
交通通信	12.60	11.39	10.43	11.51
教育文化娱乐	11.11	11.91	6.84	12.16
医疗保健	7.90	8.88	9.32	10.96
其他用品和服务	4.09	2.45	2.90	1.76

资料来源：历年《河南统计年鉴》。

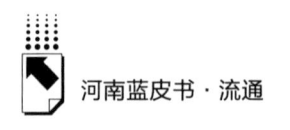

（六）消费场景更注重氛围体验

目前居民不断注重氛围感消费，文化价值和情绪价值成为产品附加值的关注点，"氛围感经济"不断解锁新的消费场景，成为拉动消费的一个新支点。截至2022年，河南省共有9个国家级夜间文化和旅游消费聚集区，"后备厢集市"、二七商圈"越夜越嗨"、繁荣"夜体育"等成为氛围经济新方式。商务部2023年发布的《城市居民消费习惯调查报告》显示，60%的居民消费发生在夜间，旅游消费期间夜间消费额至少是白天消费额的3倍。2023年5月郑州"夜经济"总量规模约达1800亿元，夜间消费占社会消费品零售总额的比重超40%。其余各地也在积极搭建消费夜场景、创新消费夜模式、鼓励消费新"夜"态，满足人民日益增长的个性化、多元化、场景化的消费需求。河南省洛阳市积极建设沉浸式新消费场景，采用"仿真式实景+沉浸式剧情+游戏式互动+体验式消费"的创新运营模式。2023年"牡丹节"期间，洛阳市日均吸引游客2.5万人次，地铁单日客流量突破42万人次。2023年端午假期，洛阳市接待游客196.5万人次，实现旅游收入14.8亿元，分别比2019年增长86.7%和63.5%。

三 河南省恢复和扩大消费的重点

（一）激活汽车消费新动能

从汽车领域来看，汽车消费总额占社会消费品零售总额的比重较高，增长空间大，带动性也较强，是扩大内需、拉动消费的关键领域。根据有关数据，汽车产业的拉动力在5倍左右，且未来汽车消费的基本格局不会发生根本性改变。自2022年6月1日车辆购置税减半政策实施以来，汽车销量有了明显提升，2022年10月全国汽车销量同比增长1.1倍。2023年1月，由于传统燃油车购置税优惠和新能源购车补贴政策退出、年末厂家冲销量、叠加春节提前导致经营时间减少等因素，汽车销量同比下降34%，但在2月以后销量有所回升（见图5）。汽车产业增加值约占 GDP 的10%，汽车制造业每增值1元，可带动上下游关联产业增值2.64元，汽车及相关产业人员超过4000万人，约占城镇就业总人数的10%。另外，激活汽车市场不仅能带来短期的消费市场回暖，而且会带来"新基建"的长远回报。但是，近年来河南省汽车消费增速逐渐放缓，新能源汽车消费占比不断提升（见表4），所以拉动汽车消费要不断出台惠民政策，繁荣二手车交易市场，开展大型汽车展会，持续出台针对新能源汽车的优惠政策，加大新能源配套设施建设力度，充分发挥汽车对经济发展的拉动作用。

图5　2022年至2023年5月全国汽车销量

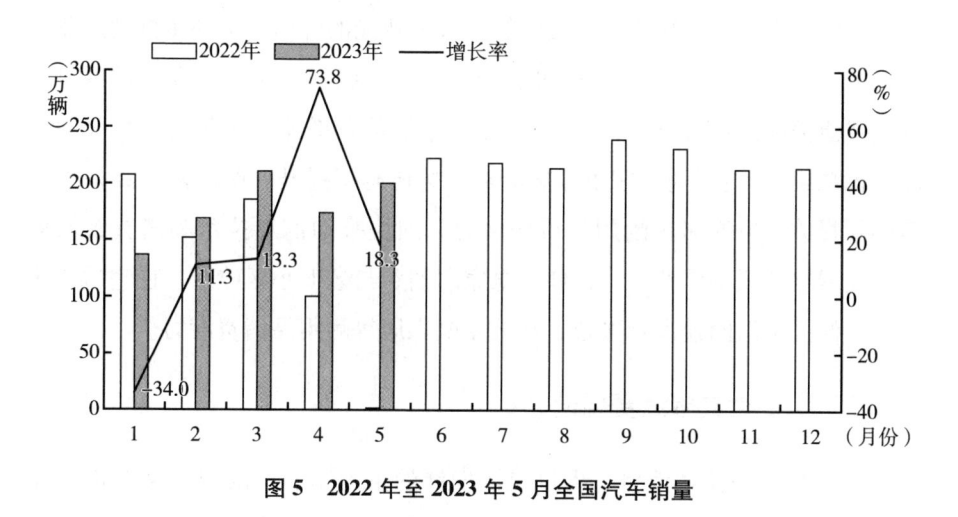

表4　2018年至2023年上半年河南省燃油车、新能源汽车销量及占比

单位：辆，%

年份	总量	新能源汽车	新能源汽车占比	燃油车	燃油车占比
2018	1494269	63090	4.22	1431179	95.78
2019	1407601	64095	4.55	1343506	95.45
2020	1287629	82675	6.42	1204954	93.58
2021	1363320	233145	17.10	1130175	82.90
2022	1157099	322301	27.85	834798	72.15
2023年上半年	592986	193327	32.60	399659	67.40

资料来源：根据公开资料整理。

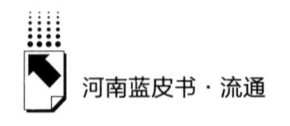

（二）释放家电家居等耐用品消费市场潜力

家电家居等耐用品消费是仅次于汽车的家庭第二大支出，伴随人们的消费需求从生存型向发展型转变，家电家居等耐用品消费也朝着个性化、智能化、绿色化的方向发展，成为扩大内需的新潜力和高质量发展的新赛道。目前，家电家居耐用品消费市场逐渐以智能家电、个性化装修、定制化家居等为主，居民消费结构正在不断升级。家电家居消费市场不仅直接拉动了相关产业链的发展，也间接带动了其他行业和领域的增长，如购买智能家居系统或智能家电会增加对物联网、云计算、人工智能的应用，进一步推动产业结构变革。2023年1~5月，能效等级为1级和2级的家用电器和音像器材等绿色智能类商品零售额增长5.1%，家电家居消费增速明显落后于社会消费品零售总额7%的增速，家电家居消费市场还有待提升。所以恢复和扩大消费必须释放家电家居等耐用品市场潜力，加快推动信息技术和消费领域融合，发展绿色低碳消费市场，使家电家居消费与老旧小区改造、住宅适老化改造、便民生活圈建设相融合，释放家电家居等耐用品消费潜力。

（三）扩大文旅消费规模

文旅行业是拉动消费、促进经济发展的主力军、主战场，文旅消费能广泛带动文化旅游业、住宿餐饮业、交通运输业发展，还能增加就业岗位。《2022年上半年全国文化旅游消费数据报告》显示，93.6%的受访者表示未来会增加文化消费支出。2023年中秋和国庆假期期间，河南省接待游客量达8480.1万人次，居全国首位；旅游收入达587.6亿元。旅游收入为2022年的306.4%；河南省重点监测的360家零售和餐饮企业累计实现销售额31.33亿元，同比上涨9.7%。其中，重点监测的15家餐饮企业累计实现营业收入772.5万元，比上年同期增长42.7%。2013~2019年，河南省住宿餐饮业收入占社会消费品零售总额的比重一直保持在11%以上，2020~2022年因新冠肺炎疫情，所占比重有所下降（见表5）。经济恢复常态化运行后，接触性、聚集性消费呈现较为强劲的增长趋势，所以恢复和扩大消费的另一个重点是必须支持文化旅游业和住宿餐饮业消费，要积极打造特色街区吸引人群，利用数字技术对休闲场所进行改造升级，适当增加文体演出赛事，发挥大赛的经济拉动作用，增加相应的消费供给。

表5　2013~2022年河南省住宿餐饮业收入、增长率及其占社会消费品零售总额的比重

单位：亿元，%

年份	住宿餐饮业收入	住宿餐饮业收入增长率	社会消费品零售总额	社会消费品零售总额增长率	住宿餐饮业收入占社会消费品零售总额的比重
2013	1437.09	—	12426.6	—	11.56
2014	1604.80	11.67	14005.0	12.70	11.46
2015	1805.40	12.50	15475.8	10.50	11.67
2016	2013.03	11.50	17274.5	11.62	11.65
2017	2248.55	11.70	19289.1	11.66	11.66
2018	2489.14	10.70	21268.0	10.26	11.70
2019	2776.26	11.53	23476.1	10.38	11.83
2020	2299.25	-17.18	22502.8	-4.15	10.22
2021	2613.40	13.66	24381.7	8.35	10.72
2022	2456.59	-6.00	24407.4	0.11	10.06

资料来源：历年《河南统计年鉴》。

（四）挖掘农村消费市场

根据第七次人口普查数据，河南省有农村人口4239万人，占总人口的比重为42.9%，所以农村市场是其扩大内需增量的主要空间，是拉动消费稳定市场的中坚力量。疫情期间，农村消费市场显示出强劲韧性和发展潜力，目前农村消费恢复速度明显快于城镇地区，农村居民负债率低，房贷压力小，农村居民消费观念发生转变，小镇青年回流，这些因素共同引领了农

村消费。挖掘农村消费市场潜力关系重大，这不仅是提质扩容、扩大内需的关键举措，也是构建新发展格局的必要条件，更是实现乡村振兴和共同富裕的核心抓手。但是农村消费体系还存在优质产品不足、配套设施匮乏、环境有待改善等问题，为此要积极采取措施大力发展县域经济，增加有效供给，完善农村物流，完善商业体系，满足农村更多元、更优质的消费需求，全面提升农村消费质量。

（五）提振房地产市场需求

2022年，全国房地产全产业链贡献GDP超30万亿元，占GDP的26%，对GDP的综合贡献率超过10%，房地产就业人员总计达7072万人。房地产消费不仅能够带动家居家电、装潢等消费，而且可以拉动金融、媒体营销、物业等服务业发展，房地产带动500多个行业，是个长链条、影响广、贡献大的支柱行业。

河南作为人口大省，房地产市场在经济发展中同样具有举足轻重的作用。2015~2020年，河南省房地产业发展迅速，尤其是在2016年销售额增速达63.14%。2015~2019年，房地产相关行业从业人数也在不断增加。2020~2022年，房地产销售额有所下降。但整体而言，房地产相关行业税收占全省税收总收入的比重达15%以上，2015~2021年河南省税收收入年均增长率为5.2%，而房地产税收收入年均增速达5.9%，超过税收收入的增长速度，且河南省房地产销售额占GDP的比重最高达17.26%，由此可见房地产消费对经济的发展、就业的增加以及政府收入的增长有重要作用（见表6）。但是近两年受疫情、市场下行等多重因素影响，房地产预期需求下降，对经济拉动作用减弱。所以要持续举办房产推介会、展销会，联合开发商保障交付，尽快将配套的金融政策落地实施，加快实施老旧小区住房改造工程，要通过住房补贴支持刚需住房和改善性住房需求，增强市场信心，充分发挥房地产业对经济发展的重要促进作用。

表6 2015~2022年河南省房地产销售额、从业人数、占税收总收入和GDP的比重

年份	房地产销售额（亿元）	房地产从业人数（人）	房产相关行业税收占全省税收总收入比重（%）	房地产销售额占GDP比重（%）
2015	3440.58	192193	15.40	9.28
2016	5612.90	211588	17.20	13.95
2017	7129.40	222085	17.07	15.90
2018	8055.30	249944	15.90	16.13
2019	9009.98	276088	15.09	16.77
2020	9364.36	267833	17.07	17.26
2021	8657.71	246853	16.05	14.70
2022	6724.82	—	—	10.96

资料来源：历年《河南统计年鉴》。

四 河南省恢复和扩大消费的路径

恢复和扩大河南省消费需求，需要针对目前消费市场出现的"不敢消费、不愿消费、不便消费"的现象，结合河南省消费新趋势和消费重点，明晰扩内需的路径，切实发挥消费对经济发展的基础性作用（见图6）。

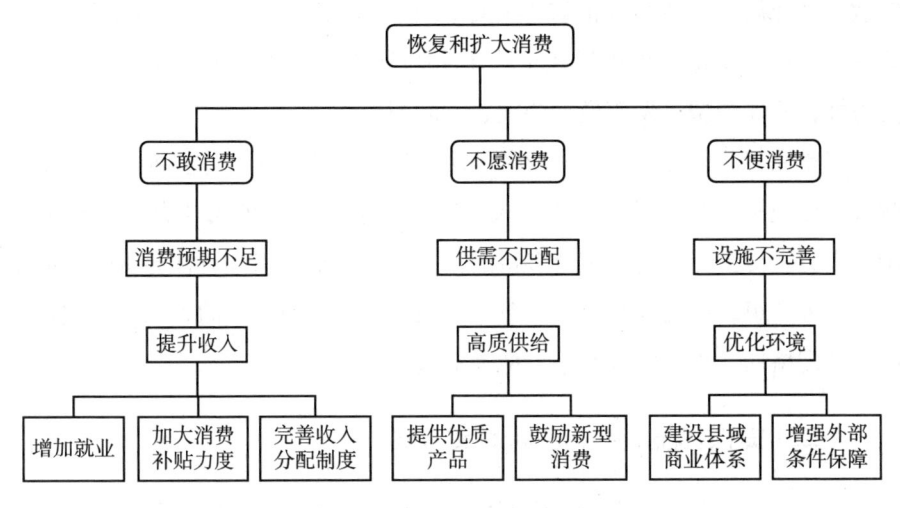

图6 恢复和扩大消费的路径

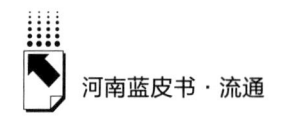

（一）增加居民收入，增强消费预期

一是增加就业。民营企业提供了80%的就业岗位，为居民收入增加做出了巨大贡献，所以必须大力发展民营经济，支持民营企业公平市场准入，强化税收金融支持，优化涉企服务，营造良好的民营企业发展环境，鼓励更多创新企业集聚，持续深入推进"万人助万企"活动。要分行业分区域开发挖掘适合青年的就业岗位，定期举办区域、行业、专业等定制式招聘活动。加大转移就业和返乡创业支持力度，鼓励豫商豫才返乡创业，确保返乡创业优惠政策应享尽享。加大技能培训力度，提升"人人持证、技能河南"建设质效。不断提高就业劳动报酬，实现劳动报酬提高和经济增长速度基本同步，切实通过就业来增加居民收入，提升消费预期。

二是加大消费补贴力度。各地要因地制宜优化房产限购措施和补贴政策，政企合力保障住房市场平稳，要及时调整房地产金融信贷政策，落实人才购房补贴，满足对外来经商、返乡人员的购房租房需求，增强房地产市场信心。对于汽车消费，要加大汽车金融支持力度，完善充电桩、公用停车场等基础设施建设补贴政策，稳定充电费用，实施汽车下乡促消费专项政策，加快二手车信息查询平台建设，畅通二手车市场。各地要结合实际将零售、餐饮、文化旅游、住宿等消费券补贴政策延续下去，按照"政府引导、企业参与、群众受益"原则发放电商平台消费券，优化优惠券面值、类型和可得性，确保消费券发挥最大功效，刺激消费。

三是完善收入分配制度。要利用多渠道增加低收入群体收入，扩大中等收入群体规模，合理调节过高收入，取缔非法收入。扩大社会保障覆盖范围，大力宣传勤劳致富、多劳多得的分配理念，支持引导有社会责任感的企业、个人和组织参与社会公益事业，正确处理效率与公平的关系，形成良性收入分配格局，提升收入水平，增强消费信心和预期。

（二）提供优质供给，创新消费方式

一是扩大优质有效供给。要积极打造河南本土品牌，对食品、家居、服装等本土消费品实现"一县一品",推进河南省预制菜产业快速发展,打造一批消费行业领军企业。要深入了解居民消费需求,不断提升服务质量,利用科技赋能产品,增强消费体验,提升居民生活品质。以银发经济、幼儿经济为依托,培育壮大家政服务业,盘活社会闲置资源。通过举办食品餐饮博览会、高水平赛事、高端展会等,加强行业交流,积极"触网"推陈出新,打造名优产品。利用自贸区和跨境电商综合试点等政策优势,大力发展平台经济、共享经济等新业态,积极引进国际优质产品和服务,扩大优质产品和服务供给,使省内本土产品与国际高端产品相互竞争,更好满足高品质消费需求。

二是拓展新型消费空间。在稳定传统消费质量的同时,积极创造新的消费场景,鼓励多样化新型消费。结合河南厚重的历史文化特色,将文商旅体深度融合,推动信息技术应用于更多消费领域,塑造"行走河南·读懂中国"品牌。要持续推动特色街区改造、夜间消费,将工业遗存与新经济新消费联系起来,创设具有体验感的消费场景。要鼓励各地结合自身文化特色、时令特点,满足居民户外运动、夜间生活、休闲娱乐的需求,提供创新型场景。另外,要创新消费模式,推动线上线下融合,实现数字经济、商业体系、现代服务业深度融合,鼓励各地发展直播电商、网络销售,打造放心消费直播间与河南特色产品直播间,建设电商直播基地,发展即时零售,打通线上线下消费市场。

(三)完善基础设施,优化消费环境

一是加快县域商业体系建设。要通过"组合拳"来补齐基础设施和公共服务短板,完善县域商业体系建设。首先要加大信息基础设施建设力度,让数字化红利深入农村。利用信息技术让线上线下消费渠道充分融合,对县域相关从业人员开展专业培训,降低县乡商业站点的运营成本。其次要持续发展现代流通业,促进县域邮政、供销、快递、电商等市场主体合作化经营,推进县镇村三级流通网络体系建设,发展仓储、配送、分销等多功能复合型物流业态,提升物流企业服务水平。最后要实现"渠道下沉",支持电

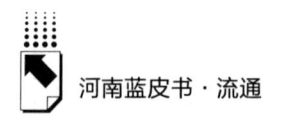

商平台下沉农村市场，让手机成为"新农具"，农民成为"新农家"，推动农村成为消费生产新阵地。

二是增强外部条件保障。营造良好的消费环境，鼓励消费创新，需要相应外部条件做好保障，形成适合新消费发展壮大的消费生态环境。各级政府要确保政策相协调，方便消费者购买新产品。一方面，要充分利用金融政策，合理制定消费金融政策，让惠普金融落到实处，提高消费的便利性。另一方面，要制定行业标准，形成"标准先行"的行业氛围，标准化有助于农产品进入供应链，也能为消费者营造公平安全的消费环境。健全消费维权制度，畅通消费投诉渠道，形成快速响应方案，支持"河南规则"高于国家标准，加强管理和监督，常态化开展河南3·19打假专项活动，构建良好健康的消费环境，完善消费市场生态。

参考文献

任秀苹：《国内大循环内生动力和可靠性视角下河南省扩大消费需求研究》，载王振利、苏国宝、张进才、井鹏、任秀苹主编《河南商务蓝皮书：河南商务发展报告（2023）》，社会科学文献出版社，2023。

赵然：《对河南激发消费活力促进消费增长的分析与思考》，载王承哲、完世伟、高璇主编《河南蓝皮书：河南经济发展报告（2023）》，社会科学文献出版社，2022。

刘博通：《积极发挥民营企业在恢复和扩大消费中的作用》，《人民日报》2023年7月5日，第11版。

王蕴：《扩大内需战略下消费恢复和高质量增长的路径选择》，《区域经济评论》2023年第3期。

张怀水：《四方面推动消费持续恢复和扩大》，《每日经济新闻》2023年9月22日，第1版。

B.3
河南区域商贸流通业竞争力评价报告

河南省社会科学院商业经济研究所课题组[*]

摘　要： 商贸流通业是连接生产和消费的桥梁，是现代流通体系建设的重要组成部分，在畅通国内大循环和促进国内国际双循环中发挥着重要作用，其竞争力强弱将直接关系到一个地区经济的高质量发展状况。借鉴现有商贸流通业竞争力评价和高质量发展评价有关成果，遵循科学性、系统性和客观性原则，兼顾数据的可获得性，构建河南区域商贸流通业竞争力评价指标体系。该指标体系包括规模实力、发展潜力、市场环境、基础设施和信息化能力等5个一级指标，24个二级指标。研究结果表明，郑州、洛阳、漯河、新乡、焦作和南阳位列河南商贸流通业竞争力综合排名前六。具体到一级指标，规模实力方面，郑州、南阳、洛阳、漯河、商丘和焦作位居全省前六；发展潜力方面，郑州、南阳、洛阳、平顶山、三门峡和濮阳位居全省前六；市场环境方面，郑州、洛阳、济源、焦作、三门峡和新乡位居全省前六；基础设施方面，郑州、商丘、漯河、焦作、周口和洛阳位居全省前六；信息化能力方面，郑州、洛阳、新乡、济源、焦作和三门峡位居全省前六。在扎实推进中国式现代化河南建设过程中，要以创新驱动、开放合作、优势再造、绿色低碳转型、数智赋能等为抓手，持续释放内需潜力，推动消费提质升级，全面提升河南区域商贸流通业竞争力。

---

[*] 课题组组长：王玲杰。课题组成员：宋峰、王中亚、任秀苹、周琼、杨旭、许元涛。执笔人：王中亚。宋峰，河南省社会科学院商业经济研究所副所长、高级经济师，研究方向为企业管理；王中亚，河南省社会科学院商业经济研究所副研究员，研究方向为产业经济等；任秀苹，河南省社会科学院商业经济研究所高级经济师，研究方向为流通、消费等；周琼，河南省社会科学院商业经济研究所研究实习员，研究方向为金融、国际贸易；杨旭，河南省社会科学院商业经济研究所研究实习员，研究方向为金融、国际贸易、服务贸易；许元涛，河南省社会科学院商业经济研究所，研究方向为产业经济。

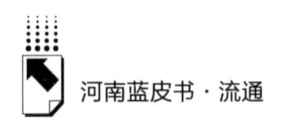

关键词： 商贸流通业　竞争力评价　河南省

商贸流通业是连接生产和消费的桥梁，是现代流通体系建设的重要组成部分，在畅通国内大循环和促进国内国际双循环中发挥着重要作用，其竞争力强弱将直接关系到一个地区经济的高质量发展状况。近年来，河南省扎实推进商贸流通业稳增长、调结构、惠民生，商贸流通体制改革不断深化，商贸流通体系日益完善，商贸物流水平显著提升，新业态新模式蓬勃发展。河南全省社会消费品零售总额从2013年的1.22万亿元增加到2022年的2.44万亿元，最终消费对地区生产总值的贡献率超过50%，成为河南省经济增长的第一拉动力。但是，河南省商贸流通业发展依然存在不平衡、不充分、不协调的问题，产业竞争力偏弱，内需消费潜力释放不足，流通现代化水平不高。在省辖市层面，持续开展商贸流通业竞争力评价研究，有利于各城市精准把握商贸流通业综合发展水平在全省的位次，对于贯彻落实扩大内需战略、加快构建新发展格局具有重要作用。

一　河南区域商贸流通业竞争力评价指标体系构建

（一）相关研究成果回顾

从现有文献看，石忆邵、朱卫锋构建了由规模指数、增长指数和市场潜力等准则层构成的指标体系，运用主成分分析法测度江苏省13个地级市商贸流通业竞争力。刘根荣、付煜将中国流通产业区域竞争力的考量分为潜在和现实竞争力指标，对31个省份流通产业的区域竞争力进行测评、排序、归类，并进行了比较研究。任保平则按照马克思主义经济学的流通理论，从商贸流通业增加值、资本形成总额、就业劳动力和技术进步等4个方面设置发展方式评价指标。从最新研究成果看，陈树广等基于新发展理念构建指标体系，应用熵权TOPSIS法测度中国商贸流通业高质量发展水平。杨海丽、邱韵桦在新发展理念背景下，通过构建综合指标体系对商贸流通业创新发展、协调发展、绿色可持续发展、开放包容与共享经济5个层面展开实证研究。杨仁发、徐晓夏从流通规模、效益、转型、潜力、绿色、创新创业6个维度选取二级指标，构建商贸流通业高质量发展水平指标体系。冀红梅、王覃刚参考商务部流通业发展司的《流通业及分行业主要统计指标解释》，从批发和零售业、住宿和餐饮业、交通运输仓储及邮政业等方面衡量商贸流通业绩效。封永刚基于投入产出技术，构造现代流通体系对内外部行业的产业拉动和就业带动的理论分析框架。

实践操作层面，中国国际电子商务中心和中国社科院财经战略研究院合作推出的《中国城市流通竞争力报告2019~2020》，从流通规模、流通结构、流通密度、流通设施等方面设计城市流通竞争力评价指标体系。同济大学、交通部等机构联合发布的《中国城市物流竞争力报告》，从城市物流吸引力和城市物流辐射力等多个维度评价主要城市物流竞争力。河南省商务厅印发的《河南省"十四五"商务发展规划》指出，要在建设强大内需市场实现新突破、对外开放迈出新步伐、对外贸易实现新提升等方面，以及全省社会消费品零售总额、货物进出口总额等量化指标方面设置具体目标。

（二）评价指标体系构建

借鉴现有商贸流通业竞争力评价和高质量发展评价有关成果，遵循科学性、系统性和客观性原则，兼顾数据可获得性，构建河南区域商贸流通业竞争力评价指标体系，包括规模实力、发展潜力、市场环境、基础设施和信息化能力等5个一级指标，及其下设的24个二级指标（见表1）。与上一年度河南区域商贸流通业竞争力评价指标体系相比，适当降低了规模实力的权重，提高了市场环境、基础设施的权重。规模实力方面，既包括社会消费品零售总额、商贸流通业增加值、商贸流通业从业人员数、快递业务收入等绝对规模指标，也包括商贸流通业增加值占GDP比重、商贸流通业从业人员占比等相对规模指标。发展潜力方面，增加了人口净流入指标，其计算方法为本年度年末常住人口与上一年度年末常住人口的差额。一个城市人口净流入指标数值越大，在一定程度上说明该城市在特定区域范围内具有强劲吸引力和良好的发展前景，其商贸流通业发展空间更为广阔。市场环境、基础设施、信息化能力涉及的具体评价指标没有变化。

表1 河南区域商贸流通业竞争力评价指标体系

一级指标（权重）	代码	二级指标 名称	权重(%)
规模实力（26%）	A_1	社会消费品零售总额(亿元)	6
	A_2	商贸流通业增加值(亿元)	5
	A_3	商贸流通业增加值占GDP比重(%)	4
	A_4	商贸流通业从业人员数(万人)	5
	A_5	商贸流通业从业人员占比(%)	3
	A_6	快递业务收入(亿元)	3
发展潜力（16%）	B_1	常住人口(万人)	5
	B_2	人口净流入(万人)	3
	B_3	居民家庭人均可支配收入(元)	2
	B_4	社会消费品零售总额增长率(%)	3
	B_5	商贸流通业增加值增长率(%)	3
市场环境（20%）	C_1	居民家庭人均消费支出(元)	5
	C_2	城镇化率(%)	5
	C_3	人均生产总值(元)	4
	C_4	研发经费投入强度(%)	6
基础设施（18%）	D_1	每平方公里公路线路里程数(公里)	5
	D_2	公路客运量(万人)	2
	D_3	公路货运量(万吨)	2
	D_4	万人拥有电信业务量(万元)	5
	D_5	万人拥有邮政业务量(万元)	4
信息化能力（20%）	E_1	电子商务销售额(亿元)	6
	E_2	企业电子商务活动普及率(%)	5
	E_3	每百家企业拥有网站数(个)	5
	E_4	国际互联网普及率(%)	4

二 河南区域商贸流通业竞争力评价结果及其分析

（一）评价过程与结果

1. 利用专家调查法确定指标权重

利用专家调查法确定一级指标、二级指标权重，规模实力、发展潜力、市场环境、基础设施、信息化能力的权重分别为26%、16%、20%、18%、20%，对每个具体指标按照其重要程度赋予不同权重，最终确定的指标权重如表1最后一列所示。

2. 具体指标的无量纲化处理

本报告原始数据主要来自《河南统计年鉴2022》，各城市总面积指标数据来自政府官方网站。各项具体指标原始数据见附表1~5。

评价指标体系中所有指标均为正向指标，即数值越大说明该城市区域商贸流通业竞争力越强。24个二级指标的无量纲化处理采用公式（1）。

$$Z(x_i) = \frac{x_i - x_{\min}}{x_{\max} - x_{\min}} \times 40 + 60 \tag{1}$$

在上述公式中，x_i为18个城市单项二级指标数据，$x_{\max}$为该指标的最大值，$x_{\min}$为该指标的最小值，$Z(x_i)$为该指标经过无量纲化处理后的标准值。

3. 计算城市商贸流通业竞争力水平

把各个指标的标准值乘以相应的权重，加总求和，可得到各个区域商贸流通业竞争力的综合评价得分。河南省17个省辖市和济源示范区商贸流通业竞争力综合评价得分、排名，以及规模实力、发展潜力、市场环境、基础设施和信息化能力各分项得分、排名情况如表2所示。

表2 河南区域商贸流通业竞争力评价结果及排名

单位：分

城市	综合评价 分值	排名	规模实力 分值	排名	发展潜力 分值	排名	市场环境 分值	排名	基础设施 分值	排名	信息化能力 分值	排名
郑州	95.674	1	25.353	1	13.801	1	19.506	1	17.015	1	20.000	1
洛阳	78.834	2	19.344	3	13.338	3	17.773	2	13.578	6	14.801	2
漯河	74.997	3	18.714	4	12.763	9	15.038	9	14.261	3	14.222	7
新乡	74.616	4	17.852	8	12.895	7	15.709	6	13.478	7	14.682	3
焦作	74.228	5	18.488	6	11.337	17	15.948	4	14.115	4	14.340	5
南阳	73.640	6	19.469	2	13.562	2	14.077	12	13.241	9	13.291	13
三门峡	72.157	7	17.225	14	12.986	5	15.937	5	11.709	18	14.300	6
济源	72.073	8	16.697	17	11.782	14	16.569	3	12.595	15	14.429	4
许昌	71.852	9	17.630	9	12.242	11	15.554	7	13.113	10	13.313	12
平顶山	71.459	10	17.560	11	13.067	4	14.767	10	12.818	13	13.247	14
鹤壁	70.684	11	16.467	18	12.010	13	15.080	8	13.104	11	14.024	9
濮阳	70.365	12	17.471	12	12.933	6	13.283	15	12.633	14	14.044	8
商丘	70.107	13	18.674	5	11.136	18	13.073	17	14.414	2	12.810	17
驻马店	69.689	14	17.579	10	12.770	8	13.261	16	13.093	12	12.987	16
安阳	69.685	15	16.959	16	11.534	16	14.044	13	13.370	8	13.777	10
开封	69.671	16	17.032	15	12.466	10	14.434	11	12.287	16	13.452	11
周口	68.348	17	18.207	7	12.223	12	12.045	18	13.622	5	12.251	18
信阳	67.774	18	17.383	13	11.700	15	13.314	14	12.171	17	13.206	15

（二）评价结果的分析

1. 综合竞争力

商贸流通业竞争力综合评价处于前6位的城市分别是郑州、洛阳、漯河、新乡、焦作和南阳，这些城市位于全省第一方阵。其中，郑州以95.674分居全省商贸流通业竞争力综合评价第1位。《郑州市"十四五"现代服务业发展规划》表明，郑州市要大力发展现代物流业，建设国际物流中心；做优做精现代商贸业，打造国际消费中心城市。漯河市排名大幅提升，从上年的第6位提升至第3位，漯河市商贸流通业增加值占GDP比重、商贸流通业从业人员占比分别为20.28%、8.77%，上述两个指标得分较高。

南阳市人民政府高度重视商贸流通业在建设省域副中心城市中起到的作用，市财政每年安排2000万元专项资金，用于支持南阳市商贸流通业创新发展，努力打造豫鄂陕地区重要的数字商贸服务中心及商贸旅游基地和消费中心。三门峡、济源、许昌、平顶山、鹤壁和濮阳位列第七至第十二，上述城市商贸流通业竞争力综合水平普遍较高，位于全省第二方阵。

2. 规模实力

商贸流通业规模实力处于前6位的城市分别是郑州、南阳、洛阳、漯河、商丘和焦作，这些城市位于全省第一方阵。《洛阳市"十四五"现代市场流通体系发展规划》提出，到2025年，全市流通规模再上新台阶，流通转型取得新突破，流通效率获得新提升，对"建强副中心、形成增长极"的支撑能力持续增强。2022年，洛阳市社会消费品零售总额为2294.8亿元，与2020年的2105.6亿元相比，增加了8.99%。交通运输仓储及邮政业增加值为340.7亿元，同比增长9.0%。周口、新乡、许昌、驻马店、平顶山和濮阳规模实力得分排第七至第十二，位于全省第二方阵。

3. 发展潜力

商贸流通业发展潜力位于前6位的城市分别是郑州、南阳、洛阳、平顶山、三门峡和濮阳，这些城市位居全省第一方阵。2022年，平顶山市社会消费品零售总额为1115.78，比上年增长1.4%；全市居民人均可支配收入为28119.9元，比上年增长4.7%；居民人均消费支出为17901.9元，比上年增长3.6%。有关资料显示，截至2023年4月，平顶山市商贸业批发、零售、住宿、餐饮在库企业达991家，总量居全省第4位。新乡、驻马店、漯河、开封、许昌和周口的发展潜力位列第七至第十二，这些城市位于全省第二方阵。

4. 市场环境

商贸流通业市场环境竞争力位于前6位的城市分别是郑州、洛阳、济源、焦作、三门峡和新乡。2022年，济源示范区人均生产总值为110517元，比上年增长4.3%；常住人口城镇化率为68.47%，比上年末提高0.3个百分点；全年居民人均生活消费支出为15694.1元，比上年增长3.3%。近年来，济源示范区人均生产总值位列全省第一。2021年，研发经费投入强度超过2%的城市包括洛阳（2.89%）、郑州（2.50%）、新乡（2.49%）和济源（2.04%）。许昌、鹤壁、漯河、平顶山、开封和南阳的市场环境得分位列第七至第十二，这些城市的商贸流通业市场环境竞争力处于全省第二方阵。

5. 基础设施

商贸流通业基础设施竞争力处于前6位的城市分别是郑州、商丘、漯河、焦作、周口和洛阳。近年来，焦作着力推进国省干线公路与交旅融合项目建设，积极推进多式联运项目建设，强化交通基础支撑，持续拉动经济增长。2022年，焦作全市公路货物运输总量为1.49亿吨，比上年增长4.4%；公路货物运输周转量为626.32亿吨公里，同比增长10.2%；邮电业务总量为62.43亿元，比上年增长8.4%；电信业务总量为36.82亿元，同比增长22.2%。新乡、安阳、南阳、许昌、鹤壁和驻马店的基础设施得分位列第七至第十二，这些城市的商贸流通业基础设施竞争力处于全省第二方阵。

6. 信息化能力

商贸流通业信息化能力竞争力处于前6位的城市分别是郑州、洛阳、新乡、济源、焦作和三门峡。电子商务已成为郑州经济和社会发展的重要组成部分之一，"国际电子商务港"与"网上商都"成为郑州在电子商务经济时代的城市新名片。据河南省统计局发布的数据，2022年电子商务平台拥有量最多的城市是郑州，其拥有42个平台，实现交易金额3151.45亿元，分别占全省的46.7%和74.7%。漯河、濮阳、鹤壁、安阳、开封和许昌的信息化能力得分位列第七至第十二，这些城市的商贸流通业信息化能力竞争力处于全省第二方阵。

三 提升河南区域商贸流通业竞争力的对策建议

（一）以创新驱动打造商贸流通业发展新引擎

实施创新驱动发展战略，以技术创新、模式创新和管理创新为驱动，引进与培育并重，推进实体经济与数字经济深度融合，激发商贸流通业创新发展内生动力。促进商贸流通业与农业、制造业融合发展，鼓励产业基础好的城市创建全国供应链创新与应用示范城市。顺应全球服务贸易发展新趋势，聚焦重点领域，努力打造若干在全国范围内有影响力的"中原服务"品牌。

（二）以开放合作拓展商贸流通业发展新空间

全面实施制度型开放战略，加强跨境电商等新兴领域规则规制探索。全方位对接京津冀协同发展、长江经济带发展、黄河流域生态保护和高质量发展等区域重大战略，深入实施促进中部地区崛起区域协调发展战略，推动中心城市"起高峰"、县域开放"成高原"。进一步强化自贸试验区制度型开放引领作用，做大做强枢纽经济、口岸经济、临空经济。高质量融入区域全面经济伙伴关系协定（RCEP），加强与RCEP成员国的经贸合作交流。

（三）以优势再造助力商贸流通业实现新跨越

紧密结合河南区域资源禀赋和产业基础，重点在航空经济、高铁经济、内陆口岸经济、公路经济等领域争取枢纽经济发展实现新突破。具体而言，郑州要利用好空中、陆上、网上、海上"四条丝路"，构筑通达全球的陆海双向国际物流通道，持续推进"四路协同"高质量发展。商丘要以新亚欧大陆桥、大广综合运输通道为牵引，加快与京津冀、长三角等地区的战略对接，提升对外辐射能力，完善货运枢纽布局，建设豫鲁苏皖商贸物流集散中心。

（四）以绿色低碳增强商贸流通业发展新动力

聚焦"双碳"目标，坚持不懈推动商贸流通业走生态优先、绿色低碳发展道路。发展绿色消费，在全社会倡导简约适度、绿色低碳的生活方式，创建一批绿色商场，扎实推动绿色产品消费。积极引导商场、超市等零售企

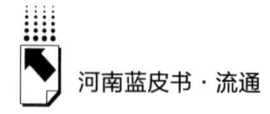

业增设绿色产品专柜，限制商品过度包装。发展绿色流通，坚定不移倡导绿色配送、绿色仓储和促进快递包装绿色转型，提高废旧物资回收、分拣、集散能力，促进二手商品流通。

（五）以数智赋能培育商贸流通业发展新模式

大力发展人工智能、云计算、大数据、物联网、区块链、量子科技和虚拟现实等新一代信息技术，为商贸流通业高质量发展提供技术支持和保障。统筹推进产业数字化和数字产业化，提升河南区域商贸流通业数字化智能化水平。构建合理利用、共享共用的数据平台，打通数据壁垒，打破数据孤岛，以数据共享助力商贸流通业数字化转型。

参考文献

陈树广、王东、陈胜利：《中国商贸流通业高质量发展的时空特征及区域差异》，《统计与决策》2022年第13期。

封永刚：《我国现代流通体系建设的行业拉动与就业带动能力》，《中国流通经济》2023年第8期。

冀红梅、王覃刚：《新型城镇化与商贸流通业绩效的耦合协调发展》，《商业经济研究》2023年第19期。

刘根荣、付煜：《中国流通产业区域竞争力评价——基于因子分析》，《商业经济与管理》2011年第1期。

任保平：《中国商贸流通业发展方式的评价及其转变的路径分析》，《商业经济与管理》2012年第8期。

石忆邵、朱卫锋：《商贸流通业竞争力评价初探——以南通市为例》，《财经研究》2004年第5期。

杨海丽、邱韵桦：《数字技术促进商贸流通业高质量发展了吗？——基于中介效应与面板门槛效应的双检验》，《重庆理工大学学报》（社会科学版）2023年第7期。

杨仁发、徐晓夏：《数字经济对商贸流通业高质量发展的影响》，《中国流通经济》2023年第5期。

附表1　河南区域商贸流通业竞争力评价原始数据（一）

城市	社会消费品零售总额（亿元）	地区生产总值（亿元）	批发和零售业增加值（亿元）	交通运输仓储及邮政业增加值（亿元）	住宿和餐饮业增加值（亿元）	城镇非私营单位就业人员数（万人）
郑　州	5389.21	12691.02	1123.60	748.57	203.34	219.82
开　封	1112.52	2557.03	171.75	95.57	53.28	34.05
洛　阳	2291.16	5447.12	486.63	305.86	97.10	62.76
平顶山	1100.84	2694.16	232.64	127.80	58.04	47.47
安　阳	907.96	2435.47	168.95	137.68	33.11	45.96
鹤　壁	318.03	1064.64	54.78	73.17	21.91	14.53
新　乡	1056.63	3232.53	217.99	235.44	42.63	45.00
焦　作	863.30	2136.84	174.77	219.62	48.05	31.47
濮　阳	722.59	1771.54	135.13	141.88	41.37	32.10
许　昌	1331.01	3655.42	251.25	176.80	53.90	37.30
漯　河	716.51	1721.08	186.68	125.45	36.92	22.85
三门峡	535.13	1582.54	105.02	123.19	25.12	19.93
南　阳	2196.27	4342.22	362.22	324.13	116.40	64.92
商　丘	1489.50	3083.32	174.76	149.93	79.75	58.44
信　阳	1252.85	3064.96	147.35	96.31	61.29	48.26
周　口	1804.75	3496.23	206.39	163.06	80.36	58.63
驻马店	1096.00	3082.82	201.91	108.82	56.43	53.37
济　源	197.46	762.23	51.97	50.03	13.56	8.19

资料来源：《河南统计年鉴2022》。

附表2　河南区域商贸流通业竞争力评价原始数据（二）

城市	批发和零售业就业人员数（万人）	交通运输仓储及邮政业就业人员数（万人）	住宿和餐饮业就业人员数（万人）	亿元以上商品交易市场成交额（亿元）	居民家庭人均可支配收入（元）	居民家庭人均消费支出（元）
郑　州	10.30	9.41	3.26	1410.93	39510.90	25962.45
开　封	0.99	0.71	0.23	11.48	24572.70	19409.30
洛　阳	1.98	1.95	0.59	250.55	30219.40	21562.60
平顶山	1.24	1.09	0.29	5.77	26869.08	17275.36
安　阳	0.92	1.00	0.25	8.32	27364.50	16490.00
鹤　壁	0.45	0.23	0.09	21.00	29362.30	17729.02

047

续表

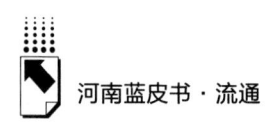

城　市	批发和零售业就业人员数（万人）	交通运输仓储及邮政业就业人员数（万人）	住宿和餐饮业就业人员数（万人）	亿元以上商品交易市场成交额（亿元）	居民家庭人均可支配收入（元）	居民家庭人均消费支出（元）
新　乡	1.55	0.98	0.26	72.66	27457.27	18097.00
焦　作	0.88	1.00	0.14	11.98	30076.02	21190.39
濮　阳	0.67	0.84	0.13	—	24746.60	15116.10
许　昌	1.39	0.84	0.22	314.06	29027.90	18558.40
漯　河	1.42	0.47	0.11	18.08	27993.70	18781.00
三门峡	0.60	0.44	0.22	6.52	26907.80	18657.70
南　阳	2.00	2.03	0.42	160.67	25489.46	17059.00
商　丘	2.94	2.41	0.29	550.15	22699.00	16540.00
信　阳	2.05	1.56	0.35	28.01	23947.80	16688.92
周　口	2.39	1.95	0.21	244.47	20772.80	15360.33
驻马店	1.75	1.69	0.35	115.81	22440.00	17461.00
济　源	0.13	0.34	0.04	17.76	32270.61	15194.67

资料来源：《河南统计年鉴2022》。

附表3　河南区域商贸流通业竞争力评价原始数据（三）

城　市	研究与试验发展经费内部支出（万元）	研究与试验发展经费外部支出（万元）	公路线路里程（公里）	总面积（平方公里）	公路客运量（万人）	公路货运量（万吨）
郑　州	3104386.03	63135.72	13732.37	7567	3942.15	21721.70
开　封	261002.63	53549.20	9519.93	6118	1608.99	5680.60
洛　阳	1539086.00	35541.46	19887.09	15200	3226.28	21195.03
平顶山	483680.55	16775.00	14819.39	7882	1622.98	11532.39
安　阳	369324.62	1851.80	13037.48	7413	1665.99	17844.89
鹤　壁	116823.61	24794.90	4652.88	2182	428.14	6070.51
新　乡	791676.37	13886.80	13548.74	8291	2453.12	15234.62
焦　作	340118.74	7887.40	8037.49	4071	771.62	14295.11
濮　阳	195688.11	2648.47	7008.94	4188	885.26	6264.81
许　昌	598023.20	15905.90	10095.43	4979	916.57	11896.49
漯　河	222118.40	2818.30	5553.56	2617	1194.61	7918.90
三门峡	313620.78	2458.40	10268.24	10496	1444.48	4578.19

续表

城 市	研究与试验发展经费内部支出(万元)	研究与试验发展经费外部支出(万元)	公路线路里程(公里)	总面积(平方公里)	公路客运量(万人)	公路货运量(万吨)
南 阳	678257.62	10993.50	40243.98	26600	3520.24	24849.15
商 丘	315856.32	5198.70	24864.32	10704	2468.16	13487.55
信 阳	234668.11	7758.36	27196.04	18900	2602.84	5234.09
周 口	148482.82	2732.61	24176.87	11900	3744.56	19293.55
驻马店	320906.00	6623.70	22191.64	15000	4481.73	14498.17
济 源	154688.30	885.00	2735.32	1931	410.11	4851.01

资料来源：《河南统计年鉴2022》。

附表4　河南区域商贸流通业竞争力评价原始数据（四）

城 市	电子商务销售额(亿元)	电子商务采购额(亿元)	企业电子商务活动普及率(%)	每百家企业拥有网站数(个)	电信业务总量(亿元)	邮政行业业务总量(亿元)
郑 州	2112.22	1775.91	12.52	62	211.01	167.05
开 封	74.72	38.27	5.56	37	40.83	18.06
洛 阳	411.25	297.19	6.50	41	78.20	33.86
平顶山	132.05	102.32	5.87	29	42.23	13.02
安 阳	103.84	41.88	5.70	36	51.71	22.74
鹤 壁	68.26	45.41	5.86	39	15.80	4.20
新 乡	137.33	47.26	6.51	48	61.74	31.29
焦 作	321.30	146.36	5.89	38	36.55	27.45
濮 阳	86.99	54.65	6.37	39	36.80	14.05
许 昌	96.74	48.77	6.66	28	37.86	16.31
漯 河	504.02	434.12	6.50	33	22.81	22.63
三门峡	287.04	79.73	8.64	27	21.62	6.16
南 阳	154.56	112.01	6.00	33	75.22	39.62
商 丘	171.64	75.49	3.85	29	67.25	53.02
信 阳	121.65	54.57	6.54	29	51.55	20.42
周 口	134.54	60.74	2.81	29	68.90	24.29
驻马店	151.62	51.06	5.16	29	57.54	28.82
济 源	18.73	59.06	6.86	40	9.09	2.24

资料来源：《河南统计年鉴2022》。

附表5 河南区域商贸流通业竞争力评价原始数据（五）

城　　市	快递业务收入（亿元）	人均生产总值（元）	城镇化率（%）	人口总户数（万户）	常住人口（万人）	国际互联网用户（万户）
郑　州	124.40	100091.62	79.10	269.56	1274.20	2169.31
开　封	9.97	53173.46	52.85	168.11	478.30	554.52
洛　阳	17.61	77110.48	65.88	225.19	706.90	968.68
平顶山	5.80	54121.97	54.45	162.25	496.80	605.95
安　阳	7.21	44690.36	54.07	188.04	542.30	700.34
鹤　壁	2.37	67802.85	61.71	50.30	157.20	206.26
新　乡	16.20	52028.11	58.39	184.41	617.10	803.82
焦　作	17.28	60642.71	63.73	102.79	352.30	480.42
濮　阳	5.59	47131.10	51.01	122.13	374.40	479.00
许　昌	10.19	83415.12	54.58	157.37	438.20	532.65
漯　河	13.19	72559.67	55.86	75.28	237.20	303.60
三门峡	3.20	77700.97	58.03	73.47	203.80	281.04
南　阳	18.97	44894.04	51.61	370.44	962.90	1083.68
商　丘	23.69	39678.31	47.21	312.08	772.30	922.43
信　阳	7.30	49344.96	51.14	281.86	618.60	705.43
周　口	10.79	39125.90	43.62	332.98	885.30	940.10
驻马店	24.27	44266.34	45.17	268.58	692.20	802.84
济　源	1.15	104514.67	68.17	20.58	73.00	102.39

资料来源：《河南统计年鉴2022》。

分 报 告

B.4
2023~2024年河南省大宗商品流通形势分析与展望

孙波 李晓沛 刘叶青 吴涛*

摘　要： 自2023年以来，河南省大宗商品流通形势整体表现平稳、市场价格在合理区间波动。本报告对国际地缘政治风险、极端天气、经济下行压力、数字化进程及相关政策法规等可能对大宗商品流通产生影响的因素进行分析。总体来看，2024年河南省大宗商品供需将持续改善，预计价格大幅波动的可能性不大。本报告从统筹市场体系建设、统筹资源要素整合、统筹软硬基础设施建设、统筹智慧绿色低碳等角度，提出了促进大宗商品流通市场内需释放、供需适配、能级提升、发展转型等相关政策建议，旨在为推动河南省大宗商品流通提供借鉴。

关键词： 大宗商品　现代流通体系　供应链

---

* 孙波，河南省区域合作中心党委书记、主任，研究方向为商贸流通、区域经济；李晓沛，河南省区域合作中心正高级经济师，研究方向为产业经济；刘叶青，河南省区域合作中心经济师，研究方向为现代物流；吴涛，河南省区域合作中心助理工程师，研究方向为交通工程。

大宗商品主要包括基础原材料、能源商品和农副产品，具有同质化、可交易、大批量买卖、价格波动大等特征，为工农业生产和人民生活消费所需。在"双循环"新发展格局下，加快发展大宗商品流通，构建高效顺畅的大宗商品物流通道和流通体系，有利于在更大范围内推动大宗商品生产和消费，调整优化产业结构和区域分工，实现生产效率提升和物流成本降低，更好地促进形成强大的国内外市场，助力实体经济高质量发展。

一 2023年河南省大宗商品流通总体情况

2023年，受海外经济衰退、美联储加息预期等因素影响，国内外大宗商品市场呈现总体重心向下、宽幅振荡发展趋势。面对复杂多变的国内外发展形势，河南省始终锚定"两个确保"，实施"十大战略"，强化投资、消费、出口、物流"四个拉动"，加快建设先进制造强省、现代物流强省，全省经济社会全面恢复常态化运行，市场供需错配现象有所缓解。2023年1~9月，全省居民消费价格同比下降0.4%。

（一）物流业发展趋稳向好，活跃度不断提升

河南省加快构建通道、枢纽、网络一体化发展物流运行体系，大力发展特色优势行业物流、智慧物流和绿色物流，全省物流需求总量和物流运转效率明显上升，建设全国乃至全球举足轻重的现代化、国际化、世界级物流枢纽基地迈出坚实步伐。自2023年2月以来，全省物流业景气指数始终稳定在50%以上，9月达到54.6%，分别高于全国和上年同期1.1个百分点、1.6个百分点（见图1）。随着河南省进一步推进实施稳投资促消费相关政策，预计2024年将持续优化配置物流资源要素，释放物流市场需求，持续拓展现代物流尤其是大宗商品物流嵌入产业链的深度和广度，增强供应链服务保障能力，物流业尤其是大宗商品流通业的结构、规模和效益将持续改善。

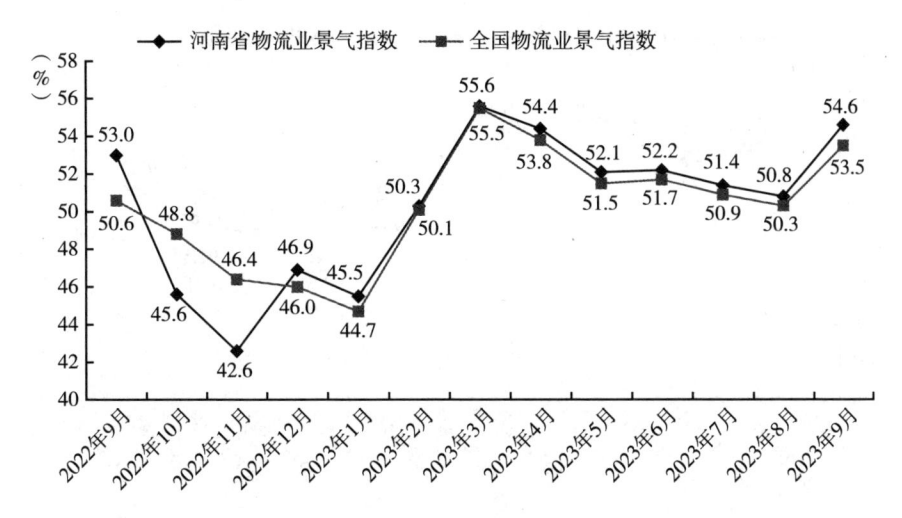

2023~2024年河南省大宗商品流通形势分析与展望

图1 2022年9月至2023年9月河南省及全国物流业景气指数

资料来源：河南省物流与采购联合会官网公布数据。

（二）大宗商品市场价格波动回升

2023年9月，河南省工业生产者价格环比涨幅扩大，出厂价格和购进价格分别上涨0.7%和0.6%；工业生产者价格同比下降速度趋缓，出厂价格和购进价格分别下降3.3%和7.5%。从图2可以看出，2023年上半年，河南省工业生产者出厂价格指数、购进价格指数呈现下行态势，但7月以来两者开始同步回升，预计2023年下半年河南省工业生产者出厂价格指数、购进价格指数总体将呈上涨态势。受美元见顶、美联储加息放缓、中国经济复苏等因素影响，2024年河南省大宗商品市场价格将出现上涨。

（三）大宗农产品流通市场总体表现平稳

大宗农产品包括粮食、蔬菜、瓜果、猪牛羊肉、禽蛋、牛奶等，在商品农业经济结构中占有较大比重，是生产量、消费量、贸易量和运输量等较大的农产品。

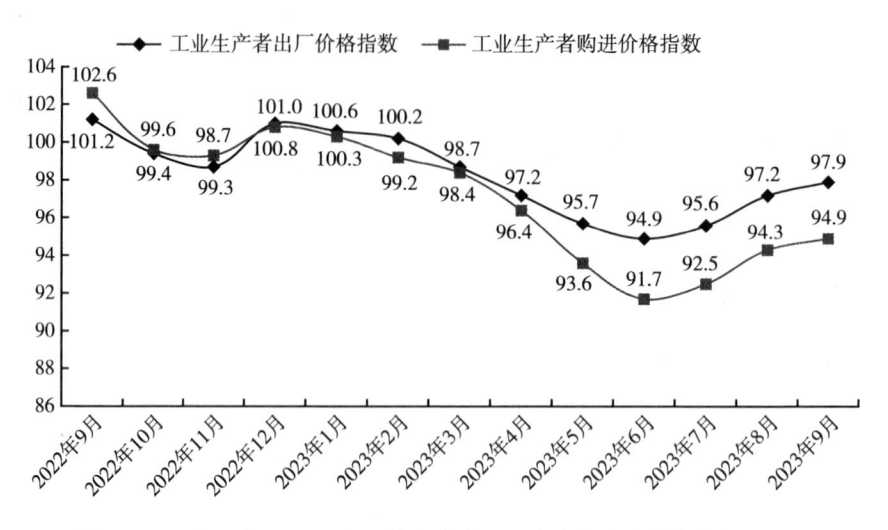

图 2 2022 年 9 月至 2023 年 9 月河南省工业生产者出厂价格指数和工业生产者购进价格指数（以上年同期为 100）

资料来源：河南省调查总队官网公布数据。

1. 夏粮产量及单产小幅下降

2023 年，河南省夏粮播种面积为 5687.4 千公顷，比 2022 年增加 3.6 千公顷。但受严重"烂场雨"等极端天气影响，部分地区小麦萌动发芽，导致全省夏粮产量、单位面积产量均有所下降。2023 年，全省夏粮产量为 3550.1 万吨，占全国夏粮总产量的 24.3%；但夏粮产量比 2022 年减少了 263.0 万吨，下降 6.9%。夏粮单位面积产量为 6242.0 公斤/公顷，比全国平均水平高 750.2 公斤/公顷；但比 2022 年减少了 466.7 公斤/公顷，下降 7.0%。受夏粮减产影响，河南小麦市场价格有所上涨，6 月小麦批发价格为 1.35~1.70 元/斤，小麦（三等）最低收购价为 1.17 元/斤，但对消费端市场影响不大，随着秋粮上市，粮食价格将保持平稳运行态势，整体价格波动不大。

2. "菜篮子"产量和价格基本稳定

2023 年 1~6 月，河南省"菜篮子"产品产量全部实现增长，保障了充足供给，其中生猪出栏、猪牛羊禽肉、蔬菜及食用菌、瓜果产量（绝对量）

分别为3240.95万头、345.18万吨、3274.35万吨、378.21万吨，同比增长0.6%、0.9%、2.7%、1.4%。2023年1~8月，河南省"菜篮子"产品市场价格呈现"两涨四降"，其中禽肉类、猪肉、鲜菜、水产品价格同比下降13.3%、20.3%、1.7%、0.8%，蛋类和鲜果价格同比上涨2.1%、3.3%。消费传统旺季到来，刚需性消费稳步回升，预计猪肉、鲜菜、鲜果等价格将呈季节性上涨态势，但整体价格涨幅有限，呈现波动震荡趋势。

3. 工业品价格

工业品价格包括工业生产者出厂价格和工业生产者购进价格。2023年，受国际大宗商品价格传导及石油、煤炭等供需持续改善等因素影响，河南省工业生产者价格呈现波动走势，2月工业生产者出厂价格和生产资料价格分别微幅上涨0.2%、0.5%；3~7月持续保持低位运行，9月全国石油化工、煤炭开采和洗选等行业价格上涨，带动工业生产者出厂价格止跌回升，工业生产者出厂价格环比上涨0.6%。受生产供应持续增加及翘尾因素影响，工业生产者购进价格同比降幅趋缓，9月工业生产者购进价格降幅同比收窄0.6个百分点，化工原料、燃料和动力、黑色金属材料降幅分别收窄1.4个百分点、1.9个百分点、3个百分点。

二 2024年河南省大宗商品流通走势展望

加快建设河南省大宗商品流通体系，是在构建"双循环"新发展格局的背景下，主动适应新形势新要求的必然选择。河南省大宗商品流通建设要紧抓新发展格局战略机遇，锚定"两个确保"，实施"十大战略"，向更高水平、更有效率、更高质量发展。综合考虑国内外形势，2024年河南省大宗商品流通面临一些新形势新挑战新机遇。

（一）国内外形势复杂多变，石油、粮食等全球大宗商品市场价格进入上涨通道

大宗商品具有商品、金融和地缘政治三重属性，任一属性发生变动，都

将对大宗商品价格产生较大冲击。当前，全球经济增长处于动荡和不稳定状态，主要发达经济体陷入长期衰退的概率提升，发展中经济体金融风险加剧，国际贸易投资放缓，产业链供应链创新链"有限全球化""脱钩断供""小院高墙"趋势渐显，全球市场需求将持续收缩。据国际货币基金组织预测，2023年、2024年全球通货膨胀率将分别达到6.6%、4.3%，各国货币政策可能紧于预期，经济增长速度仍将保持低位运行。俄乌冲突和巴以冲突的爆发，将导致粮食、石油、金属、工业品等大宗商品无法顺畅地进入国际市场，供给不足将极大地影响全球大宗商品贸易格局，成为未来一段时间影响大宗商品价格的主要因素。

（二）气候变化叠加极端天气频发，大宗农产品市场供应和价格不确定性增大

2023年，气候异常导致全球大宗粮油作物减产1.3%，是近10年第二大降幅。我国京津冀、东北地区持续出现暴雨、大暴雨并引发洪涝灾害，受大范围持续阴雨天气影响，国内玉米和小麦单产明显下降。长江流域极端高温干旱、西北局地洪涝灾害给农业生产带来一定的不利影响。极端天气的频发多发对大宗农产品供给和价格产生较大冲击。

（三）稳增长效应显现和数字化进程加速推进，国内大宗商品流通保持稳定增长态势

近年来，我国加快推进供给侧结构性改革和发展数字经济，5G、人工智能、物联网等新一代信息技术重构了大宗商品流通领域的线路规划、车货匹配、在途运输等环节，运力与货物的精准匹配、智能线路规划、在途监控、无人驾驶等智能化解决方案逐渐形成，大宗商品运输效率和服务质量明显提升。此外，随着我国各项促投资稳增长政策的出台实施，政策红利持续释放市场需求，制造业发展势头良好，将带动大宗商品销量增长，实现库存回落，国内大宗商品价格将保持基本稳定，呈现小幅波动上升态势。

（四）供应链快速修复，消费潜力持续释放，河南省大宗商品流通进入供需上扬通道

作为能源原材料大省、农业大省，河南省将担稳经济重任，全面实施"十大战略"，持续推进"三个一批"项目建设，以培育壮大战略性新兴产业和谋划发展未来产业实现"换道领跑"，努力建成先进超硬材料、新能源汽车等28个千亿级重点产业链和新型材料、新能源汽车等6个万亿级产业集群，市场主体信心逐步恢复，固定资产投资特别是民间投资稳步增长，制约大宗商品生产流通的不稳定因素逐渐消退，供应链快速修复，消费潜力稳步释放，煤炭、有色金属、化工等工业运行平稳，市场景气程度不断提升，为大宗商品保障供给和价格稳定给予强劲支撑。同时，国家和河南省相继出台《"十四五"现代流通体系建设规划》《河南省"十四五"现代综合交通运输体系和枢纽经济发展规划》《河南省"十四五"现代物流业发展规划》等一系列规划和相关支撑政策、行动计划等，为河南省加快构建大宗商品流通体系，保持大宗商品量价稳定提供了有利的政策环境。

三 加快推进河南省大宗商品流通体系建设的对策建议

为进一步加快大宗商品流通体系建设，河南省要更加积极主动的应对国内外形势环境的新变化新挑战，牢牢把握高质量发展这个首要任务，瞄准打造成全国乃至全球举足轻重的现代化、国际化、世界级物流枢纽基地，统筹推进大宗商品现代流通体系硬件和软件建设，积极融入"双循环"下的统一大市场，构建大宗商品流通网络新体系，培育壮大大宗商品现代流通主体，实现流通降本增效发展，持续提升大宗商品供给体系对市场需求的适配性。

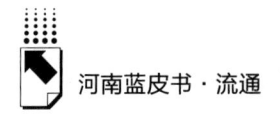

（一）瞄准消费变革精准发力，加快推动大宗商品流通市场体系建设

发挥农业大省、物流大省及能源原材料大省优势，加快发展大宗商品线上线下市场，推动大宗商品市场向供应链综合服务企业转型，支持大宗商品企业构建全球供应链，推动各类资源高效集散。一方面，要优化大宗商品流通布局。积极对接境内外企业需求，支持郑州商品交易所进一步加强监管体系，积极开展国际原糖等上市期货新品种研发，做好甲醇等品种的国际化可行路径研究，拓展大宗商品生产、消费与流通企业参与期货交易深度，实现品种规则制度与国际惯例的有效对接，提升对大宗商品价格的影响力和国际定价权。突出钢铁、煤炭、金属等产业特色，支持洛阳、新乡、安阳、鹤壁、濮阳、平顶山等省辖市建设物流枢纽城市，大力发展新型材料、新能源汽车、电子信息、先进装备、现代医药、现代食品等优势产业集群，升级发展生产资料市场和工业消费品市场，创新发展"物流+贸易+金融"等大宗商品仓储配送一体化模式，打造区域性集散中心和流通特色节点城市。支持开封、商丘、周口、驻马店、南阳等省辖市突出粮食和农副产品特色，规划建设一批国家级和省级农产品产地专业市场（交易中心），完善现代物流配送中心、质量检验检测中心、标准化冷库等配套设施，强化溯源系统和产销对接平台建设。持续完善煤炭、天然气、铁矿石等原材料供应渠道布局，加快建设大宗商品交易场所和网络货运平台，推动大宗商品平稳有序供应。另一方面，要尽快培育壮大一批大宗商品流通市场主体。加大对大宗商品流通领域龙头企业、高成长性企业的支持力度，鼓励有实力的大宗商品商贸流通企业通过参股控股、合资合作、兼并重组等方式，优化整合流通资源，拓展流通经营网络，尽快培育一批具有市场竞争力、品牌影响力的领军企业和平台。鼓励能源、粮食、矿石等大宗商品贸易企业与物流企业紧密协作，提供国内国际采购、运输、仓储等规模化协同化服务。积极培育具备全程"门到门"服务能力的跨境运输通道承运人，提供大宗商品货运跨境多式联运方案。围绕细分市场需求，引导中小微大宗商品流通企业做精做专做新物流

服务。鼓励大宗商品贸易、流通企业"走出去",建立境外分销展示中心、公共海外仓等,加强与境外企业、消费品产地等的合作,构建辐射全球的产业链供应链。

(二)强化资源要素整合重塑供应链,促进供需高效对接和精准适配

强化流通对要素的组织作用,支持构建大宗商品生产与消费深度融合的供应链,推动大宗商品流通业与制造业、农业联动发展和跨界融合,实现产业上下游资源要素优化配置。一要构建特色优势大宗商品供应链。支持有色冶炼、化工、农副产品精深加工等传统优势产业稳链强链、补链延链,集聚供应链核心技术、关键环节和上下游企业,促进创新发展、自主品牌建设等,形成一批拥有自主知识产权的核心技术,加快发展先进材料、现代化工、绿色食品等产业,打造一批具有全国乃至国际影响力的产业供应链。建设农商互联农产品供应链,提升农产品流通现代化水平。二要积极发展大宗商品流通新业态新模式。顺应商业变革和消费升级趋势,深度挖掘大宗商品市场需求潜力,加快建设大宗商品的流通网络和通道,创新业态模式,完善基础设施,集聚优质资源,带动发展新零售、新电商、新消费等,提升链接国内外大宗商品资源的能力,稳步提升大宗商品市场流通容量和活跃度。三要发展大宗商品现代供应链企业。鼓励大宗商品生产、物流和商贸企业向现代供应链企业转型发展,加大整合产业上下游参与者的力度,推动其深度嵌入采购、生产、物流、销售全环节,提供招商、运营、数据平台等一体化、全渠道分销与供应链服务。探索建设大宗商品全开放式的进出口供应链平台,集成交易支付、金融服务、物流跟踪、智能仓储、产品溯源、线上通关等功能,吸引大宗商品制造商、采购商、物流商集聚发展。

(三)突出设施建设和监管服务,夯实大宗商品流通发展保障支撑

持续完善大宗商品流通领域的新型基础设施、物流通道和网络、信用监管平台建设,提升金融服务能级,构建基础设施保障有力、金融供给精准灵活、信用监管坚实有力的发展格局。一要增强大宗商品交通运输流通承载能力。以国家干线物流通道为主脉，打造集航空、水运、公路、铁路于一体的"2+10"立体物流通道系统。持续提升周口港、信阳港等发展能级和淮河流域航运运力，补齐内河航运物流通道短板。畅通新亚欧大陆桥、京港澳、大广、二广、济郑渝、太郑合、晋豫鲁、沪陕、北沿黄、宁洛等物流通道，构建大能力对外综合运输通道。二要增强现代物流对大宗商品运输的保障能力。立足现代物流强省建设，统筹推进国家物流枢纽、区域物流枢纽和物流节点建设，积极争取更多符合要求的城市打造国家物流枢纽。加快多式联运换装设施与集疏运体系建设，提升中欧班列多式联运综合服务水平，创新"卡车航班"运营模式，布局一批多式联运型物流园区，完善铁路专用线、现代仓储设施建设，提高一体化转运衔接能力和货物快速换装便捷性。三要增强供应链金融服务大宗商品流通能力。支持金融机构发起设立供应链金融专营机构、事业部或特色分支机构，将更多信贷资源向大宗商品供应链上下游中小企业倾斜。扎实推进区块链融资平台试点建设，推广"资本项目收入支付便利化"等新业务场景。依托"信豫链"搭建省供应链金融公共服务平台，完善大宗商品供应链金融结算、监管服务体系。支持金融机构、供应链核心企业建立债项评级与主体评级相结合的全面风险防控体系，提高金融机构事中事后风险管理水平。四要增强大宗商品流通信用监管能力。强化大宗商品流通的事前、事中、事后信用监管，进一步完善信用信息采集、利用、查询、披露等制度，推动行业管理部门、行业组织和征信机构、银行业金融机构等信息共享，构建以信用监管为基础的新型监管模式。

（四）强化科技赋能数字转型，推动大宗商品流通智慧绿色发展

进一步加强新一代信息技术在大宗商品流通业的推广应用，促进大宗商品流通全产业全过程装备改造和技术升级，全面发展智慧大宗商品流通和绿色大宗商品流通。一要大力发展智慧大宗商品流通。实施物流枢纽智能化建设工程，提升郑州空港型、洛阳生产服务型国家物流枢纽、区域物流枢纽智能化水平。支持大宗商品流通龙头企业建设智慧流通平台，打通物流、商贸供应信息链，推动平台、政府、企业间信息共享和互联互通，实现设施联通、标准衔接、信息联网、企业联盟。在大宗商品流通中全面应用全球定位、移动通信、电子标签等现代信息技术，大力发展智慧物流、智慧商贸等，提升大宗商品流通在采购、仓储、运输等各环节的智能化管理水平。二要积极发展绿色大宗商品流通。加大新能源、清洁能源货运车辆应用力度，配套完善充电桩、加氢站等储能设施。探索推进大宗商品"碳标签"制度，推行产品全生命周期绿色管理和碳足迹评价。推广"互联网+再生资源回收"模式，鼓励建立基于供应链的大宗商品废旧资源回收利用平台和回收网络，加快逆向物流体系建设，完善逆向物流服务标准体系。

B.5
2023~2024年河南省消费品市场形势分析与展望

曹 雷[*]

摘 要： 自2023年以来，受国内外宏观经济不稳定、不确定、难预料因素影响，全省经济持续稳定恢复面临阻碍，消费品市场出现较大幅度波动。但随着各种稳经济、促发展政策的深入实施，经济运行中的积极因素增多，消费潜力不断释放，全省经济运行回升态势明显，消费品市场持续提质扩容。展望2024年，国际环境依然复杂严峻，国内经济内生动力还不强、需求仍然不足，消费信心完全恢复尚需时日。但随着新发展格局加快构建，各项促消费政策持续发力，居民消费能力增强、消费意愿提升，全省消费品市场平稳发展的基本面依然存在，消费品市场有望保持稳中有升态势。

关键词： 消费市场 消费信心 消费升级

自2023年以来，全省上下坚持以习近平新时代中国特色社会主义思想为指导，全面贯彻党中央、国务院和河南省委、省政府各项决策部署，深入落实省委十一届五次全会精神，坚持稳中求进工作总基调，锚定"两个确保"、深入实施"十大战略"，纲举目张抓工作、项目为王抓投资、全力以赴拼经济，精准实施各项宏观调控和促消费政策，全省消费品市场持续稳定恢复。

---

[*] 曹雷，河南省社会科学院统计与管理科学研究所高级统计师，研究方向为区域经济、经济社会统计。

一 2023年河南省消费品市场总体运行状况

自2023年以来，河南省围绕恢复和扩大消费打出了一系列"组合拳"，居民消费潜力不断释放，汽车、文旅等重点消费领域明显提速，全省消费品市场持续提质扩容。2023年9月，全省社会消费品零售总额为2238.92亿元，同比增长5.0%，增速比8月加快1.0个百分点；其中，限额以上单位消费品零售额同比增长7.7%，增速较8月加快1.2个百分点；1~9月，全省社会消费品零售总额为18745.93亿元，同比增长5.0%，增速与1~8月持平，快于上年同期3.1个百分点（见图1）；其中，限额以上单位消费品零售额同比增长5.3%，增速比1~8月加快0.3个百分点。

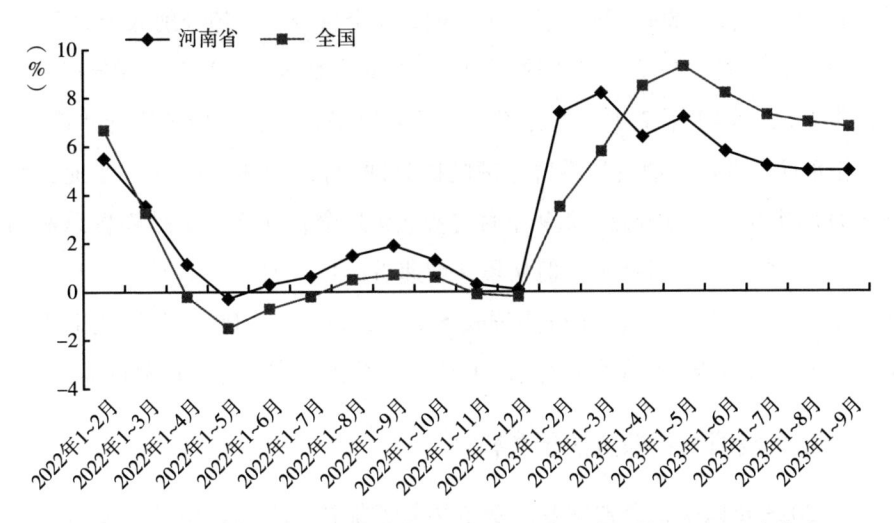

图1 2022年至2023年9月全国与河南省社会消费品零售总额累计增速

资料来源：河南省统计局。

（一）消费品市场波动较大

自2023年以来，随着疫情防控政策调整为"乙类乙管"，各地积极推动消费市场尤其是接触性消费市场有序恢复，加上节日经济的带动，"吃住行游购娱"等需求集中释放，全省消费品市场开局良好，市场销售明显回暖，2023年1~2月社会消费品零售总额为4399.91亿元，同比增长7.4%，增速比2022年12月快9.4个百分点，高出上年同期1.9个百分点，高于同期全国平均水平3.9个百分点；之后随着促进消费等系列政策持续发力，全省消费潜力不断释放，1~3月全省实现社会消费品零售总额6524.29亿元，增长8.2%，增速高于上年同期4.7个百分点，高于全国平均水平2.4个百分点。但自4月起，全省消费品市场增速开始明显回落，社会消费品零售总额累计增速从高于全国平均水平发展到低于全国平均水平。2023年1~4月、1~5月，全省社会消费品零售总额同比分别增长6.4%、7.0%，分别比1~3月回落1.8个百分点、1.2个百分点，分别低于全国平均水平2.1个百分点、2.3个百分点。2023年上半年，全省社会消费品零售总额增速进一步回落，仅同比增长5.8%，虽高于上年同期5.5个百分点，却分别低于2023年1~3月、1~4月、1~5月2.4个百分点、0.6个百分点、1.2个百分点，低于同期全国平均水平2.4个百分点。自7月以来，全省市场销售开始恢复，7月和8月全省社会消费品零售总额同比分别增长1.1%、4.0%，增速分别比上月加快0.5个百分点、2.9个百分点；9月全省社会消费品零售总额同比增长5.0%，与上月持平，但从累计增速看，1~7月、1~8月、1~9月全省社会消费品零售总额同比分别增长5.2%、5.0%、5.0%，分别比上半年回落0.6个百分点、0.8个百分点、0.8个百分点，市场完全恢复尚需时日。

（二）城镇消费恢复快于乡村

自2023年以来，全省城乡消费市场复苏加快，但城镇消费恢复势头明显更强。河南省统计局数据显示，2023年1~9月，全省城镇限额以上单位消费品零售额增长5.8%，增速比上半年加快0.2个百分点，其中城区增长7.3%；乡村限额以上单位消费品零售额降幅比上半年收窄1.2个百分点。

（三）批零住餐业增速加快

全省各地充分结合夏季和暑期消费特点，全力组织各类促销活动，大力发展夜市经济，着力打造外摆、夜间集市等特色消费场景，充分释放重点商圈消费活力，带动全省住宿和餐饮业快速升温。数据显示，餐饮业收入增速快于商品零售额，2023年上半年，全省限额以上单位餐饮业收入、商品零售额同比分别增长6.4%、5.0%，分别快于上年同期8.7个百分点、0.5个百分点。自2023年下半年以来，随着促消费措施的进一步落地见效，全省市场销售继续恢复。2023年8月，全省限额以上单位批发零售业、住宿和餐饮业零售额同比分别增长6.8%、3.5%，增速分别比上月加快3.5个百分点、5.5个百分点。

（四）超半数商品销售加快

2023年1~9月，全省限额以上批发零售业的23类商品中有14类商品零售额增速比上半年加快，占比为60.9%。出行类商品拉动作用明显。2023年1~9月，全省限额以上单位汽车类、石油及制品类商品零售额分别同比增长8.6%、19.8%；其中，新能源汽车零售额同比增长58.0%。

（五）网上零售保持活跃

2023年1~9月，全省网上零售额为3258.3亿元，同比增长19.0%，高于全国平均水平7.4个百分点；其中，实物商品网上零售额为2726.2亿元，同比增长18.3%，高于全国平均水平9.4个百分点。此外，在消费结构方面，全省网络化消费加速成势，通过公共网络实现的商品零售额占限额以上单位商品零售额的比重为7.5%，同比提高1.5个百分点。

二 2023年河南省消费品市场运行特点

（一）消费升级态势延续

居民消费理念从注重量的满足进一步向追求质的提升转变，发展型、享受型消费热度不减，消费升级类商品增势较好。虽然新冠疫情给全省消费品市场带来一定的冲击，但全省消费升级态势延续，部分升级类商品零售额加速增长。2023年8月，全省限额以上单位照相器材类、智能手机类、可穿戴智能设备类商品零售额同比分别增长46.9%、11.4%、24.1%，增速分别比上月加快18.9个百分点、11.8个百分点、0.3个百分点。

（二）消费价格总体稳定

2023年9月，全省居民消费价格（CPI）同比下降0.4%，与上月持平；其中，城市下降0.6%，农村上涨0.1%；食品烟酒、教育文化娱乐、医疗保健、其他用品及服务同比分别上涨0.5%、1.4%、0.9%、3.1%，衣着、居住、生活用品及服务、交通通信等同比分别下降0.3%、0.5%、0.2%、2.2%。

（三）新消费业态增速明显加快

市场主体主动变革传统经营模式，积极向多种新业态经营模式转变，推进线上线下融合发展。一是电商平台稳步发展。2023年1~6月，河南省商品、服务类电子商务交易额达6467.8亿元，同比增长12.4%；交易额居全国第10位，较2022年同期前进1位。截至2023年6月，河南省监测的本省电子商务平台有78个，实现交易金额2034.3亿元，同比增长14.6%。其中，居省辖市首位的郑州市其电子商务平台有34个，实现交易金额1549.7亿元，分别占全省的43.6%、76.2%。二是网上零售额快速增长。2023年1~6月，全省网上零售额为2109.7亿元，同比增长20.3%；其中，实物商品网上零售额为1785.1亿元，同比增长20.0%。三是跨境电商规模持续增长。2023年1~6月，全省跨境电商进出口交易额实现1224.7亿元（含快递包裹），同比增长10.1%；其中，出口交易额为947.3亿元，同比增长13.2%，进口交易额为277.4亿元，同比增长0.8%，出口交易额增速快于进口交易额增速12.4个百分点。

三 河南省消费品市场增长的有利条件和制约因素

(一)消费品市场增长的有利条件

一是居民收入保持增长态势。2023年1~9月,全省居民人均可支配收入为21344元,同比名义增长5.8%;其中,城镇居民人均可支配收入为29672元,同比名义增长4.4%;农村居民人均可支配收入为13618元,同比名义增长6.8%,增速快于城镇2.4个百分点;全省居民收入持续提高对消费品市场持续稳定发展起到了重要的保障作用。2023年前三季度,全省城乡居民可支配收入比为2.18,同比缩小0.05。

二是城镇化持续推进有利于消费品市场继续扩大。2022年末,河南省常住人口城镇化率为57.07%,比全国平均水平低8.15个百分点,意味着河南省城镇化还有较大的提升空间(见图2)。据测算,河南省城镇化水平每提升1个百分点,新增城镇人口近100万人,可以有效带动居民的住房、家电、汽车、教育、医疗、文化娱乐等领域消费。按2022年河南省城乡居民人均消费支出差距计算,城镇化率每提高1个百分点,全省就可以新增消费支出87亿

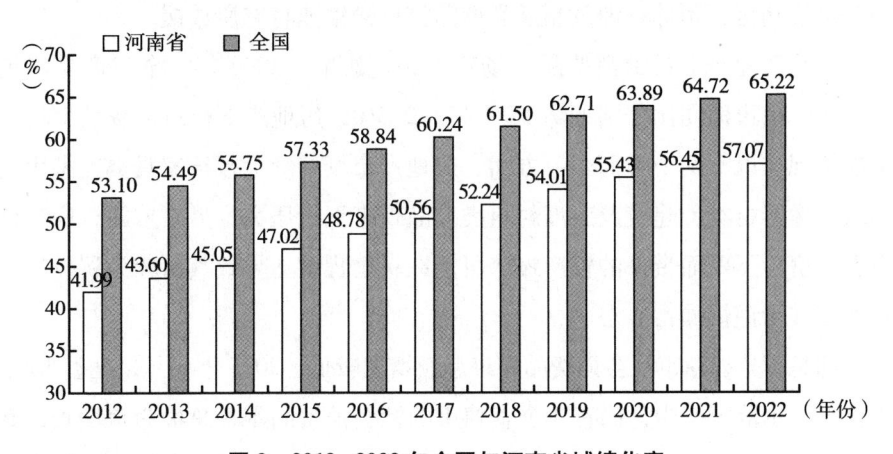

图2 2012~2022年全国与河南省城镇化率

资料来源:河南省统计局。

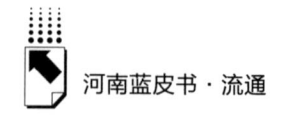

元，相当于2022年全省社会消费品零售总额的0.36%，这0.36%的增量对于全省而言不容忽视，因为2022年全省社会消费品零售总额仅增长0.1%。

三是消费升级态势延续。虽然新冠疫情给全省消费品市场带来一定影响，但全省消费升级态势延续。2022年，河南省限额以上单位体育娱乐用品类、书报杂志类、电子出版物及音像制品类、文化办公用品类、通信器材类等消费升级类商品零售额同比分别增长11.1%、8.1%、14.3%、4.4%、7.7%，增速分别高于全部限额以上单位零售额7.7个百分点、4.7个百分点、10.9个百分点、1.0个百分点、4.3个百分点，消费升级态势保持良好。

（二）消费品市场平稳运行的压力依然存在

一是受疫情影响，消费者相对谨慎的消费心理完全消除需要一个过程，消费快速反弹或报复性消费出现的可能性较小。

二是出行类商品拉动作用减弱。汽车、石油等出行类商品占比不断提高，对全省消费品市场影响明显。近年来，限额以上单位汽车类、石油及制品类零售额占全省限额以上单位零售额比重保持在46%以上。随着汽车保有量的持续提高，未来一段时间汽车类商品零售额增长空间有限；购买首辆汽车的居民及原有车族车辆置换越来越倾向于购买新能源汽车，传统燃油车销量增长趋缓，预计石油及制品类商品零售额增速将有所放缓。

三是房地产下行给消费品市场带来一定影响。2022年，全省商品房销售面积、销售额同比分别下降16.1%、22.3%，房地产下行对消费品市场的影响体现在以下两个方面。一方面，房地产市场持续下行给家具类、家用电器及音像器材类、建筑及装潢材料类商品带来下行压力；另一方面，房产持有者因房价下跌而带来的资产缩水可能在一定程度上导致其由较为积极的消费态度转为谨慎储蓄心态。

四是部分省辖市社会消费品零售总额增速较低。2023年8月，全省18个省辖市（示范区）中，仍有3个省辖市的社会消费品零售总额为负增长，其中，新乡、信阳、许昌同比分别下降0.3%、0.3%、0.1%；此外，开封的增速为零；1~8月，全省有6个省辖市（示范区）社会消费品零售总额增速低于全省平均水平，其中，信阳、商丘、三门峡、开封的增速分别低于全省平均增速1.8个百分点、1.5个百分点、1.3个百分点、1.3个百分点，在一定程度上限制了全省消费品市场的整体增长（见图3）。

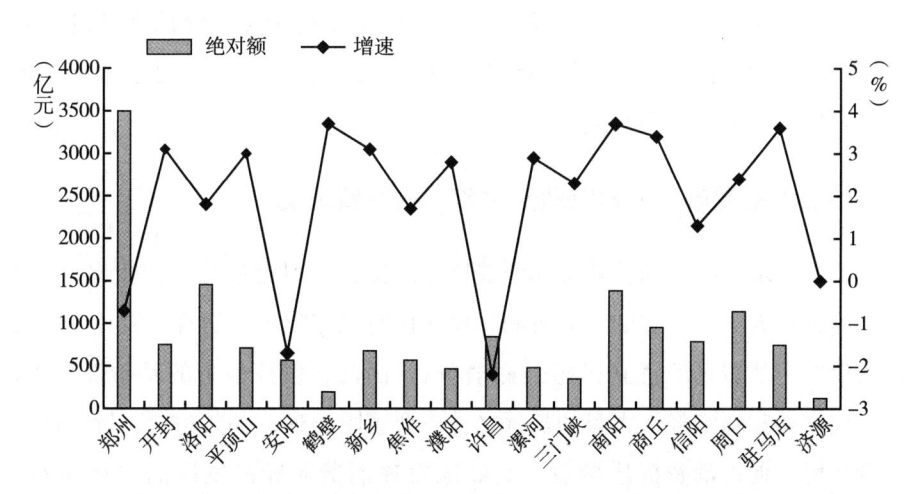

图3 2023年1~8月河南各省辖市（示范区）社会消费品零售总额及增速

资料来源：河南省统计局。

四 促进河南省消费品市场健康发展的政策建议

2024年是我国实施"十四五"规划的重要一年。虽然国际环境更趋复杂严峻，全球贸易摩擦、资源紧缺和市场不确定性等因素加剧了经济的波动，但我国经济增长、就业、物价总体保持稳定，高质量发展扎实推进，经济向好发展有坚实支撑。尤其是随着各项促消费政策效应的日渐显现，绿色消费、环保消费、智能消费等观念深入人心，消费升级态势日渐显现，居民消费信心逐渐恢复，市场回暖趋势日益加强，全省消费品市场平稳发展的基本面依然存在，消费品市场有望稳中有升。

（一）稳就业，提高居民收入和消费预期

就业是民生之本。全省上下要坚决贯彻国家减税降费政策，用好用足各

类助企纾困政策，尤其是存量房贷款利率加速调整，持续加大对中小微企业和个体工商户等抗风险程度较低群体的支持力度，帮助个体户和灵活就业人员纾困解难。进一步做好"放管服"工作，激发市场活力，稳定居民消费预期。加大对"大众创业、万众创新"的政策支持力度，降低市场进入和创业门槛，切实保护知识产权和研究成果，崇尚创新、崇尚人才、崇尚知识的良好氛围在全社会蔚然成风。

（二）稳发展，大力营造安全放心的消费环境

消费环境直接影消费效率和消费质量的提升。习近平总书记指出："建立和完善扩大居民消费的长效机制，使居民有稳定收入能消费、没有后顾之忧敢消费、消费环境优获得感强愿消费。"因此，发挥消费的基础性作用，是扩大内需和稳定经济大盘的长远之计。要着眼长远，久久为功，持续优化消费环境，促进消费提质增效，更好地发挥消费对经济发展的"压舱石"作用。严把消费产品质量和服务质量关，不断完善绿色环保产品、互联网零售、旅游、健康、养老等方面标准制度。进一步规范市场经营秩序，有效遏制行业垄断和不正当竞争行为，加大对侵犯消费者权益的行为的打击惩戒力度，切实维护消费者权益。持续推动"万人助万企"，确保市场主体总体稳定，为中国式现代化河南实践提供源源不断的动力。

（三）挖潜力，积极培育市场新增长点

一是坚决把恢复和扩大消费摆在优先位置，落实落地落细河南省提振市场信心90条、促进消费12条、文旅消费8条、扩大消费10条等系列政策措施，聚焦零售、餐饮、文旅、汽车、家电等重点领域组织丰富的促消费活动，在持续加大家电、汽车等传统商品消费补贴力度的同时，扩大商品补贴面，着力增强居民对升级类商品的消费能力。深入研究消费者心理、能力、行为、结构以及消费供给主体数量和质量，加快形成精准"靶向促消费"体系。

二是培育新的消费热点。加大宣传力度，切实增强居民绿色消费意识，

在全社会鼓励倡导绿色低碳、文明健康的现代生活方式和消费模式，提高绿色健康农副产品、绿色建材、节能环保家电和新能源汽车等绿色消费品的供应保障能力。准确把握个性化、多样化、高品质、智能化消费趋势，大力发展智能家居、智能穿戴等产品，提高个性化商品、定制家具的市场供应能力。加快新能源产业链布局，加快特高压、新能源汽车充电桩等新基建建设。

三是发掘新消费爆点，激发消费者的热情和情感共鸣。借力消费市场涌现出的"流量爆款"、IP热点，开拓和开发多元化的消费新场景和新模式，激发新的消费需求。打造夜经济特色商业街区、特色商业圈，促进商业街区、购物中心与附近旅游景点、文化场所等联动组织促消费活动，捆绑式打造消费品牌，提升知名度和影响力，推动实现商业消费与文旅消费合力引流、双向促进，创造更多消费领域的"1+1>2"现象，激发全社会创造活力。

参考文献

李鹏：《上半年全省电商快速增长》，《河南日报》2023年8月8日，第3版。

郑业鹭、丁浩员、郭巍：《消费、投资与全国统一大市场——关于进一步扩大内需，构建强大国内市场的调研报告》，《中国发展》2023年第2期。

侯爱敏：《10月全省社会消费品零售总额增长9.1%》，《郑州日报》2018年11月17日，第2版。

李晞、吉强、漆致远：《稳大盘，正增长来之不易》，《大众投资指南》2022年第15期。

王承哲：《2023年河南经济运行分析与走势预测研究》，《区域经济评论》2023年第5期。

B.6 2023~2024年河南省对外贸易发展形势分析与展望

周琼*

摘　要： 2023年1~9月，河南省进出口持续承压，保税物流进出口倍增，民营企业进出口贡献接近六成，新兴市场成为增长亮点，外贸"新三样"出口快速增长。展望2024年，河南省外贸外部发展环境仍存在不稳定、不确定因素，外贸增长的有利因素和潜在压力共存。面对外贸形势严峻的挑战，河南省须加快推进制度型开放，吸引更多高端要素集聚，推进"四路协同"，加快发展外贸新业态，持续开拓国际市场，重点关注新兴市场，以一流的营商环境为河南省外贸发展和高水平开放提供支撑。

关键词： 对外贸易　外贸新业态　新兴市场　河南省

自2023年以来，经济社会全面恢复常态化运行。从世界经济贸易形势来看，全球经济正步入缓慢增长期，跨国投资势头减弱，外需收缩压力加大。面对依然复杂严峻的外贸形势，河南省持续丰富稳外贸"政策工具箱"，推动外贸主体不断壮大，带动外贸新业态新模式快速发展，外贸韧性增强。

---

* 周琼，河南省社会科学院商业经济研究所研究实习员，研究方向为金融、国际贸易。

一 2023年1~9月河南省对外贸易发展形势分析

（一）全省进出口持续承压

2023年1~9月，河南省货物贸易进出口总额为5719.6亿元，较上年同期下降6.8%，总量居中部第二，全国第12位。其中出口额为3730.8亿元，同比下降1.6%；进口额为1988.8亿元，同比下降15.2%。贸易顺差为1742.0亿元，扩大20.2%。

从区域对比来看，2023年1~9月进出口总额增速超过全国平均水平的省份共有16个，其中广西增幅达18.4%，进出口额跃居全国第14位，与河南省的差距由上年的1931.3亿元大幅收窄至738.1亿元；安徽省进出口总额增长6.1%，成为中部六省唯一实现正增长的省份，进出口额达5960.2亿元，超越河南省位居中部第一（见表1）。

表1 2023年1~9月部分省（区、市）进出口总额和增速情况

单位：亿元，%

省（区、市）	进出口总额	同比增速
广东省	60947.4	-0.1
江苏省	38315.1	-6.5
浙江省	36959.8	5.0
上海市	31665.6	2.7
北京市	26798.0	1.2
山东省	24134.0	2.5
福建省	14504.7	-1.7
四川省	6873.6	-6.0
天津市	6002.1	-2.7
安徽省	5960.2	6.1
辽宁省	5785.3	-3.3
河南省	5719.6	-6.8
重庆市	5416.3	-12.5
广西壮族自治区	4981.5	18.4

续表

省(区、市)	进出口总额	同比增速
湖南省	4622.9	-5.5
湖北省	4575.1	-1.5
江西省	4420.0	-9.8

资料来源：根据国家海关总署数据整理。

河南省货物贸易进出口额在2020年和2021年均实现了两位数增长，2022年进一步增长4.4%，在此高基数背景下，叠加全球经济的弱复苏态势，2023年1~9月河南省外贸呈现调整态势，进出口总额增速波动较大。上年年底积压的外贸订单在2023年前两个月大量出货，进出口额实现了15.2%的快速增长，高出同期全国平均增速16.0个百分点。经过前两个月的需求释放，3月进出口增速放缓，为提振市场信心、稳定外资外贸，河南省出台了提振市场信心促进经济稳定向好的政策措施，16个部门分别出台2023年对外开放工作专项方案，拓展对外开放的广度和深度，5月进出口总额的环比增速由负转正，7月全省进出口额同比增长5.4%。全球经济增长放缓使海外需求持续承压，且国内需求恢复速度滞后于供给，8月出口额和进口额均转为负增长，进出口额创3月以来新低。9月一般是苹果新款手机发布时间，本来是富士康生产旺季，也是河南省进出口额快速增长的月份，但iPhone15上市初期销量较上一代iPhone14有所下降，以及富士康对生产线有所调整，9月出口额和进口额同比均下跌超2成（见图1）。

（二）加工贸易下滑超两成，保税物流进出口倍增

2023年1~9月，全省一般贸易进出口额为2330.8亿元，同比增长6.6%，占进出口总额的40.8%，占比较上年同期提升了4.8个百分点。加工贸易进出口额为2735.4亿元，同比下降24.8%，占进出口总额的比重跌至47.8%，占比较上年同期下降了10.8个百分点，创近5年新低。保税物流方式进出口额同比增长119.7%，达到610.2亿元，占进出口总额的比重上升至10.7%，较上年同期增加了5.9个百分点（见图2）。

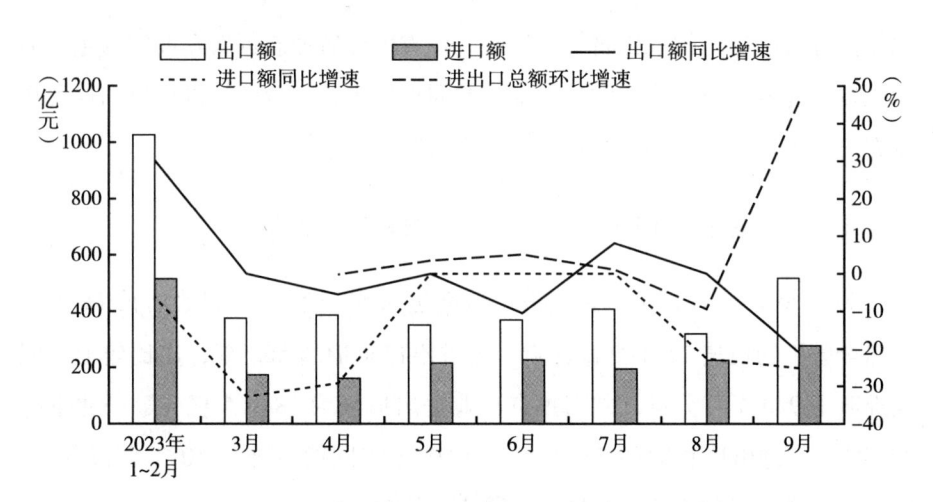

图1 2023年1~9月河南省出口额和进口额及其增长情况

资料来源：郑州海关。

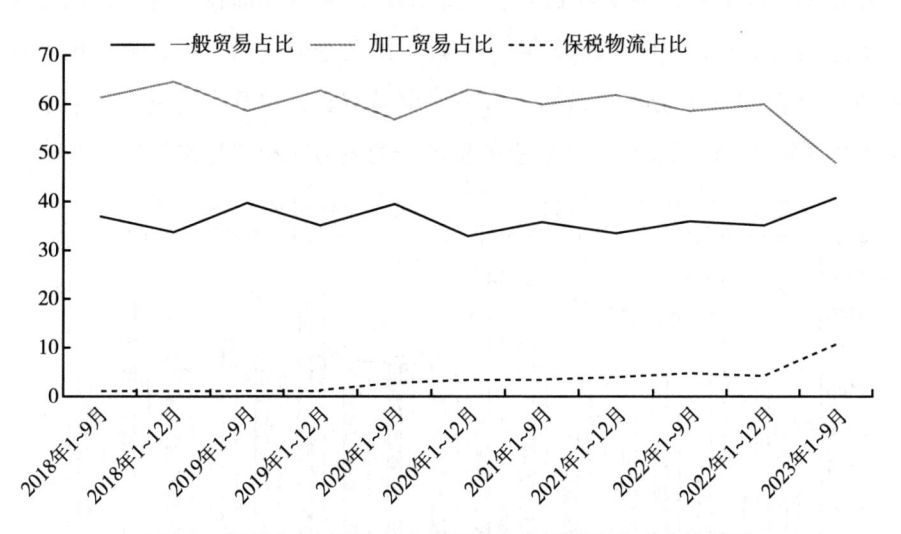

图2 2018年至2023年9月河南省主要贸易方式占比情况

资料来源：郑州海关。

随着省内综合生产成本上升，河南省在加工贸易中的现有优势将逐渐减弱。综合保税区的"免证、免税、保税"等便利化政策将进一步放大其进出口优势，保税物流中心便利进口的同时能够吸引大量外贸企业回流，以保税物流方式进出口的规模将持续增长。在省内外贸业态创新发展的内生动力和全球产业链价值链重构的外部推力共同作用下,一般贸易进出口和保税物流方式进出口对全省外贸的拉动作用将持续增强。

(三)民营企业进出口快速增长,贡献接近六成

2023年1~9月,民营企业进出口额达3254.3亿元,同比增长11.3%,高出全省平均增速18.1个百分点,占进出口总额的56.9%,占比较上年同期提升了9.0个百分点;外商投资企业进出口额为1889.5亿元,同比下降29.5%,占进出口总额的33.0%,占比较上年同期下降了10.2个百分点;国有企业进出口额为525.5亿元,同比增长8.6%。

从近5年的进出口情况可以看出(见图3),民营企业对全省进出口的支撑作用逐渐增强,2022年民营企业进出口额超过外商投资企业,成为河南省进出口第一大主体;2023年1~9月,民营企业进出口额占比高出外商投资企业23.9个百分点,带动全省一般贸易增长,拉升全省进出口额增速4.5个百分点。民营企业成为全省外贸增长的主力军和"稳定器"。

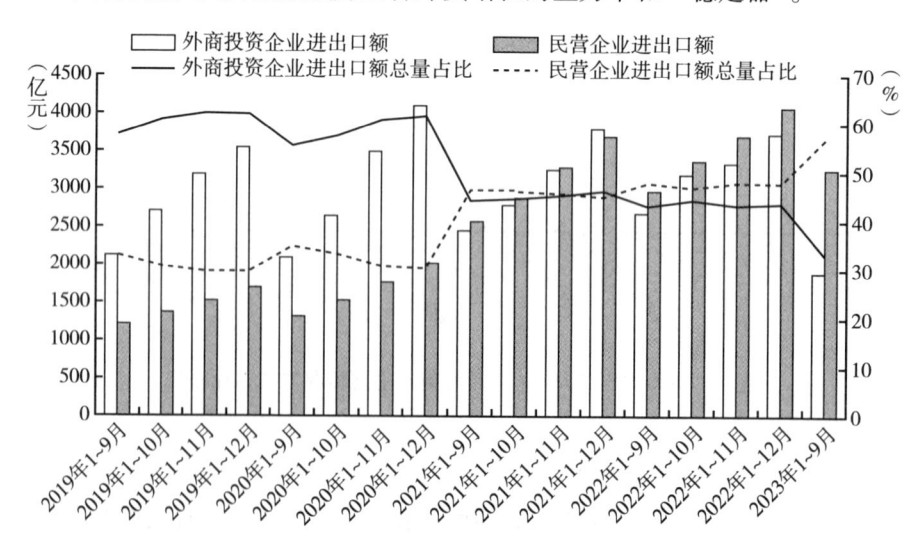

图3 2019年至2023年9月河南省外商投资企业和民营企业进出口情况

资料来源:郑州海关。

（四）主要贸易伙伴多元化，新兴市场成为增长亮点

2023年1~9月，河南省的前五大贸易伙伴分别是美国、东盟、欧盟（不含英国）、韩国和中国台湾地区，进出口额分别为1099.1亿元、756.4亿元、644.8亿元、493.1亿元和381.1亿元，与上年同期相比，分别下降15.3%、5.0%、9.8%、10.1%和38.3%。上述五大市场合计占全省进出口总额的59.0%，占比比上年同期下降5.5个百分点。从主要进出口市场的占比情况来看，河南省贸易伙伴集中度一改升高走势，前八大贸易伙伴进出口额占比下降至72.8%，进出口目的地市场有分散的趋势（见表2）。

表2 2020年至2023年1~9月河南省主要进出口市场进出口额占比情况

单位：%

指标	2020年 1~9月	2020年 1~12月	2021年 1~9月	2021年 1~12月	2022年 1~9月	2022年 1~12月	2023年 1~9月
前三大贸易伙伴进出口额占比	43.2	45.8	43.7	44.3	45.7	45.6	43.7
前五大贸易伙伴进出口额占比	59.2	63.4	61.9	63.3	64.5	65.5	59.0
前八大贸易伙伴进出口额占比	75.8	80.1	75.8	76.8	78.5	79.2	72.8

资料来源：根据郑州海关数据整理。

2023年6月2日，《区域全面经济伙伴关系协定》（RCEP）对菲律宾正式生效，RCEP迈入全面实施阶段，关税减免等政策利好为豫企带来新机遇，河南省对RCEP部分国家贸易额持续增长。2023年1~9月，河南省对RCEP成员国进出口额为1674.0亿元，同比下降5.0%，占全省进出口总额的29.3%；其中，对印度尼西亚、菲律宾和新西兰进出口快速增长，同比增幅均超45%。河南省与"一带一路"共建国家进出口额达2555.6亿元，同比增长1.8%，占全省进出口总额的44.7%，占比增加3.8个百分点。

外贸新兴市场进一步拓展，河南省对拉丁美洲、中东等地区进出口额快速增长。2023年1~9月，河南省对墨西哥进出口额同比增长17.0%，达183.7亿元，墨西哥成为河南省第九大贸易伙伴；对印度进出口额为162.9亿元，同比增

长31.8%，印度成为河南省第十一大贸易伙伴。与阿联酋和沙特阿拉伯进出口额分别同比增长60.0%、73.2%，达109.3亿元和104.1亿元（见表3）。

表3 2023年1~9月河南省部分贸易伙伴进出口情况

单位：亿元，%

国家(地区)和国际组织	进出口额	同比增速	国家(地区)和国际组织	进出口额	同比增速
美国	1099.1	-15.3	泰国	76.0	-19.2
东盟(10国)	756.4	-5.0	印度尼西亚	73.6	48.3
欧盟(不含英国)	644.8	-9.8	新加坡	65.5	-12.5
韩国	493.1	-10.1	土耳其	55.9	3.2
中国台湾	381.1	-38.3	西班牙	44.1	13.8
越南	355.8	-15.0	菲律宾	42.7	49.9
日本	245.0	5.0	比利时	32.7	-16.0
中国香港	189.8	1.9	尼日利亚	30.0	-0.8
墨西哥	183.7	17.0	波兰	27.2	-16.9
澳大利亚	167.4	-5.0	乌兹别克斯坦	27.2	176.9
印度	162.9	31.8	玻利维亚	26.4	133.6
荷兰	154.3	-12.5	中国	26.2	-54.3
俄罗斯	136.9	-15.1	南非	23.8	-21.0
捷克	116.8	-5.0	法国	22.5	-13.0
马来西亚	115.8	13.4	哈萨克斯坦	22.4	101.9
英国	111.8	-20.3	缅甸	21.2	8.1
阿联酋	109.3	60.0	哥伦比亚	17.5	9.4
巴西	104.3	19.9	希腊	15.1	142.5
沙特阿拉伯	104.1	73.2	刚果民主共和国	14.7	-21.0
智利	100.7	-12.9	加纳	14.2	22.9
意大利	89.3	-0.4	科威特	13.1	41.7
秘鲁	88.3	37.6	匈牙利	12.3	-34.5
加拿大	83.3	9.6	新西兰	12.0	47.4
德国	77.6	-30.1			

资料来源：郑州海关。

（五）进出口商品结构持续调整，"新三样"激发外贸新动能

2023年1~9月，河南省主要出口商品为机电产品、劳动密集型产品、农产品和人发制品。机电产品出口额为2366.3亿元，同比增长0.1%，占出

口总额的63.4%。其中，手机出口额为1618.1亿元，同比下降13.1%，占出口总额的43.4%；汽车（包括底盘）出口数量同比增加210.5%，达16.7万辆，实现出口额188.7亿元，同比增长167.4%，拉升全省出口增速增长3.1个百分点。农产品和人发制品出口额均实现两位数增长，有力支撑了全省出口规模。

2023年1~9月，河南省主要进口商品为机电产品、金属矿及矿砂、农产品和原油。机电产品进口额为1192.5亿元，同比下降26.0%，占进口总额的60.0%。其中，音视频设备的零件、集成电路和平板显示模组三项商品共进口948.7亿元，占进口总额的47.7%。金属矿及矿砂进口额为394.6亿元，同比增长18.3%，占进口总额的19.8%，占比较上年同期提高了5.1个百分点。其中，铜矿砂及其精矿进口135.0亿元，同比下降1.5%；银矿砂及其精矿进口102.5亿元，同比增长77.3%。原油进口额为66.1亿元，同比下降17.5%，因上年同期原油进口量大幅增长167.4%抬高了基数，2023年1~9月原油进口额较2021年1~9月仍增长了124.4%，两年平均增长49.8%（见表4）。

2023年1~9月，手机及零部件进出口额共计2566.8亿元，占全省进出口总额的44.9%，较上年同期下降6.6个百分点，主要进出口商品结构进一步调整。电动汽车、锂电池和太阳能电池外贸"新三样"商品共出口52.1亿元，同比增长34.3%，这三类产品技术含量和附加值较高，不仅能为全省外贸增长提供新动能，也能够推动相关产业链式发展。

表4 2023年1~9月河南省主要进出口商品及同比增速情况

单位：亿元，%

主要进口商品	进口额	进口额增速	主要出口商品	出口额	出口额增速
机电产品	1192.5	-26.0	机电产品	2366.3	0.1
集成电路	472.4	-41.1	手机	1618.1	-13.1
音视频设备的零件	388.7	4.1	汽车（包括底盘）	188.7	167.4
平板显示模组	87.6	-43.9	劳动密集型产品	243.7	3.0
金属矿及矿砂	394.6	18.3	家具及其零件	65.9	14.9

续表

主要进口商品	进口额	进口额增速	主要出口商品	出口额	出口额增速
农产品	93.9	27.3	纺织纱线、织物及其制品	62.7	-7.5
原油	66.1	-17.5	服装及衣着附件	49.8	-4.9
美容化妆品及洗护用品	36.8	-12.1	农产品	153.3	20.5
未锻轧铜及铜材	29.3	-40.0	人发制品	148.3	15.0
煤及褐煤	20.1	45.3	未锻轧铝及铝材	133.4	-29.9
纸浆、纸及其制品	19	15.5	基本有机化学品	58.8	-12.1
成品油	13.2	118.5	陶瓷产品	28.4	1.9

资料来源：郑州海关。

（六）多地市外贸竞争力增强，开放平台作用持续彰显

2023年1~9月，全省共有9个地市进出口额超过110亿元，分别为郑州、济源、许昌、南阳、洛阳、焦作、三门峡、濮阳和新乡，进出口额分别为3774.5亿元、291.5亿元、204.7亿元、198.9亿元、178.9亿元、172.2亿元、163.6亿元、138.1亿元、115.8亿元，合计占全省进出口总额的91.6%。其中，郑州进出口额占全省进出口总额的66.0%，占比较上年同期下降4.2个百分点。开封等13个地市进出口增速超过全省平均水平，仅有5个地市增速低于全省平均水平。

2023年1~9月，全省综合保税区进出口额共计2989.3亿元，其中新郑综合保税区以2739.2亿元的进出口规模在全国综合保税区中居第2位。1~8月，全省跨境电商进出口（含快递包裹）交易额为1667.3亿元，同比增长10.2%，高出同期全省进出口增速14.1个百分点。其中，出口额为1276.1亿元，同比增长11%；进口额为391.2亿元，同比增长7.8%。快递包裹出口额为6亿元，同比增长25%。在跨境电商综试区、保税物流中心等开放平台的带动下，焦作、许昌等地跨境电商进出口额大幅增长，1~8月同比增幅超过30%。

二 河南省对外贸易发展环境分析及趋势展望

当前，世界百年未有之大变局加速演进，世界经济复苏动力不足，全球部分经济体通胀和利率持续处于高位，金融市场脆弱性上升，产业链重构压力增加，我国外贸发展的外部环境仍存在不稳定、不确定因素。同时，国家和省级层面均积极拓展外贸发展空间，加强与新兴市场的贸易往来，出台稳外贸系列政策，为推动外贸稳规模优结构创造有利条件。

（一）外贸发展的有利因素

一是外贸经营主体活力增强，结构更优。2023年1~9月，河南省有进出口实绩的外贸企业数量同比增加9.0%，达10845家。外贸头部企业不断成长，全省进出口额在5000万元以上的重点企业达798家，同比增加60家，企业进出口额合计占全省进出口总额的89.7%。民营企业成为全省外贸成长的主力军，进出口额占比达56.9%，增速高出全省进出口增速18.1个百分点。经营主体数量增多、规模增大，贡献更为稳定的民营企业成为外贸第一大主体，将推动全省外贸稳中提质、稳中蓄势。

二是跨境电商等新业态持续发展，为外贸发展贡献力量。自2017年起，河南省已连续7年举办全球跨境电子商务大会，为产业与平台对接创造条件，推动河南品牌加速出海，河南跨境电商的品牌培育、制度创新等实力不断增强。全省跨境电商综试区扩容至5个，其中郑州跨境电商综试区在2021年商务部评估中排名全国前十。2022年，全省跨境电商进出口额达2209.2亿元，5个跨境电商综试区进出口额合计1672.2亿元；2023年1~8月，全省跨境电商进出口额达1667.3亿元，5个跨境电商综试区进出口额合计1273.1亿元，带动全省跨境电商以及外贸发展。截至2022年，河南省共有77家企业设立了183个海外仓，认定省级海外仓示范企业12家，外综服企业增至36家，跨境电商零售进口药品试点在河南启动，许昌市场采购贸易试点年出口额超40亿元，外贸新业态已成为全省外贸增长的重要引擎。

三是稳外贸"政策工具箱"不断丰富。一方面，河南省出台了着力稳定外贸的系列政策。2022年底，河南省政府出台《大力提振市场信心促进经济稳定向好政策措施》，其中有8条政策措施针对对外贸易，从开放平台、金融、法律、跨境电商和海外仓等新业态新模式角度予以支持。2023年6月，《2023年河南更大力度发展口岸经济工作要点》出台，将启动河南国际贸易"单一窗口"3.0版，全面提升服务能级，向国际贸易全链条进一步延伸。7月，郑州海关公布优化营商环境22条举措，从畅通进出口物流、促进跨境贸易便利化、帮助企业减负增效、服务外贸创新发展等方面支持全省外贸发展。另一方面，国家政策蕴含河南省外贸发展新机遇。2023年4月，国务院办公厅出台了《关于推动外贸稳规模优结构的意见》，提出引导加工贸易梯度转移，继续发挥好加工贸易大省的主力军作用。河南作为加工贸易大省，在接下来全国加工贸易转移和转型升级过程中、在推动全省加工贸易稳定发展和产业链转型升级中面临新机遇。

（二）外贸发展的潜在压力

一是全球经济增长放缓，国外需求有所下降。国际货币基金组织（IMF）7月发布《世界经济展望报告更新》，预计2023年全球经济增速为3.0%，低于2022年增速（3.4%）。世贸组织（WTO）10月发布的全球贸易预测数据，预计2023年全球贸易量将增长0.8%，不及4月预测值（1.7%）的一半，远低于2022年增速（2.7%）。以历史标准来衡量，全球经济和贸易前景依然不容乐观。国外需求下降除了影响进出口额，也对实际使用外资水平产生影响。2023年1~9月，全国实际使用外资9199.7亿元，同比下降8.4%；1~8月，河南省实际使用外资5.7亿美元，同比下降58.1%。

二是部分经济体高利率状态或将持续，人民币汇率波动下行。美国通胀降幅不及预期，或将维持目前高利率，一方面，中美利率差推动人民币汇率下跌，2023年9月8日美元兑离岸人民币一度跌破7.37。河南为加工贸易大省，进口成本上升将传导至出口环节，最终影响全省进出口规模。另一方面，高利率会影响信贷供应量，美国和欧洲的银行在2023年第一季度大幅限制了信贷供应，企业投资的收缩将影响国外需求，最终反映在国际贸易中。

三是贸易壁垒增多，贸易区域化特征明显。友岸外包、近岸外包等措施陆续出台，冲击全球现有产业链，美国的前两大进口国调整为墨西哥和加拿大，我国已降为美国第三大进口国。部分发达经济体先后出台限制措施和补贴政策，日渐增多的关税壁垒以及技术壁垒、环保壁垒等非关税壁垒，影响国际现有产业布局，并吸引相关产业回流，加速了国际产业链的重构。作为河南省外贸龙头的富士康，进出口业务受到相关政策影响。2023年4月，欧盟通过了碳边境调节机制，"碳关税"覆盖钢铁、水泥、铝、化肥等行业，征收后将削弱河南省传统产业的价格优势。7月，欧盟公布了新电池法，自2024年7月起，出口至欧洲的动力电池和工业电池将申报碳足迹，对河南省新能源电池相关企业提出了新的挑战。

展望2024年，外贸发展压力增加，但河南省企业加速国际市场开拓，跨境电商等外贸新业态持续发力，随着河南省各项支持政策落地实施，在外贸高基数的背景下，2024年河南省货物贸易将稳中提质，贸易结构持续优化。具体来看，一般贸易占比将突破40%，贸易方式进一步优化；民营企业进出口占比将显著高于外商投资企业；新兴市场份额将进一步扩大。

三 促进河南省对外贸易发展的若干建议

作为外贸大省，外贸对河南省的贡献不仅体现在进出口规模上，也体现在主导产业发展、人才队伍建设等方面。面对外贸形势现存的挑战，河南省须加快推进制度型开放，吸引更多高端要素集聚，推进"四路协同"，加快发展外贸新业态，培育外贸新增长点，持续开拓国际市场，重点关注新兴市场，以一流的营商环境为河南省外贸发展和高水平开放提供支撑。

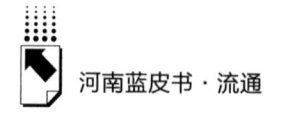

（一）加快推动制度型开放

河南省要实现高水平开放、高质量发展，需依靠制度型开放来带动，吸引和集聚高端生产要素和创新型要素，为外贸发展注入新动能。一是高质量建设自贸区2.0版。优化一单制多式联运方案、陆改水接力方案、外贸进口散改集方案等，持续优化通关一体化流程，进一步压缩货物进出口通关时间。加大金融等重点领域开放力度，为企业开展跨境贸易、投融资、套期保值等业务提供便利服务。扩大国际商事争端预防调解中心覆盖面和加大宣传力度，协助外贸企业提升知识产权保护能力，便捷处理涉外纠纷。优化人才、资金、技术等要素的流动管理机制，畅通高端生产要素的双向流动。依托河南自贸试验区开放创新联动区，加大自贸试验区制度创新成果复制推广力度。二是高标准对接RCEP经贸规则。升级完善省内现有相关政策，引导企业利用好协定市场开放承诺和规则。梳理RCEP的国别商品税率和涉及相关进出口企业名单，整理外贸政策汇编，帮助企业有效利用政策红利。加强与RCEP成员国在现代物流、科技服务等领域的合作，举办面向RCEP成员国的专业展会，加大产品和企业推介力度。在自贸试验区打造RCEP示范区，在货物进出口、服务贸易等方面展开积极探索。

（二）"四路协同"，推动外贸新业态发展

河南省处于中原腹地，在现代立体交通体系和"四条丝路"支撑下，初步形成连通境内外、辐射东中西的格局，空中、陆上和海上丝绸之路塑造河南枢纽新优势，网上丝绸之路打破了时空限制，拓展国际贸易新空间。因此，河南省在加快推进"四路协同"的过程中，应注重跨境电商等外贸新业态的探索与发展，培育外贸新增长点。一是持续巩固通道优势。深化"郑州—卢森堡"双枢纽合作模式，与更多国家城市建立进境邮件总包直封关系，加大对本土基地货运航空公司的支持力度。强化中欧班列（中豫号）国际物流通道枢纽作用，加密欧洲、中亚线路。促进周口、信阳等地河港运力和航线网络建设，加快构建高效多式联运体系。二是培育"跨境电商+产业带"，推动外贸新业态融合发

展。培育电商链主企业，吸引产业链上下游企业集聚，持续推动 E 贸易核心功能集聚区创新发展。依托全球跨境电商大会，提高河南省在全球电商领域的知名度，助力更多河南品牌出海。支持和引导外贸综合服务企业，降低外贸企业贸易成本，培育外贸出口新优势。创新市场采购贸易方式区域合作模式，推动市场采购、跨境电商、海外仓等外贸新业态融合发展。

（三）提升企业竞争力，开拓国际市场

欧美市场进出口额接近全省三成，新兴市场进出口额快速增长，要支撑河南省外贸持续增长，需稳定传统市场，同时拓展新兴市场。一是培育适应市场化、国际化竞争的企业。支持河南省境外自办展、展中展，组织各类市场主体赴国内外参加贸易或商务促进活动，加快融入海外市场。通过"单一窗口"、阿里国际站等数字化平台发现海外市场需求变化趋势，帮助企业找到产业新增量。支持有实力的内贸企业拓展国际市场。二是提升企业产品、质量、服务的竞争力，在发达经济体的供应链中站稳脚跟，提高企业在新兴经济体供应链中的份额。聚焦重点产业的核心技术，支持企业在海外设立研发机构，促进技术、人才、管理经验和市场的融合发展，深度融入全球科技分工合作。支持装备制造、汽车制造等优势企业在境外设立加工组装、售后服务、维修基地等，打造供应链枢纽节点。借鉴宇通客车等企业的出海经验，输出产品的同时加速技术和标准的输出，增强企业在国际市场中的话语权。

（四）持续优化外贸发展营商环境

要实现高水平开放，需要一流的营商环境提供支撑。一是持续提升贸易便利化水平。深化"单一窗口"3.0 建设，探索与卢森堡等相关国家的双边交流合作、"单一窗口"数据的互联互通。加大对企业的培育力度，使更多企业成为"经认证的经营者"（AEO）企业。便利出口退税办理，进一步压缩出口退税办理时间。二是便利跨境商务人员往来。在任务审批、护照签证办理等方面，为商务人员开辟绿色通道、提供便捷服务。三是降低外贸企业负担。助力企业用好自贸协定，优化实施原产地规则，实施原产地证书及自

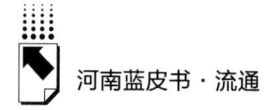

主声明微小瑕疵容缺机制。扩大出口信用保险承保规模和覆盖面，为符合条件的企业提供更优承保政策。针对重点龙头企业实施主办银行机制，为其开展海外并购、跨境投资等业务提供一揽子金融服务。金融机构进一步创新信贷产品，缓解中小微企业融资难的问题。

参考文献

袁勇：《全球贸易呈复苏态势》，《经济日报》2023年8月4日，第9版。

孙静：《政策精准、民企给力、新业态势头强，全省外贸稳中有进》，《河南日报》2023年1月16日，第7版。

刘萌：《政策持续发力深挖潜力　民企"稳定器"作用突出》，《证券日报》2023年5月15日，第3版。

赵建吉：《努力走出内陆大省开放带动的新路子》，《河南日报》2023年6月25日，第10版。

孙静、宋敏：《主体壮大　市场拓展》，《河南日报》2023年9月18日，第1版。

金焱：《世贸组织预测2023年全球贸易增长量将"腰斩"》，"财经杂志"微信公众号，2023年10月6日，https：//mp.weixin.qq.com/s/yycSCdB74I4U2blc5wbujQ。

《今年前8个月我省进出口超4900亿元　出口增长1.9%》，郑州海关网站，2023年9月21日，http：//zhengzhou.customs.gov.cn/zhengzhou_customs/zfxxgk97/2967383/2967458/5014 08/5394473/index.html。

商务部国际贸易经济合作研究院：《中国对外贸易形势报告（2023年春季）》，商务部网站，2023年8月2日，http：//opendata.mofcom.gov.cn/front/data/detail?id=DEA C67FDEA9161C0AB80FBC0BC54D048。

《世界经济展望更新》，国际货币基金组织网站，2023年7月，https：//www.imf. org/zh/Publications/WEO/Issues/2023/07/10/world-economic-outlook-update-july-2023。

《2022年上半年外贸形势分析与展望》，中国社会科学院经济研究所网站，2022年8月10日，http：//ie.cass.cn/academics/economic_trends/202208/t20220810_5470389.html。

《2023年上半年中国经济回顾与下半年经济展望》，中国社会科学院经济研究所网站，2023年8月3日，http：//ie.cass.cn/academics/economic_trends/202308/t20230802_5676656.html。

《数字外贸助力企业出海效率提升，豫企借跨境电商平台货通全球200多国》，大河网，2023年5月10日，https：//news.dahe.cn/2023/05-10/1234320.html。

B.7
2023~2024年河南省电子商务发展形势分析与展望

张巍 袁文卓*

摘 要： 电子商务是数字经济中发展规模最大、增长速度最快、创业创新最活跃的组成部分。当前，面对百年变局加速演进，国际环境发生深刻变化的新形势，河南省委、省政府牢牢把握在国家发展大局中的战略定位，扭住推动高质量发展这个首要任务，科学把握发展规律，顺应经济社会发展大势，做出实施数字化转型战略部署，全省电子商务已稳步成为扩内需促消费的新动能、服务传统产业创新的新动力、助力乡村振兴的好帮手、促进外贸量增质升的重要抓手。

关键词： 电子商务 网络零售 河南省

一 河南省电子商务发展情况

自2023年以来，河南省经济复苏向暖，电子商务保持快速增长，网络零售市场规模进一步扩大，业态模式迭代创新，即时零售、直播带货、社区团购等新业态多元发展，已然成为消费品市场的重要支撑力量，且在全省消费转型升级中发挥引领作用。2023年1~9月，河南省网络零售额达2576.4亿元，同比增长28.03%。其中，实物商品网络零售额达2016.2亿元，同比增长29.17%；农村网络零售额达905.0亿元；农产品网络零售额达152.6

---

* 张巍、袁文卓，河南省商务厅电子商务事务中心。

亿元；在线活跃店铺数量达68万家，售出商品88.3亿件。2023年1~9月，河南省网络零售市场发展呈现以下几方面特点。

（一）网络零售市场规模居中部六省首位

2023年1~9月，全国社会消费品零售总额为342107亿元，同比增长6.8%；网上零售额为108189亿元，同比增长11.6%。其中，实物商品网上零售额为90435亿元，增长8.9%，占社会消费品零售总额的比重为26.4%。1~9月，河南省社会消费品零售总额为18745.93亿元，同比增长5.0%，增速低于全国平均水平；1~9月，河南省网络零售额为2576.4亿元，在全国排名第九，增速高于全国平均增速。河南省网络零售额及网络零售量均居中部六省首位（见表1）。

表1　2023年1~9月中部六省网络零售相关数据

指标	河南省	湖南省	湖北省	江西省	安徽省	山西省
零售额（亿元）	2576.4	1637.8	2147.1	1640.9	2380.0	439.1
零售量（亿件）	88.3	55.7	62.7	40.3	86.6	14.6
农产品零售额（亿元）	152.6	129.5	141.1	50.5	242.5	39.6
农村电商零售额（亿元）	905.0	402.1	359.2	599.6	590.3	124.8
活跃店铺数（万个）	68.0	37.7	36.8	35.2	40.5	19.2
从业人数（万人）	106.6	63.8	66.5	60.8	74.0	25.5

（二）各地市网络零售市场发展差异较大

2023年1~9月，郑州市、洛阳市、南阳市累计网络零售额位居河南省前三，网络零售额占比分别为42.67%、7.60%、7.11%（见表2）；郑州市、南阳市、商丘市累计农村网络零售额位居河南省前三，占全省农村网络零售额的比例分别为21.05%、12.37%、10.14%（见表3）。

表2　2023年1~9月河南省省辖市网络零售情况

零售额排名	省辖市	零售额(万元)	零售额占比(%)	零售量(万件)	零售量占比(%)
1	郑州市	10993303.6	42.67	323606.7	36.63
2	洛阳市	1957920.0	7.60	56493.3	6.39
3	南阳市	1831462.2	7.11	55979.9	6.34
4	商丘市	1568660.8	6.09	77538.3	8.78
5	新乡市	1113434.2	4.32	43100.5	4.88
6	许昌市	1079000.6	4.19	30214.3	3.42
7	周口市	1074701.3	4.17	52399.0	5.93
8	漯河市	767380.2	2.98	36282.8	4.11
9	焦作市	746821.1	2.90	33315.2	3.77
10	驻马店市	725741.5	2.82	46699.7	5.29
11	鹤壁市	696739.4	2.70	6732.9	0.76
12	安阳市	691916.1	2.69	30983.2	3.51
13	信阳市	670596.1	2.60	19664.9	2.23
14	平顶山市	665435.5	2.58	18341.3	2.08
15	开封市	571312.0	2.22	26970.3	3.05
16	濮阳市	377459.6	1.47	16623.7	1.88
17	三门峡市	121676.6	0.47	5409.0	0.61
18	济源示范区	110244.8	0.43	3123.1	0.35

表3　2023年1~9月河南省省辖市农村网络零售情况

单位：万元，%

零售额排名	省辖市	零售额	零售额占比	零售量占比
1	郑州市	1904625.3	21.05	20.65
2	南阳市	1119020.6	12.37	8.54
3	商丘市	917810.3	10.14	11.96
4	周口市	798295.2	8.82	10.80
5	新乡市	622036.8	6.87	6.40
6	许昌市	587991.1	6.50	4.50
7	驻马店市	557764.1	6.16	9.82
8	焦作市	486903.7	5.38	4.89
9	安阳市	392447.0	4.34	4.14
10	信阳市	366405.4	4.05	3.07
11	平顶山市	261376.9	2.89	3.27
12	洛阳市	256415.6	2.83	2.65

续表

零售额排名	省辖市	零售额	零售额占比	零售量占比
13	开封市	239512.5	2.65	3.51
14	濮阳市	235942.4	2.61	2.55
15	济源示范区	110244.8	1.22	0.83
16	漯河市	105692.8	1.17	1.37
17	三门峡市	47456.3	0.52	0.66
18	鹤壁市	39671.4	0.44	0.39

（三）餐饮服务、休闲娱乐业网络零售额增势迅猛

2023年1~9月，从不同行业网络零售额占比情况来看，在实物类别中，河南省网络零售额排名前三的实物行业零售额占比合计达45.27%。其中，粮油、食品类在实物行业中排名第一，网络零售额为335.2亿元；服装鞋帽、针纺织品类在实物行业中排名第二，网络零售额为296.0亿元；日用品类在实物行业中排名第三，网络零售额为281.6亿元。在非实物类别中，2023年1~9月，从河南省非实物行业网络零售额来看，餐饮服务、电信服务、居民生活服务位列前三，网络零售额同比分别增长49.97%、7.78%、7.64%。餐饮服务等网络零售额行业增幅远超过非实物行业平均水平，表明非实物行业消费意愿明显提升。此外，像文化旅游及休闲娱乐领域的电影/演出/体育赛事的网络零售额同比增速达93.0%，成为消费恢复性增长的新动力。

（四）农村电商进入规模化阶段

2023年1~9月，河南省农村网络零售额为905.0亿元，占河南省网络零售额的比重为35.13%，同比增长44.18%。从行业发展情况来看，粮油、食品类排名第一，网络零售额为178.0亿元，占比达19.67%；日用品类排名第二，网络零售额为120.1亿元，占比为13.27%；餐饮服务排名第三，网络零售额为84.6亿元，占比为9.35%。从县（市）发展情况来看，1~9月农村网络零售额规模较大的县（市）分别为新郑市、长葛市、中牟县、

新密市，网络零售额均超30亿元，其中新郑市的网络零售额达到93.2亿元。

（五）农产品电商市场快速增长

2023年1~9月全国农产品实现网络零售额5180.9亿元，同比增长6.80%，实现零售量180.5亿件，同比增长1.38%。同期，河南省农产品网络零售额达152.6亿元，占全国农产品网络零售额比重为2.95%，同比增长29.33%。

从行业类别看，河南省农产品网络零售额排名前三的一级行业分别是休闲食品、滋补食品、粮油类，网络零售额占比分别为21.03%、18.95%、11.97%。精深加工农产品上行释放较大消费潜力，成为农村电商加速增长的新引擎。从农产品二级行业来看，药食同源、蜜饯果干、坚果炒货热销，网络零售额占比分别为7.87%、7.70%、6.19%。从省辖市发展情况来看，河南省农产品网络零售额排名前三的省辖市分别是郑州市、商丘市、周口市，网络零售额占比分别为31.87%、9.17%、9.16%。

（六）直播电商新业态蓬勃发展

河南省直播电商行业逐渐催生线上线下全域联动的消费模式，直播电商渗透率①逐步提高。2023年1~9月，河南省直播电商实现网络零售额471.3亿元，同比增长171.64%，零售量达14.5亿件。其中，点淘、抖音、快手直播的网络零售规模位列前三，网络零售额分别达116.2亿元、301.1亿元、54.0亿元。河南省适合直播的服装家居、现代食品、国际美妆等产业集群优势明显，"6·18"购物节期间，通过抖音、快手等直播平台实现网络零售额超50亿元。

（七）跨境电商保持平稳增长态势

自2023年以来，河南省跨境电商保持稳定增长态势，"网上丝路"效

---

① 直播电商渗透率=直播电商零售规模/网络零售规模。

应加快显现,为稳外贸提供有效支撑。2023年1~6月,全省跨境电商进出口交易额①为1224.7亿元(含快递包裹),同比增长10.1%。其中,出口额为947.3亿元,同比增长13.2%;进口额为277.4亿元,同比增长0.8%。从经营主体看,天猫、唯品会、京东等电商平台持续发力,快手、小红书等新兴电商平台进口增长迅猛,推动郑州综保区完成跨境电商进出口54.9亿元。

二 河南省电子商务趋势分析

当前国际环境依然复杂严峻,世界经济复苏乏力,国内经济结构性矛盾和周期性因素叠加,持续恢复基础仍需巩固。电子商务作为促消费、稳外贸、惠民生的重要抓手,国内市场竞争激烈,受广东、浙江等发达地区虹吸效应影响,河南省电子商务"前有强敌,后有追兵",面临较大挑战。

(一)电子商务为扩内需促消费提供新动能

自2023年以来,河南省经济恢复面临需求不足、结构性矛盾与周期性问题交织等阻碍。河南省电子商务发展势头依然强劲且韧性十足,成为畅通国内国际"双循环"的关键动力,为实现"十四五"良好开局做出积极贡献。电子商务在促消费、扩内需等方面作用不断显现,推动消费提质增效,不断壮大消费市场规模,成为经济复苏的主要驱动力和消费市场回暖的助推器。随着宏观稳经济政策协同发力,社会经济恢复常态化运行,预计居民在线消费习惯将成为网络零售市场发展的驱动力。2023年,河南省网络零售市场逐渐复苏,全年网络零售额有望超过4000亿元,市场规模将进一步扩大;农村电商、跨境电商、直播电商、社交电商等新业态多元化发展,以生鲜、商超、药品为代表的即时零售服务迅速发展,业态模式迭代创新;新国货品牌、智能消费、绿色消费、文

---

① 引用河南省跨境电子商务综合试验区建设工作办公室监测数据。

娱消费等新型消费热点增势良好，为扩大内需和促进消费注入更强劲和更持久的动能。

（二）电子商务赋能传统产业创新发展

随着电子商务数字技术能力的不断提升，其助力传统产业转型升级的能力也将与日俱增，在赋能制造业转型升级、推动农业数字化转型、促进服务业线上线下融合发展及扩大内需等方面创造更大价值。电商平台通过数据要素的深入挖掘和算法推荐技术的合理应用，帮助企业及时捕捉消费新需求，为企业创造新产品、新服务、新场景赋能。同时，消费者在网络零售渠道中表现出的强劲消费力也促使企业提升数字化能力，以适应数字化转型需求，优化消费者的移动购物体验。未来，随着电子商务在数字技术上投入的不断增加，以及系统化、长期稳定、常态化的平台经济综合监管生态的形成和完善，平台经济将加快构建以数实融合为抓手的更高水平供求匹配新机制，在促进经济高质量发展中发挥更重要的作用，电商企业也将成为引领实体经济发展的重要力量。

（三）电子商务催生新业态新模式新热点

直播电商是借助数字技术以直播为渠道完成营销目标的电商形式，是一种新的商业模式。自2023年以来，河南省以直播电商为重要抓手，激发居民消费潜力，推动经济持续回暖。全省商务工作会议指出，要鼓励发展电商直播，支持知名电商企业在河南省设立区域性、功能性总部。同时大力培育时尚和品质消费热点，引进知名品牌首店、旗舰店、体验店等，开展新品首发活动。目前，河南省部分企业开展店铺直播和达人带货，助推品牌销量增长，如服装行业的逸阳，食品行业的卫龙、嗨吃家、白象等品牌；以旅游景区、酒店、餐馆为代表的服务行业也通过短视频和直播的形式进行宣传，带动旅游经济发展。此外，还涌现出很多乡村"网红"达人，他们用视频和直播的形式帮助农民宣传推广农产品和特色产品。河南作为农业大省，直播电商的嵌入，可以为农民增收致富注入新的活力，改善农村地区的消费结构,为乡村振兴提供新的路径和强大动能,也为河南省经济的高质量发展注入强劲动力。

(四)电子商务赋能乡村振兴助农增收

作为中国重要农产品产地之一,河南省具有丰富的农产品资源。当前,农产品电商成为河南省网络零售市场的重要发展方向,通过加速推进"互联网+农业"融合发展,实现农业大省向农业强省的跨越。数据显示,省会郑州在2023年上半年的农产品网络零售额排名中位居榜首,表现出强大的消费力。通过抖音、拼多多、河南农购网、扶贫832等电商平台,消费者能够更直接方便地购买到新鲜农产品,并实现与农民的交流和互动。同时,《河南省"十四五"乡村振兴和农业农村现代化规划》提到,河南省农产品产能优势持续巩固,粮食产量连续4年超过1300亿斤,跨上新台阶。未来,河南省农产品销售将依托农业物联网、大数据、绿色防控等新技术新装备,不断提升农业绿色发展水平,为河南省电子商务发展添砖加瓦。

(五)电子商务成为外贸量增质升重要抓手

河南省作为中国中部地区的开放大省和贸易大省,一直积极响应国家政策,大力推进跨境电商试点城市建设。近年来,全省跨境电商发展成效显著,生态圈日益完善。截至2023年9月,全省共获批5个跨境电商综试区及7个跨境电商零售进口试点城市,并且拥有28家省级跨境电商示范园区和人才培训暨企业孵化平台;36家为跨境电商"小白"提供业务指导的省级外贸综合服务企业。在跨境电商产业的支持下,河南省企业生产的服装、家居、假发、美容化妆刷等1万余种商品通关后销往海外。跨境电商的发展为河南省对外贸易打开新局面,并为创建国际消费中心城市做出重要贡献。下一步,河南省将继续打造市场化、法治化、国际化一流营商环境,推动跨境电商高质量发展,为全球跨境电商和国际贸易发展贡献河南智慧和力量。

三　河南省电子商务发展对策建议

（一）做大做强电商产业

一是支持骨干企业扩大市场份额、提升盈利能力，在数字商务服务、特色垂直平台建设、跨境电商、新零售、"互联网+生活服务"等领域，评选出一批特点突出的省内领军企业，助力其做大规模、打响品牌、创新技术、主导标准。二是培育新零售企业，结合线上和线下的优势，利用以物联网、大数据、云技术、人工智能为核心的信息技术，推动传统企业转型、加大新零售企业培育力度。三是紧盯电商产业生态短板，紧盯电商领域最新业态，加强政策宣传、完善招引机制、招引和推动更多的优质项目落户河南，促进数据回流。探索新电商统计监测体系建设，加强电商新趋势分析研究。四是发挥商务部门牵头作用，推动各成员单位围绕各自职责，合力攻坚电商领域难点、堵点，提升河南省电商发展水平。指导各地加大电商支持力度，充分发挥电商拓市场促消费优势和作用。

（二）优化提升农村电商

一是开展县域电商产业集聚建设行动，推进县域电商产业集聚发展、规模发展、特色发展。加强与县域商业体系建设、"互联网+"农产品出村进城工程、农村客货邮融合发展的工作衔接，着力补齐短板，培育一批基础好、成效明显、带动能力强的优秀项目，在全省复制推广。二是大力提升农产品电商化水平，支持电商化农产品开展"三品一标"认证和推广，深入开展农产品网络品牌创建，支持电子商务平台开设品牌农产品销售专区，培育农产品网络品牌。三是依托县域商业体系建设，促进农村电商和农村物流融合发展，畅通城乡要素流动渠道，优化农村电商发展环境。巩固、拓展省级（含国家级）电子商务进农村综合示范县建设成果，加强项目绩效评价，确保项目落地见效。鼓励电商专业村、电商镇提升改造，推动产业互补性强、区位优势明显的村镇连片抱团发展。

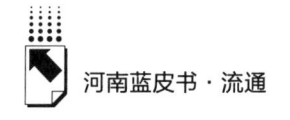

（三）培育壮大直播电商

一是加快直播电商基地建设，鼓励特色产业带、产业园区、办公楼宇、专业市场运营方与知名电商平台、专业服务机构合作，建设具有场景布景、内容制作、直播设备、选品展示等多功能、"一站式"的直播电商基地。二是加速培育引进优质运营服务商、数字技术服务商、供应链服务商等专业服务机构，引导省内专业服务机构与各大直播电商平台建立长期合作关系，鼓励金融机构针对直播业态创新金融服务产品。三是依托直播平台和 MCN 机构，整合对接专业市场和供应端资源，培养一批直播电商头部主播。依托院校和专业培训机构，开发主播培训课程，培养相关专业学生和新就业人员。四是鼓励生产服装、箱包、电子产品、农产品等企业打造直播品牌 IP，结合消费节、展会等活动，开展"直播+特色农产品""直播+夜经济"等多行业、多形式、多主题的电商直播活动。

（四）创新引领跨境电商

一是培育跨境电商经营主体和各类人才，着力引进知名物流集成商、电商平台企业，认定一批省级跨境电子商务人才培训暨企业孵化平台，加强政府、高校、协会、企业协同合作，健全人才公共服务体系，完善跨境电商产业链和生态圈。二是积极推进丝路电商拓展行动，与"一带一路"共建国家共同提升电子商务合作发展水平。研究制定跨境电商国际间互认的商品准入、通关流程、关税征缴、金融结算、物流配送、质量追溯、信息接口、数据标准等方面规则标准。三是以外贸产业集群为依托，引进阿里巴巴、环球资源等跨境电商 B2B 出口平台、亚马逊、全球速卖通等跨境电商 B2C 出口平台在河南设立运营及集货中心，加快河南优势产品出海步伐。推动更多制造企业、外贸企业"触网开店"，通过跨境电商开拓国际市场。四是指导全省各综试区结合各地产业优势，积极创新，实现差异化发展，切实发挥示范引领作用，促进全省跨境电商创新发展。

专题报告

B.8 以完善河南社区养老服务促进银发消费

陶宏展[*]

摘　要： 河南作为人口大省，人口老龄化程度不断加深，养老形势严峻。社区养老服务作为河南养老服务体系建设的重点，完善社区养老服务是改善河南人口老龄化状况的有效举措，对满足银发群体多层次多样化需求、释放巨大的内需潜力、促进银发群体消费具有重大的现实意义。但河南社区养老服务建设还存在供需失衡、资金短缺、专业服务人才不足等问题，需要从信息化管理、规范化标准化发展、多元化供给、产业化运作、打造专业化服务人才等方面不断完善社区养老服务建设，更好地促进银发消费。

关键词： 人口老龄化　社区养老服务　银发消费　河南省

---

[*] 陶宏展，河南省社会科学院商业经济研究所助理研究员，研究方向为人口老龄化。

人口老龄化背景下，经济高质量发展和"双循环"新发展格局为我国构建中国式的养老服务体系提出了更高要求。党的二十大报告明确指出"实施积极应对人口老龄化国家战略，发展养老事业和养老产业"。习近平总书记也多次强调"要推动养老事业和养老产业协同发展，发展普惠型养老服务，完善社区居家养老服务网络，构建居家社区机构相协调、医养康养相结合的养老服务体系"。这些重要论断以精准战略定位为中国养老事业和养老产业发展明确了前进方向。河南作为人口大省，随着传统居家养老日渐式微、难以为继及机构养老支付能力受限，以居家为基础、社区为依托的养老服务可以实现规模效益和成本效益，逐渐成为河南构建养老服务体系的重中之重，而完善社区养老服务是河南人口老龄化状况改善的有效举措，对满足河南银发群体多层次多样化需求、释放巨大的内需潜力、促进银发群体消费具有重大的现实意义。

一 河南人口老龄化情况

近年来，河南人口老龄化程度不断加深，养老形势严峻。如表1所示，2020~2022年，河南60岁以上人口从1796万人上升到1862万人，占全省常住人口的比例从18.07%增长到18.86%；65岁以上人口从1341万人上升到1436万人，占比从13.50%增长到14.55%，老年人口增速明显加快。与之相反的是，河南人口出生率持续下降，从9.24‰下降到7.42‰，少子化问题逐渐显现，2022年人口自然增长率更是首次出现负增长，为-0.08‰，导致老年人口抚养比持续上升，从21.29%上升到22.83%。人口负增长、少子化、人口老龄化等问题叠加，将对河南人口年龄结构的优化造成较大冲击。可以预测，在不远的将来，河南的养老负担将会持续加重，如养老服务不能提质增速，河南的"人口红利"将会被"养老压力"取代，对河南的医疗、劳动力供给结构、消费结构等带来严峻挑战。但同时要看到，巨大的老年人口规模以及银发群体消费观念、消费内容、消费方式的转变为河南扩大内需市场提供了良好的机遇，银发市场发展潜力巨大。

表1 2020~2022年河南人口基本情况

年份	常住人口（万人）	60岁以上人口 数量(万人)	60岁以上人口 占比(%)	65岁以上人口 数量(万人)	65岁以上人口 占比(%)	人口出生率(‰)	人口增长率(‰)	老年抚养比(%)
2020	9937	1796	18.07	1341	13.50	9.24	2.09	21.29
2021	9883	1783	18.04	1383	13.99	8.00	0.64	21.95
2022	9872	1862	18.86	1436	14.55	7.42	-0.08	22.83

资料来源：河南省统计局及全国第七次人口普查数据。

二 河南社区养老服务建设现状

近年来，河南省委、省政府积极落实人口老龄化国家战略，高度重视社区养老服务问题。省委、省政府、民政厅等相关部门陆续出台了《关于全面放开养老服务市场提升养老服务质量的实施意见》《河南老年人权益保障条例》《关于加强养老服务体系建设的意见》《关于印发河南省"十四五"养老服务体系和健康产业发展规划的通知》《关于加强养老服务人才队伍建设的意见》《河南省养老服务条例》等多项政策文件，从养老服务体系构建、养老服务业发展、养老服务设施及养老服务人才建设等方面为社区养老服务提供制度保障，着力打造高质量的社区养老服务供给，推动社区养老服务业发展。截至2022年，全省7334个社区全部实现有1处养老服务场所，试点城市完成了10534户经济困难的老年人家庭适老化改造，社区养老服务设施建成面积达418.7万平方米，智慧养老平台已录入1718万名老年人信息，社区养老服务设施建设卓有成效，"15分钟养老服务圈"初步建成，养老服务效能提升，满足老年人多样化服务需求的社区养老供给机制基本建成。

三 河南社区养老服务建设面临的问题

虽然河南社区养老服务建设取得了一定的成效，但还处于起步阶段，困扰社区养老服务建设的供给与需求失衡、资金短缺、专业服务人员不足等问题依然存在，完善社区养老服务迫在眉睫。

（一）社区养老服务供给内容不健全和供给质量不高

现有大多已建成社区养老服务项目与《河南养老服务条例》规定的7项服务内容存在较大差距（见表2），多以日间照料、简单的文化娱乐、基础的医疗护理等日常基本服务为主，服务项目不健全，且没有充分考虑老年人差异性特征，同质化严重，利用率低下。全省4155个新建住宅小区养老服务设施平均达标率仅为77.52%，供给质量不高，难以满足老年人生活照料、医疗康复、精神慰藉等特殊服务需求。

表2 《河南养老服务条例》规定社区养老服务内容

序号	服务内容
1	生活照料、助餐、助浴、助洁、助行、代缴代购等日常生活服务
2	居家护理、健康管理、医疗康复、安宁疗护等健康护理服务
3	关怀访视、心理咨询、情绪疏导等精神慰藉服务
4	法律咨询、识骗防骗宣传、人民调解、法律援助等法律服务
5	安全指导、紧急救援等安全保障服务
6	教育培训、文化娱乐、体育健身、休闲养生等服务
7	其他适合老年人的服务

资料来源：《河南养老服务条例》。

（二）社区养老服务建设面临巨大的资金缺口

截至2022年，河南参保退休人员为565.03万人，占60岁以上人口（1862万人）比例为30.3%，未参保老年人较多，而河南企事业单位退休人员人均养老金约为2966元，相比北京（5946元）、上海（4945元）、浙江（3580元）等发达省份还存在不小差距，老年人自身养老资金短缺。社区养老服务作为福利性事业的一部分，其基础设施建设大多靠财政资金支持，就特殊困难老年人家庭适老化改造一项而言，按照每户3300元的补助标准，河南要完成"十四五"的量化目标（21.4万户）就需要财政支出7.06亿元，财政资金压力巨大。

（三）社区养老专业服务人员短缺和结构失衡

目前，河南社区养老服务固定人员配备大多只有1~2名，而社区志愿服务者多是兼职人员，服务时间不固定且流动性大，与《河南养老服务条例》规定配备与服务、运营、安全相适应的管理人员、专业技术人员和养老护理人员要求还存在较大差距。另外，有数据显示，社区养老服务人员多是40~55岁的女性，年轻服务人员和男性服务人员非常少；高中及以下文化水平的工作人员占比在60%以上，学历较低，缺乏系统化运营和标准化培训，没有相应的执业资格，专业化水平不高，只负责简单的协调工作和咨询工作，难以形成专业化养老服务队伍，阻碍了当前社区养老服务质量的整体提升。

四 完善社区养老服务需着重厘清的几个关系

社区养老服务建设是一个复杂且艰巨的社会系统工程，关乎民生福祉。有效整合社会服务资源，实现供需精准匹配、对接，完善社区养老服务，加快推进社区养老服务提质增效需着重厘清并处理好以下几个关系。

（一）养老事业与养老产业的关系

养老事业和养老产业都是社区养老服务体系的重要组成部分，两者相辅相成，但两者在概念、定位和作用等方面存在差异。具体来看，养老事业是从社会福利角度出发，由政府和社会为老年人提供的一项基本公共服务，不以营利为目的，旨在实现"老有所养、老有所医、老有所学、老有所为、老有所乐"，为老年人基本养老服务提供制度保障，是具有福利性和慈善性的一项长期制度安排。养老产业则是从市场化和产业化角度出发，在政府引导和支持下，由政府或社会慈善组织之外的供给主体为满足老年人特殊养老需求提供的物质产品或精神服务，旨在整合有效服务资源，提高养老服务质量和价值，是一种盈利的市场行为。养老事业和养老产业只有相互衔接、合理搭配，社区养老服务才能实现社会效益和经济效益的统一。

（二）政府与市场的关系

政府和市场是社区养老服务的共同供给主体，两者共担责任，但两者在地位和分工上略有不同。具体地，政府在社区养老服务体系中居于主导地位，主要着眼于社区养老服务的顶层设计，担任社区养老服务的组织者、指导者、管理者和监督者角色，负责社区养老服务的政策制定、基础设施或平台建设、管理机制建立和服务监督等任务，塑造社区养老服务良性发展的整体环境。市场则是社区养老服务高质量发展的核心力量，是服务市场化产业化的基础，担任社区养老服务的参与者、合作者和供给者，负责服务资源整合、服务效率提升等任务，是社区养老服务高质量发展的重要依托。因此，充分发挥政府主导作用和市场配置资源优势，两者明确分工，携手推动社区养老服务可持续发展，实现社区养老服务规模效益和成本效益的统一。

（三）供给与需求的关系

供给和需求是社区养老服务的两端，缺一不可，共同决定着社区养老服务的服务内容、服务方式和服务质量。社区养老服务的供给主体是多元的，包括政府、社会组织、市场等，供给的内容和目的在于满足老年人生活照料、社交、医疗、文化娱乐、精神慰藉等服务需求。供给方式是多元供给主体对服务需求的直接或间接响应，而养老服务需求是老年人对养老服务数量、种类、程度、质量的消费意愿，受客观条件和个人主观因素影响，具有个性化和多样化特征，是养老服务供给的出发点和落脚点。因此，只有以需求为导向，根据养老服务需求变化调整供给结构和层次，形成需求牵引供给、供给创造需求的动态平衡，社区养老服务才能实现供需精准匹配、对接，避免服务资源浪费，提高服务资源利用效率。

五 以完善社区养老服务促进银发消费的对策建议

河南积极落实人口老龄化国家战略，缓解人口老龄化引致的社会养老压力，推动社区养老服务向质量效益型转变，实现社区养老服务提质增效，满足老年人美好生活的需求，促进银发消费。

（一）摸清银发群体需求，实行信息化管理

摸清河南社区银发群体需求情况并进行信息集成管理，是精准开展社区养老服务的前提条件。一是建立养老统计调查常态化机制，以河南及地市统计局为主体，分区域、划片区组织养老调研工作，深入社区，设计详细调查问卷，对社区老年人的家庭结构、收入及消费结构、身体及心理健康状况、养老服务特殊需求等情况开展全样本调研，并对老年人有关社区养老服务的意见建议进行细致收集，摸清河南不同区域实际养老情况和银发群体养老服务需求。二是实行信息集成和四级管理机制，以河南智慧养老平台为依托，建设社区养老服务大数据中心，按区域、社区、年龄段、能力等级建立社区老年人个人信息档案和服务需求电子档案，并完善信息双向传递机制，借助河南其他信息平台对电子档案进行定期更新，利用大数据中心深入分析不同区域老人的养老服务需求特点，实行社区养老服务信息化管理，快速精准找到不同区域社区养老服务的发力点。

（二）加强顶层设计，引导规范化标准化发展

加强社区养老服务统筹规划布局，引导社区养老服务规范化标准化发展，加强社区养老服务的制度保障。一是作为社区养老服务的整体规划者，政府要统一规划、统一布局，加强顶层设计，依据河南老年人具体调研情况，制定并不断完善具有针对性、实操性的社区养老服务政策文件，明确社区养老服务任务清单，加强民政、劳动、卫生等相关职能部门的分工与合作，设立部门台账，推动具体政策措施落地。二是在现有社区养老

服务场所的基础上，加强社区养老服务基础设施建设，增加社区普惠型养老服务项目，优化专业服务人员配置，加快推进社区养老服务基础设施、服务内容与方式、服务人员等规范化、标准化发展。三是加快制定社区养老服务评价体系，通过设立社区养老意见簿、定期走访调研、第三方评估等方式从定量、定性角度评价政策措施实施力度、社区养老服务基础设施的覆盖率及使用率、服务内容和方式的合理性、社区养老服务满意度等，对政策实施效果进行有效评估，监督社区养老服务建设完成情况，确保社区养老服务质量。

（三）整合社会服务资源，建立多元化供给机制

多元化供给是优化社区养老服务的必然要求。基于社区养老服务体系建设的复杂性，政府在福利性原则基础上提供普惠型养老服务，需要有效整合社会服务资源，形成合力，优势互补，建立社区养老服务多元化供给机制，实现供需精准匹配。一是发挥社会组织的中介和桥梁作用，利用其专业特长连接政府、社区、家庭，对政府的相关政策文件深入社区、家庭做好宣传解读，为老年人答疑解惑，提高老年人参与社区养老服务的积极性；运用专业的社会工作方法，为社区养老服务提供专业指导，提高社区养老设施的利用效率，为高龄老人、空巢老人、半失能、失能老人提供心理咨询、辅导服务，积极参与社区养老服务建设，提升养老服务品质。二是发挥市场配置资源优势，发挥市场在提高社区养老服务效率中的决定性作用。放宽社区养老服务市场准入条件，优化社区养老服务市场营商环境，综合利用土地、税收、金融等优惠政策吸引各类市场主体投资社区养老服务，创新政府购买服务方式，鼓励支持物业企业积极参与社区养老服务，培育一批优质的连锁化市场主体，及时满足社区不同类别老年人的特殊性需求，提高社区养老服务资源配置效率和服务质量。三是发挥家庭情感支持的优势，引导家庭认可、支持、参与社区养老服务，精准反馈老年人养老服务需求，与其他供给主体保持信息双向有效传递，建立责任分担机制，提高家庭及老年人融入和消费社区养老服务的意愿与积极性。

（四）加大养老服务业支持力度，助力产业化发展

产业化是推动社区养老服务可持续发展的内在要求。随着家庭收入水平的提高和人口老龄化的快速发展，养老服务消费市场潜力巨大，产业化发展是社区养老服务适应市场经济发展方式的体现，也是缓解财政资金压力的有效方式。一是为以社区养老为中心的养老服务业提供支持，通过财政定向补贴、专项资金、政府购买服务等多种方式扶持社区养老服务业发展，拓宽市场主体投融资渠道，激发市场主体开展社区养老服务的积极性，提高市场主体可持续运营能力，保证企业利润空间，鼓励市场主体申请养老服务专利、开展养老国际认证，推动品牌化经营。二是鼓励市场主体找准养老服务业嵌入点，不断延伸社区养老服务业涉及领域，延长老年用品、医疗保健、文化娱乐、旅游、老年服务中介等涉老关联产业链条，增加服务项目种类，扩大服务覆盖人群，打通产业链上下游，降低运营成本，实现规模化经营。三是推动社区养老服务数字化发展，利用大数据、云计算、人工智能等新技术培育养老服务新业态，打造"互联网+医养""互联网+文旅"等养老服务产业新模式，搭建养老服务数据集成平台，培育智能社区养老标杆企业，确保养老服务需求收集、识别、投放等科学化、精准化，推动数字经济与社区养老服务业深度融合，促进传统养老服务业转型升级和创新发展。

（五）增加银发群体收入，提高消费可及化水平

增加老年人收入，提高其消费可及化水平，可以有效缓解家庭养老负担，使家庭及老人真正成为社区养老服务的最终受益者，有效促进银发消费。一是建立服务分摊机制，政府通过养老服务消费津贴、消费代金券等形式加大对低收入家庭、困难老人的扶持力度，鼓励企业合理制定服务项目收费标准，根据老年人不同情况设立老年消费折扣，利用服务分摊机制转变老年人消费观念，提高消费主动性，有效激活社区养老服务市场。二是增加老年人再就业机会，特别是对于精力充沛、具有一

技之长、有深厚知识和经验积累的老年人，要结合个人优势，以返聘、直聘等多种就业方式帮助其再就业。探索设立老年人再就业信息平台，以线上线下相结合的方式为老年人再就业创造机会和条件，提高老年人工资性收入，增强老年人购买特殊服务的支付能力。三是加大老年人社会保障力度。建立科学的基本养老金调整机制，稳步提高养老金标准，提高老年人转移性收入，扩大医保报销范围和提高报销比例，加大半失能、失能老年人医疗补贴力度，发挥商业保险的保障作用，支持商业保险机构开发长期护理保险，以保险形式确保老年人获得稳定的财产性收入，提高老年人社会保障水平，降低服务消费支出。四是完善信用体系，明确养老服务行业质量规范标准，加强养老服务消费市场监管，打击、惩戒养老服务市场消费乱象，改善养老服务市场消费环境，保障老年人消费合法权益，增强老年人消费信心。

（六）补齐人才缺口，打造专业化服务人才队伍

专业化养老服务人才队伍是提高社区养老服务质量的关键要素。通过外部引进、内部培养模式，打造专业化养老服务人才队伍，提高养老服务质量，可以更好地满足社区养老服务消费需求。一是拓宽养老服务用人选才渠道，大力引进社区养老服务急需人才，特别是适应社区养老服务数字化趋势，要重点引进精通数字化研发、运营、分析、战略管理能力等方面的高层次复合型人才，提高高层次人才福利待遇，激发人才投身社区养老服务事业的热情。二是建立多元培养机制，鼓励省内高等院校和中等职业学校开设护理康复、心理咨询、老年服务管理等养老服务专业或课程，给予专业学科建设经费，以省级养老护理员培训基地和健康养老护理教育培训基地为依托，给予护理人员培训补贴，吸引在校学生、年轻女性或男性劳动力进入社区养老服务领域，加强养老服务人才培养，优化服务人员年龄结构，鼓励开展职业资格认证，推进"人人持证、技能河南"建设，提高养老服务从业人员专业素质，高质量打造"河南护工"品牌。三是营造一流的人才环境，在就职培训、岗位补贴、子女就学、住房保障等方面为养老服务人才提供优惠支持政策，通过职业技能等级认定打通养老服务护理人才职业晋升通道，明确服务人员职业发展路径，为养老服务专业人才创造更好的工作条件，提高职业认同感，打造一支年轻化、专业化、职业化社区养老服务人才队伍，不断提升社区养老服务质量。

B.9
河南省数字消费需求扩容研究

胡骁马*

摘　要： 数字消费需求的进一步扩容是河南省扩内需、稳增长、促转型的重要现实支撑。近年来，河南省数字经济高速发展，数字消费对经济的促进作用不断凸显。但仍存在如数字基础设施分布不均衡、数字消费需求潜力释放不充分、数字消费供给水平较低以及数字消费平台发展滞后等不利于数字消费需求进一步扩容的制约因素。为此，河南省应通过有针对性地对数字消费基础设施、数字消费需求侧、数字消费供给侧以及数字消费载体等方面进行优化改善，以充分释放河南省的数字消费潜力，为扎实推进中国式现代化建设提供坚实支撑。

关键词： 数字消费　需求扩容　河南省

2022年中央经济工作会议明确指出，总需求不足是当前经济运行中面临的突出矛盾，而扩大内需必须把恢复和扩大消费摆在优先位置，要进一步增强消费能力、改善消费条件、创新消费场景，使消费潜力充分释放出来。近年来，以直播购物、远程医疗、数字内容为典型代表的数字消费新业态迅猛发展，重塑了居民的消费方式。2023年出台的《河南省实施扩大内需战略三年行动方案》明确指出，要通过支持线上线下商品消费融合发展，培育"互联网+社会服务"新模式，以及促进共享经济和新个体经济发展等方式，加快培育以数字消费为典型代表的新型消费，以充分释放和激发市场潜力，

---

* 胡骁马，河南省社会科学院商业经济研究所助理研究员，研究方向为财政理论与政策、数字经济、消费理论。

积极服务和融入国内经济大循环，促进国内国际双循环的良性互动，奋力谱写新时代新征程中更加出彩的绚丽篇章。

一 数字经济背景下消费需求的重塑性扩容：逻辑机理

数字技术作为世界科技革命和产业变革的先导力量，日益融入经济社会发展各领域全过程，也深刻地改变了消费模式。明确数字经济对消费需求形成的重塑性扩容的逻辑机理，是分析河南省数字消费扩容实践中存在的典型问题和进一步给出路径建议的理论因循，具有重要的理论意义。本报告认为，一方面，数字经济赋能传统消费，通过弱化时空约束、信息约束和提升传统消费效率对传统消费需求的边界形成了系统性的外延；另一方面，数字经济催生新业态，形成数字消费新需求，开拓数字消费新边界，从整体上对消费需求进行了重塑性扩容。

（一）时空互联弱化了消费需求的物理约束

传统的线下消费不可避免地受到消费品供给水平和物流水平等因素制约，而数字技术对包括企业、流通以及消费者在内的消费全链条形成的重塑，集中表现为对传统消费模式中的物理时空约束的削弱，从而加速了传统消费向线上消费以及线上线下融合消费转变的进程，对传统消费需求边界形成了重塑性扩容。一方面，经过数字化转型升级的传统消费不再受当地消费品供给水平的制约，使得后发城市和广大乡村地区可以享受到与先发城市一致的商品和服务，使消费条件和能级实现跃升，使长尾市场的消费潜力得到充分的释放；另一方面，数字消费的供应链体系优化了全域消费体验，尤其在长尾市场中产生了更为显著的边际消费刺激效应，长尾市场数字消费增速显著超越了先发城市。以河南省农村地区为例，2023年上半年河南省农村网络零售额为784.4亿元，同比增长7.6%，超过同期河南省社会网络零售额增速1.6个百分点，表明数字技术显著促进了河南省农村以及县域等长尾市场的数字消费需求扩容。

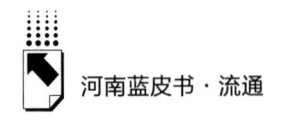

（二）信息互通弱化了消费需求的意愿约束

传统消费情境下，商品相对完备的信息使厂商在与消费者博弈过程中拥有更高的议价能力，进而使厂商获取超额利润。消费者则难以凭借自身力量改变其在信息不对称中所处的劣势地位，从而进一步抑制了其消费意愿。而数字技术拓宽了消费者获取信息的途径，降低了信息获取的成本，进而弱化了厂商与消费者之间存在的信息不对称状态，从而提升消费意愿，促使消费需求扩容。具体而言，一方面，数字消费平台将商品详情和消费者评价广而告之，使得消费者能够对商品的品质和价格等进行比较，同时通过大数据对消费者的偏好进行判断，从而为消费者推送更丰富的商品信息，精准连接供需，为传统消费提质增效。另一方面，5G技术的进一步推广催生了直播消费模式，可以通过与主播的实时沟通进一步弱化信息约束，从而促进数字消费的进一步扩容。

（三）均衡增收弱化了消费需求的预算约束

数字消费扩容的核心在于居民收入，收入水平的提高和均衡分配会促进数字消费水平的提升。首先，数字经济的发展通过增加灵活就业机会和提高既有收入水平等方式弱化消费需求的预算约束，从而提升居民的消费能力。尤其对长尾消费者而言，这一类消费人群的边际消费倾向较高，数字经济带来的增收效应显著刺激了以数字消费为代表的消费需求扩容。其次，数字经济总体上使收入分配更加均衡，进一步的，通过示范效应提高长尾消费者的消费水平，并通过棘轮效应稳定头部消费者的消费水平，从而使全社会的数字消费扩容提质。

（四）数字业态拓展了消费需求的多元外延

数字技术赋能传统商品和服务，如智能汽车和远程医疗等，为同类传统消费品持有者更新换代提供了更为丰富的选择，扩容了消费需求。同时，数字技术也创造新产品和服务，如VR智能终端和远程办公服务，并进一步由智能终端衍生出如 VR 购物等新服务业态，并显著提高了网上零售的转化率，从而提高了数字消费整体效率和规模。数字技术激发新消费业态，直播消费业态、探店消费业态以及共享消费业态等，通过共享消费体验和降低消费成本激发消费者潜在的消费需求。

二 河南省数字消费发展现状

河南省政府深入贯彻党中央、国务院关于大力发展数字经济的决策部署，高度重视数字经济和数字消费在扩大内需和驱动经济增长中的重要作用，大力发展数字经济，以数字经济赋能传统消费，加快传统消费的数字化转型，驱动消费升级，实现消费的提质和扩容。自"十三五"以来，河南省数字经济和数字消费的发展都取得了显著的成绩，为河南省高质量发展注入新的活力。

（一）河南省数字经济规模不断提升

我国数字经济发展速度处于世界领先地位，《全球数字经济白皮书》显示，2016~2022 年，中国数字经济年均复合增长率达 14.2%，是同期美国、德国以及日本等世界主要经济体年均复合增速的 1.6 倍。2022 年我国数字经济规模总量稳居世界第二，达 50.2 万亿元，同比增长 10.3%。数字经济规模占 GDP 的比重提升至 41.5%，数字经济增长的速度超过整体经济增长的速度，其对生产力增长的贡献在未来几十年的经济增长中都将保持较高的水平。截至 2021 年，我国共有 16 个省份数字经济规模突破万亿元，河南省就是其中之一。根据《河南省数字经济发展报告（2022）》公布的数据，2021 年，河南省数字经济规模达 1.745 万亿元，较"十三五"初期增加了近 1 倍，规模连续 6 年稳居全国前十，即使在疫情期间也呈现稳步增长的趋势。从数字经济规模的增速来看，2017~2021 年河南省数字经济规模增速整体呈波动上升的趋势，年均增速（以水平法计算）为 18.41%。

2017~2022 年河南省数字经济规模占 GDP 的比重均值为 27.43%，其中，2021年河南省数字经济占GDP的比重首次突破30%，呈现稳中向好的发展趋势（见图1）。

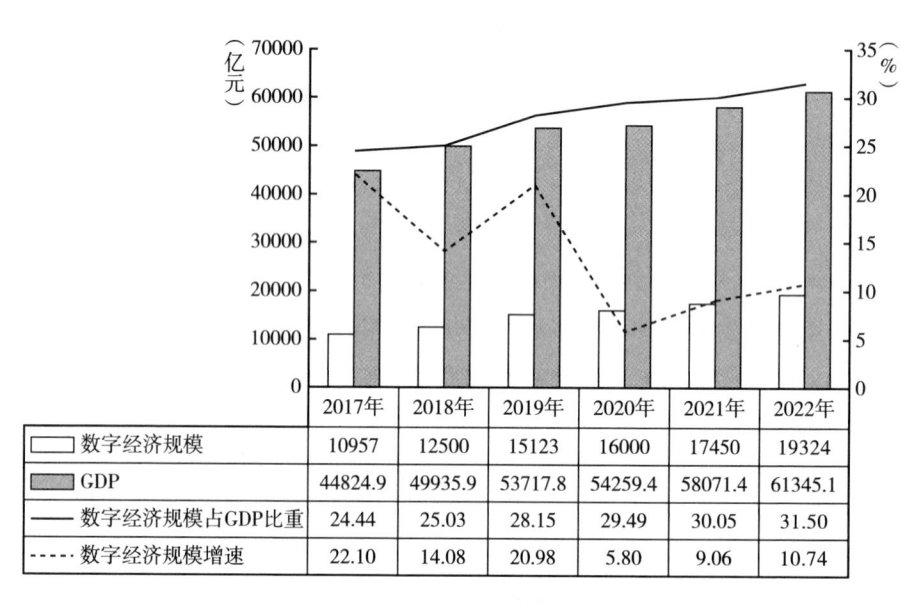

	2017年	2018年	2019年	2020年	2021年	2022年
数字经济规模	10957	12500	15123	16000	17450	19324
GDP	44824.9	49935.9	53717.8	54259.4	58071.4	61345.1
数字经济规模占GDP比重	24.44	25.03	28.15	29.49	30.05	31.50
数字经济规模增速	22.10	14.08	20.98	5.80	9.06	10.74

图1　2017~2022年河南省数字经济规模及其占GDP的比重

资料来源：国家统计局及历年《河南省数字经济发展报告》。

（二）河南省数字消费稳步提升

随着数字技术、信息技术的广泛应用，河南省数字经济规模不断扩大。在此背景下，新的消费模式和消费场景随之形成，数字经济对河南省的消费需求形成了实质上的重塑性扩容，成为河南省扩内需、稳增长和促转型的重要动力。

河南省社会消费品市场总量规模一直稳居全国前5位，同时，社会消费品零售总额总体保持增长趋势，具体而言，2022年河南省社会消费品零售总额达24407.4亿元，相较于2017年增长了26.53%（见图2）。

网上零售作为数字经济的典型形式，已成为数字消费发展的风向标和新引擎。2022年河南省网上零售额达3665.5亿元，是2017年的2.11倍，同比增长24.33%，其间虽然受到多重外生负面因素的冲击，但总体仍呈波动

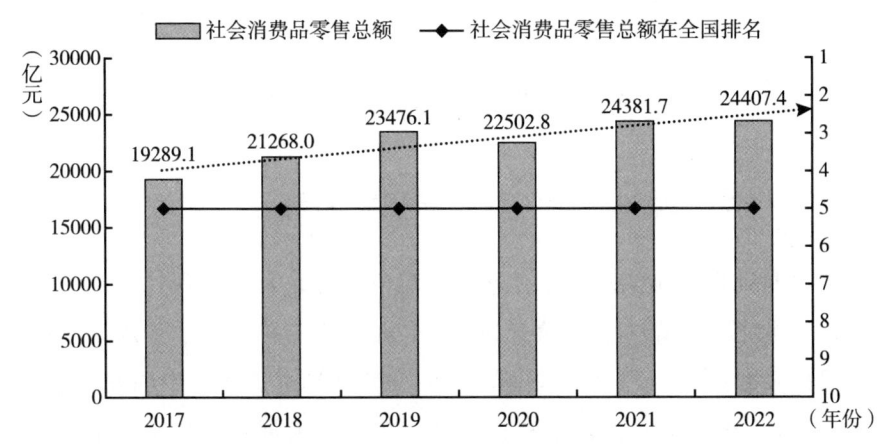

图2 2017~2022年河南省社会消费品零售总额及排名

资料来源：国家统计局。

上升的趋势。2017~2022年，河南省网上零售额占社会消费品零售总额的比重整体有所提高。2022年，河南省网上零售额占社会消费品零售总额的比重已达15.02%，数字消费已成为河南省居民消费的重要组成部分。虽然河南省网上零售额占比稳步提升，但总体上仍低于全国平均水平，河南省传统消费向数字消费的转变仍有巨大空间和潜力（见图3）。

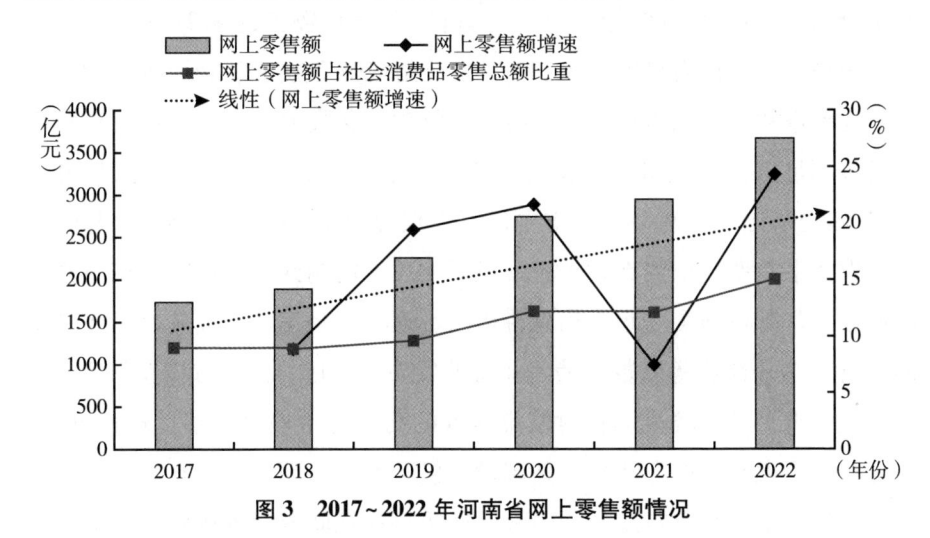

图3 2017~2022年河南省网上零售额情况

资料来源：河南省统计局。

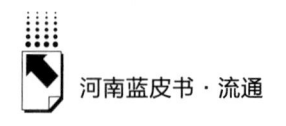

三 河南省数字消费扩容面临的机遇与挑战

(一)数字基础设施国内领先,但仍需继续提升

数字基础设施是实现数字化转型战略的支撑,是建设现代化河南的基石。加快数字基础设施、智慧交通建设,是河南省构建高水平新型基础设施体系的重要抓手。国家互联网信息办公室发布的《数字中国发展报告》对31个省(市、区)在数字基础设施、数字技术创新、数字经济、数字政府、数字社会、网络安全和数字化发展环境等方面的发展水平进行了综合评估,结果显示河南省数字基础设施建设水平排名全国前十,处于第一梯队。5G基站作为数字经济发展的核心基础设施,其建成数量和覆盖率是衡量数字基础设施水平的重要指标。数据显示,截止到2022年底,河南省已建成15.32万个5G基站,已实现乡镇以上区域5G网络全覆盖。河南省计划于2023年新建5G基站3.4万个,5G网络覆盖区域进一步下沉至90%的行政村,并在重点场景、热点区域以及农村热点区域实现5G网络全覆盖。截至2023年4月,河南省5G用户数已达4121.1万人,排名全国第三。河南省已实现5G网络和千兆宽带等数字基础设施的超前部署,为推进数字应用服务普及完善与区域数字化发展奠定了基础,但仍存在诸多不足。首先,相比北京、天津、上海、浙江等地每万人超过30个5G基站的基础设施水平,河南省每万人仅拥有15个5G基站,这显然对河南省数字消费需求的有效扩容形成了实质上的制约。其次,河南省热点区域数字基础设施覆盖水平仍有待提高,现有的数字基础设施难以支持如AR逛街、VR购物等新数字消费业态的发展。最后,河南省城乡数字基础设施建设水平差距较大。省内城市地区的高速宽带网络、移动通信网络、云计算以及大数据中心等数字基础设施供给水平较高,但农村地区的数字基础设施供给水平有待提升,部分地区仍存在互联网接入困难、移动通信信号不稳定等情况。同时,河南省农村地区物流基础设施的建设水平较为

滞后，农产品网上零售所需的冷链物流发展滞后，不仅限制了河南省农产品网上零售的渠道，也间接影响了河南省农业深加工产业的发展路径，减弱了数字消费对下沉市场的均衡增收效应，河南省下沉市场数字消费潜力有待进一步释放。

（二）数字消费需求潜力较大，但未能充分释放

受多重不利因素影响，2022年河南省社会消费品零售总额为24407.41亿元，同比仅增长0.1%，但同期河南省实物商品网上零售额同比增长16.7%，同时，2023年上半年河南省农村网络零售额达784.4亿元，同比增长7.6%，超过同期河南省社会消费品零售总额增速1.6个百分点，这表明河南省数字消费需求潜力大、刚性强。但应看到，河南省数字消费需求释放仍不充分，其主要制约因素包括以下几个方面。第一，数字消费场景有限，不利于激发新的数字消费增长点。自2023年以来，河南省已陆续启动了新春消费季、中原国际车展、豫鉴美食以及夏日消费季等系列促消费活动，创新消费场景，有效激发了消费活力。但仍应看到，数字消费这一新业态在现有的消费场景中占比不高。第二，数字技术在消费领域落地较少，不利于创新数字消费业态。突出表现在对传统商圈的数字化改造进程滞后，一方面，难以对消费者在商圈内留驻时间、进店高峰时段以及消费偏好等数据进行整合，商圈难以通过适时调整运营模式等方式为线下消费提供更优质的体验；另一方面，线下商圈向线上扩展的进程受限，消费者难以采用线上线下相结合的购物新形式，限制了数字消费需求。第三，双重数字鸿沟现象出现，显著抑制下沉市场数字消费需求释放。河南省城乡数字鸿沟和年龄数字鸿沟问题叠加，农村银发消费群体比重较高，受数字基础设施水平、数字消费意识以及数字消费接受能力等多重因素影响，这一群体的数字消费潜力受到显著抑制。虽然河南省农村网络零售额的增速超过同期社会消费品零售总额的增速，但农村网络零售额仅占河南省网络零售总额的36.2%，仍有巨大的增长空间。

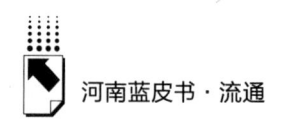

（三）数字消费供给能力显著提升，但仍有明显短板

省内企业对与异质性消费者的供给能力仍显不足，集中表现为对青年消费者的多样化、定制化需求和老年消费者的智能化、适老化需求回应能力不足。首先，对于青年人群在数字消费中表现出的智能化和个性化消费需求，河南省现有的数字消费供给能力有限。虽然河南省在数字消费终端领域中有一定的竞争力，但多元化程度较低。智能健康设备、VA/AR等新智能穿戴设备以及智能健身设备等产品供给较弱，上述领域不仅是目前青年数字消费中的强劲新增长点，而且是进一步销售数字服务的硬件基础。在目前的市场生态下，往往是消费者购买了某一品牌的数字消费终端后，才会进一步购买该品牌推出的增值服务，从而在实体数字终端消费的基础上进一步扩容数字服务消费，形成数字消费的二次扩容。所以，河南省在上述领域的滞后发展现状显著抑制了数字消费的扩容。其次，受教育水平和认知水平的约束，河南省老年人口对数字消费仍存在一定的抵触和排斥，而数字产品和平台的适老化改造不完全也提高了老年群体消费数字产品的门槛。而老年消费者在互联网中的整体声量较小，甚至"隐形"的现状进一步加大了数字消费供给方根据老年群体实际情况进行调整和改善的难度，导致一些新型数字服务消费将老年人口边缘化，如美食推荐、在线翻译等软件基本都默认受众为中青年群体，而选择性地忽略了老年群体的需求。即使是与老年群体密切相关的医疗服务，也存在如公众号预约难、检测报告手机查询难等一系列问题。供给端存在的不适老问题已经从某种程度上抑制了银发群体数字消费需求扩容，亟须多方努力以提高供给端对老年消费者数字需求中存在问题的回应程度和改进速度，从而系统性地构建老年友好的数字消费供给形态。

（四）数字消费平台基础条件优越，但发展水平不高

平台企业推动传统零售业向线上转型发展，显著降低了传统线下零售业中信息不对称对全社会造成的福利损失，一方面助力实体企业降本增效，另一方面为消费者提供丰富精准的消费选择，在河南省数字消费需求扩容中发

挥核心节点作用。河南省人口规模大、交通基础设施完善，为数字消费平台企业的发展提供优越的基础条件。经过多年的培育发展，河南省出现了如UU跑腿、酒便利以及锅圈食汇等一系列特色平台企业。但整体而言，河南省优质数字消费平台企业数量少且规模小，其辐射范围多在河南省内部，甚至仅辐射省内一些主要城市。数字消费平台发展水平不高的现状显著制约了平台企业对河南省数字消费扩容提质的促进作用。

四 河南省数字消费扩容的现实路径

（一）数字消费基础设施升级

数字消费基础设施是数字消费扩容的硬件基础，要在进一步加大数字消费基础设施建设力度的同时提高数字消费基础设施的运营管理和服务保障能力。首先，应在加大新数字基础设施建设力度的同时，对传统消费基础设施进行数字化升级改造，建新改旧，在提高5G基站、光纤宽带、大数据算力中心以及数字化物流配送体系等为数字消费扩容提供核心支撑的基础设施建设水平的同时，提高互联互通水平，形成数字消费新基建体系。其次，应重点提升数字消费基础设施的管理和运营水平，新型基础设施对运营管理人才和模式提出了更高的要求，一方面，应通过招才引智和本地培养等方式为数字消费基础设施的管理和运营提供高质量人才；另一方面，应积极对当下的运营和管理模式进行适应性改革，以充分发挥数字消费基础设施对数字消费的扩容提质作用。再次，应重点关注数字消费新基建的区域和城乡协调发展，提高数字消费新基建的普惠程度，为进一步释放长尾市场的消费潜力提供基础设施保障。应进一步提高5G基站在农村地区的覆盖程度，扩大千兆光纤的覆盖范围，提高长尾市场的触网率。同时，应加快建设农村地区的物流配送体系，降低触网的"最后一公里"成本。最后，充分发挥政府在数字消费新基建建设过程中的主导作用。统筹运用财政政策、税收政策、专项债以及政府和社会资本合作模式等政策手段。政府应积极引导社会资本流入数字消费新基建的建设、管理和运营领域，与社会资金和人才形成合力，为河南省数字消费扩容提供基础保障。

（二）数字消费供给升级

数字消费供给升级的重点在于提升供给侧对异质性数字消费需求的适配能力。首先，对于青年数字消费者的智能化和个性化消费需求，应推进智能数字消费终端产业发展，河南省应大力支持包括移动智能终端、智能穿戴设备、智能健康及健身设备等在内的智能消费终端的发展。进一步地，通过智能终端设备促进数字服务消费，加速形成多元化、个性化的数字服务供给产业体系，促进数字消费扩容提质。其次，对于中年数字消费者的消费需求，应通过大数据手段对消费内容和渠道等要素进行分析，为消费者提供高效精准的路径推荐，降低理性消费者筛选比较消费信息花费的时间和机会成本，提高数字消费的转化率，推动河南省数字消费的理性扩容和社会福利的整体增进。最后，对于老年数字消费者的简便化和适老化数字消费需求特点，应加大科技助老力度。一方面提供更适老和智能便捷的产品，贴合老年人的消费需求，降低老年消费者使用智能产品的难度，比如老年人因身体机能下降，对健康治疗类设备有更高的需求，应加强此类设备的适老化改造，同时提供针对老年消费者的特殊售后服务。另一方面加速推动数字消费渠道的适老化改造，不仅要进行方言适配改造和字体放大等内容优化，更要通过畅通售后和退货退款渠道，消除老年消费者在数字消费中的后顾之忧。

（三）数字消费需求升级

河南省数字消费需求升级的关键在于充分发挥数字经济的增收作用，以及进一步创新消费场景。首先，无论是实体消费需求还是数字消费需求，其核心约束都在于可支配收入水平，需进一步发挥数字经济的增收作用，在稳步均衡提升全省居民可支配收入水平的基础上，重点提升下沉市场的收入水平，从而对下沉市场消费潜力的充分释放形成实质支撑。应通过平台电商经济和直播消费形式加速推动农村电商的高质量发展，以完善电子商务支撑体系为基础。一方面，要培养电商人才，通过电商人才带动当地行业发展；另一方面，要增强品牌意识，打造优质农产品品牌，进一步提高产品知名度，提高产品转化率。其次，应加速典型数字应用在消费场景中的推广进程，以重点城市的核心商圈为先期试点，通过大数据、人工智能以及高精度空间计算等数字技术将线下场景虚拟化、线上化，为构建 AR 逛街、VR 购物等数字化沉浸式消费场景打下基础，加速实体消费和数字消费的融合。

（四）数字消费载体升级

平台降低供需两端信息沟通成本，不仅可以向需求端投放精准且丰富的信息，从而提高数字消费需求端响应速度，促进数字消费扩容，而且可以帮助企业及时捕捉市场变化，为从供给端扩容数字消费提供核心支撑。河南省应从积极引入头部平台企业和培育本土平台企业两方面入手对数字消费载体进行升级。首先，头部企业的引入不仅可以丰富河南省数字消费需求选项，促进数字消费扩容，也可以拓宽河南省优质产品销路，通过优质产品"走出去"提高居民可支配收入，从而间接提高河南省的数字消费需求。其次，应着力构建"雏鹰—瞪羚—独角兽"的本土平台企业梯度培育体系，对本土优势平台企业进行重点培养。培育本土平台企业，有助于数字消费扩容，通过农产品上行提高下沉市场的收入水平，进而对形成"收入提高—消费扩容"的螺旋上升机制发挥重要作用。进一步加强本土平台企业对河南省上下游产业链的纵向整合能力，以加强对本土供应企业资源的整合能力，精准连接供需两端。一方面，提升产业发展水平，增加收入；另一方面，丰富需求选择，扩大其在细分领域的既有优势，进一步挖掘省内市场潜力并加快拓展省外市场。

B.10
河南省绿色消费发展研究

杨 旭*

摘 要： 河南省绿色消费领域整体发展程度较低，在能源消费方面存在总量和结构上的问题，在新能源汽车、绿色食品、绿色家居等领域时有亮点，呈现消费理念单一、供给端推动和增速分化等特点。随着河南省逐步落实长期可持续发展各项规划，绿色消费将深度融入日常生产生活，供给侧驱动和需求侧驱动并行，商品消费和服务消费并重。

关键词： 绿色消费 新能源汽车 消费理念

2015年通过的《巴黎协定》旨在大幅减少全球温室气体排放，推动可持续发展。实现可持续消费和生产是可持续发展的一项基本要求，绿色消费作为全过程贯彻绿色低碳理念的消费行为，对促进经济社会发展、全面绿色转型具有重大意义。绿色消费的概念由来已久且比较宽泛，1987年英国在《绿色消费者指南》中总结了绿色消费的特征，1994年联合国环境规划署发布的《可持续消费的政策因素》报告提出了可持续性消费的概念。广义的绿色消费包括低碳消费、经济消费、安全消费、可持续消费和新领域消费五个层次，本报告所指的绿色消费是经济主体在经济活动中以降低能源消耗为主的全部生产和消费活动，是广义的绿色消费概念（包括减少碳排放、提高回收再利用水平、生态保护等）。根据消费中碳排放强度来看，能源、交通、食品和居民生活等是碳排放集中的领域。

---

* 杨旭，河南省社会科学院商业经济研究所研究实习员，研究方向为金融、国际贸易、服务贸易。

一 河南省绿色消费发展现状

伴随贯彻新发展理念，做好碳达峰碳中和工作，河南省制定出台了《碳达峰实施方案》和《加快建立健全绿色低碳循环发展经济体系的实施意见》等政策，但侧重于全产业体系和生产端的绿色低碳发展，尚未出台针对绿色消费的具体政策，整体绿色消费发展程度较低。进入新发展阶段以来，河南省绿色消费理念逐渐增强，节能意识增强，绿色家电消费等领域增长动能强劲。2022年京东发布的"双11"河南省区域消费数据显示，河南消费者购买的商品，超半数是绿色节能商品，绿色商品消费渗透率全国第一，绿色家电消费渗透率全国第三。随着绿色发展思想不断深入人心，节能减排技术不断迭代升级，绿色商品不断涌现，河南省绿色消费持续蓬勃发展。

（一）河南省绿色能源消费潜力巨大

河南省能源消费仍以煤炭等化石能源为主，可再生能源利用水平随着社会节能减排的不断推进快速提升。放眼全国，河南省绿色能源生产和消费均处于弱势地位，亟须加强。河南省与能源消费相关的碳排放规模巨大，碳排放强度偏高，高碳能源消耗大而低碳或零碳能源消费占比小。

1. 能源消费整体仍以化石能源为主

2021年，河南省能源消费总量为23501万吨标准煤，其中煤炭、石油、天然气占能源消费总量的比重分别为63.3%、15.7%、6.4%。能源消费仍以传统化石能源为主，特别是煤炭消费占比仍然较高。如图1所示，2017~2021年河南省能源消费结构持续优化，总体保持稳定，其中煤炭消费占比由2017年的71.6%下降至2021年的63.3%，一次电力及其他能源消费占比由2017年的8.0%上升至2021年的14.6%。与全国其他省份相比，河南省煤炭消费占比偏高，2021年河南省煤炭消费占比比全国煤炭消费占比（56.0%）高7.3个百分点。河南省能源消费中化石能源消费占比较高，同时高于全国平均水平。

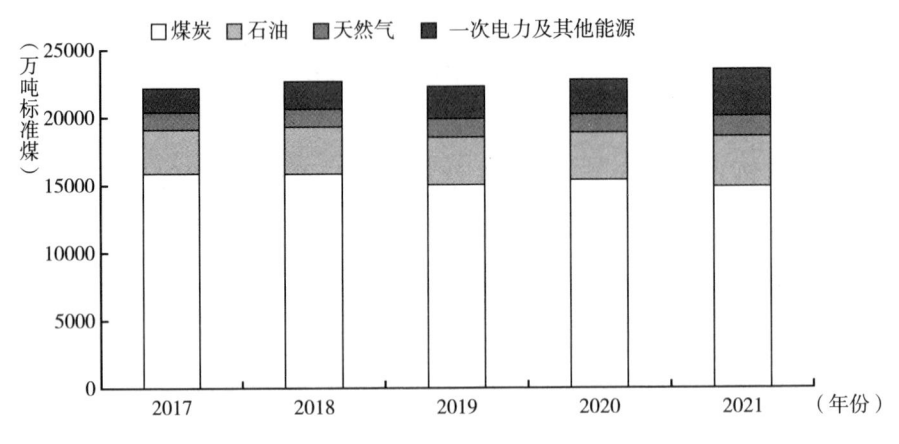

图 1 2017~2021 年河南省能源消费总量及构成

资料来源：历年《河南统计年鉴》。

2. 可再生能源利用规模增长迅速

随着加快构建清洁低碳、安全高效的现代能源体系，推动全省碳达峰碳中和工作开展，河南省可再生能源利用规模迅速增长。截至 2023 年 8 月，从发电装机情况来看，全省装机容量达 13159.06 万千瓦，比上年同期增加 1604.72 万千瓦。其中，风电装机容量为 2009.52 万千瓦，占比为 15.27%；太阳能装机容量为 3304.49 万千瓦，占比为 25.11%。从发电量来看，全省发电量达 344.07 亿千瓦时。其中，太阳能发电量为 38.78 亿千瓦时，同比增加 78.70%。如图 2 所示，2017~2021 年河南省一次电力发电量中太阳能发电量和风力发电量均呈现逐年增长的趋势。2022 年，河南省可再生能源发电装机容量和发电量双双迈上新台阶，其中，可再生能源发电装机容量突破 4900 万千瓦，同比增长 21.9%；可再生能源发电量突破 820 亿千瓦时，同比增长 24.6%，占全社会用电量的比重突破 1/5。

3. 能源消费相关的碳排放形势严峻

从能源消耗总量、能源利用效率和能源使用结构等多方面来看，河南省能源消费面临碳排放巨大的压力。从能源消耗总量来看，据初步核算，河南省能源相关的碳排放量占全国能源相关碳排放总量的 5% 左右，在全国的排

□2017年　■2018年　■2019年　■2020年　⊡2021年

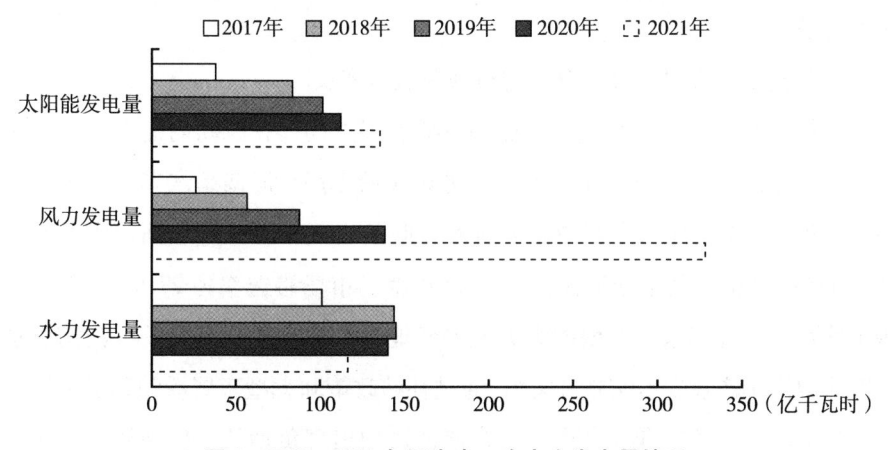

图2 2017~2021年河南省一次电力发电量情况

资料来源：历年《中国能源统计年鉴》。

名靠前，落实碳达峰碳中和工作十分艰巨。2022年，河南省全年用电量为3908.18亿千瓦时，全年发电量为3329.13亿千瓦时，电力缺口达579.05亿千瓦时，促使增加火力发电建设，加大碳排放压力。实际上，2022年河南省火力发电量同比增长11.45%。从能源利用效率来看，河南省能耗强度和碳排放强度虽呈稳步降低的趋势，但相较于先进地区仍有待进一步降低。2019年全省能耗强度是北京的近2倍，碳排放强度是北京的近4倍，人均二氧化碳排放量比北京高1.3吨。从能源使用结构来看，全省工业碳排放量占总排放量的80%左右，其中约有一半用于电力生产，而发电主要来源于煤炭燃烧。从碳排放来源看，全省80%左右的碳排放来自煤炭燃烧，煤炭消费占比突出问题越来越明显。

（二）河南省绿色交通消费稳步升级

河南省在交通领域的绿色消费主要集中在新能源汽车和相关设施消费、公共交通消费两个部分。受益于我国新能源汽车产业的蓬勃发展，新能源汽车销量屡破新高，河南省新能源汽车销售呈现爆发式增长。河南省公共交通领域绿色出行水平优于全国平均水平，其中一部分原因归功于宇通新能源客

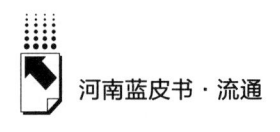

车的普及。

1. 新能源汽车销量及公共充电桩数量显著增长

新能源汽车产业作为汽车产业的重要发展方向，在拉动内需促进消费和节能减排绿色转型两个方面发挥着不可替代的作用。河南是汽车生产大省和消费大省，在新能源汽车产销方面有着亮眼的表现。2022年，河南省共销售新车1157099辆，其中新能源汽车322301辆，市场渗透率为27.9%，超过全国平均水平。近年来，河南省大力发展新能源汽车产业，出台了《河南省加快新能源汽车产业发展实施方案》，通过补贴政策和大型车展活动积极促进新能源汽车消费。2021年，河南省整车产销量均出现负增长，但新能源汽车产销量逆势上扬，产量同比增长34.7%，销量同比增长37.0%，体现了新能源汽车强劲的发展动力。2021年，河南省公共充电桩保有量为4.4万个，保有量占比为3.84%，排在全国第9位。河南省新能源汽车消费及公共设施保有量快速增长，有力促进了河南省绿色消费发展，支持了社会绿色低碳转型。

2. 公共交通步伐不断加快

城市公共交通作为社会公益性事业和重大民生工程为社会公众提供了基本的出行服务。发展公共交通对倡导绿色出行，减少资源消耗，实现可持续发展具有重要意义。如图3所示，河南省公共交通标准运营车辆数和出租汽车数均呈现增长态势，社会公共交通保障能力不断提高。自党的十八大以来，河南省积极发展新能源公共交通，2021年全省新能源公交车数量达3.5万辆。氢燃料电池公交车投入运营。截至2019年底，河南省新能源出租汽车达4.1万辆，其中，新能源巡游出租车有2.1万辆，新能源网约车有2.0万辆。[①]

轨道交通方面，自党的十八大以来，郑州、洛阳开通地铁运营线路10条，运营里程达265公里，年客运量达4.4亿人次。如表1所示，2019～2021年郑州市轨道交通年客运量、线路长度、车站数、车辆数指标整体呈增长态势。洛阳城市轨道交通也实现了从无到有的跨越，2021年洛阳城市

---

① 《习近平总书记赴上海考察并主持召开深入推进长三角一体化发展座谈会纪实》，河南省人民政府网站，2023年12月5日，https：//www.henan.gov.cn/2023/12-05/2859809.html。

```
       ◆ 公共交通标准运营车辆      ■ 出租汽车
```

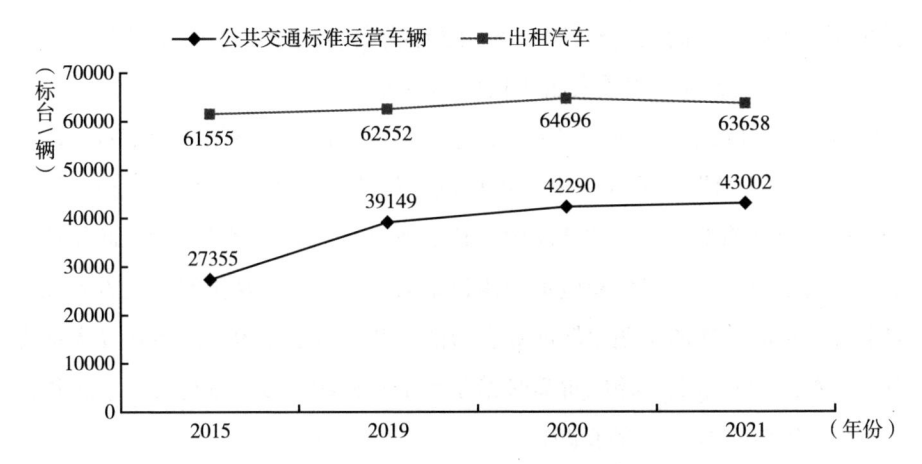

图3　2015年和2019~2021年河南省公共交通标准运营车辆和出租汽车情况

资料来源：历年《河南统计年鉴》。

轨道交通公用设施建设固定资产投资额（在建）为644428万元，城市轨道交通线路长度（在建）为41.19公里。轨道交通在公共交通出行中的分担率日益提升，逐渐成为公众绿色出行的主流。

表1　2019~2021年郑州市轨道交通情况

年份	轨道交通全年客运量(万人次)	城市轨道交通线路长度(公里)	城市轨道交通车站数(建成)(个)	城市轨道交通配置车辆数(建成)(辆)
2019	41126	143.10	92	145
2020	34101	215.52	152	239
2021	43609	206.40	152	234

资料来源：历年《郑州统计年鉴》《中国城市建设统计年鉴》。

（三）河南省绿色家电家居消费闪现亮点

在家电家居升级换代和县乡消费水平不断提升的背景下，河南省绿色家电和绿色家居消费呈现诸多亮点。

1. 绿色家电成为潮流，更注重产品质量提升

2023年1~6月，家电行业实现营收9145亿元，同比增长7.1%；实现利润674.9亿元，同比增长20.2%。随着我国步入家电更换高峰期，加之《关于促进绿色智能家电消费若干措施的通知》等政策出台，绿色家电消费正成为一种新的风尚。河南省绿色家电消费增长强劲。从销售额来看，2019年河南省"双11"期间家用电器销售额排第3位，2021年排第1位。2022年，在河南省消费者购买的商品中，超半数是绿色节能商品，绿色商品消费渗透率居全国第一，绿色家电消费渗透率居全国第三。从国家和地方政策导向来看，家电消费的主题也转向绿色智能，政策鼓励家电生产企业加大优惠力度，对消费者采取按照电价20%给予6个月补贴等方式进行支持，还积极探索废旧家电"变宝"的新路径。

2. 绿色家居产业升级带动作用显现

随着绿色消费理念逐渐深入人心，绿色家居产品受到消费者欢迎。《关于恢复和扩大消费的措施》对提升家居智能化绿色化水平做出了明确规划，在加快健全绿色产品标准、认证、标识体系，拓展绿色家居产品认证范围等方面做出了相关规定。河南省绿色家居产业集群延链，有力提升了绿色家居产品供给能力，推动绿色家居消费升级。濮阳市清丰县积极发展家居产业，从"木工之乡"转变为如今的"家居之都"，已建立起家居支柱产业。近年来，信阳市积极构建未来人居全产业链，绿色家居产业集群入选河南省2023年中小企业特色产业集群，产业集聚发展水平居全省细分领域前列。绿色家居产业转型升级有力地带动了绿色家居消费等一系列环保低碳新选择。

（四）河南省绿色食品消费呈现新变化

食品产业是河南省的传统优势产业，随着人民生活水平的提高，食品产业发展也进入新阶段。绿色食品消费作为新兴食品消费业态呈现新的发展特点。

1. 绿色食品发展标准逐步细化

近年来，河南省绿色食品产业发展势头良好，总体规模进入全国第一梯队，在推进全国绿色食品原料标准化生产基地建设方面走在全国前列。《河南省"十四五"乡村振兴和农业农村现代化规划》提出，到2035年基本建成绿色食品业强省的目标。《河南省绿色食品集群培育行动计划》规划在冷链食品、休闲食品、特色功能食品、预制菜、数字赋能、品牌设计六大领域实施升级行动。2020年，河南省新通过绿色食品标志许可1212个，占全国增量的10.4%；新批准创建全国绿色食品原料标准化生产基地52个，占全国增量的74.2%，创建全国绿色食品原料标准化生产基地1502万亩，生产基地面积首次突破1500万亩，标志着占全省12%的耕地实现绿色食品原料标准化生产。河南省绿色食品标准逐步细化，为丰富绿色食品消费品类、提升绿色食品消费质量奠定了坚实的基础。

2.绿色食品消费品类日益丰富、业态更加多元

随着民众生活水平的不断提高，绿色食品消费品类不断丰富，生鲜冷链食品、新型休闲食品、特色功能食品、预制菜纷纷涌现。截至2022年，河南省冷链食品加工业产值规模近1600亿元，冷链物流规模达1800亿元，郑州、商丘、新乡和漯河四地入选国家级骨干冷链物流基地，已初步形成了较完备的产业体系和特色产业集群。《河南省休闲食品学科与产业发展研究报告》显示，我国休闲食品行业市场规模近10年年均复合增长率达15%以上，远高于食品行业年均6.5%的增速。休闲食品已成为河南省食品产业的优势产业链之一。近年来预制菜快速发展，逐渐进入民众视野，2022年国内预制菜市场规模为4196亿元，同比增长21.3%，预计2023年市场规模将达到5156亿元。截至2022年底，河南省预制菜相关企业达4562家，居全国第4位，拥有6家头部预制菜企业，数量居全国第9位。河南省绿色食品品种类和业态不断丰富，为绿色食品消费带来更多选择。

（五）河南省生态文旅消费刚刚起步

生态文旅消费是河南省促进绿色消费的重要组成部分。河南作为文化大省、旅游大省，坚持绿色导向，引领文旅产业提档升级。

河南省文化旅游产业积极践行低碳生活、绿色出行的环保理念，倡导低碳普惠旅游。2017年，河南汝阳第十六届杜鹃花节·炎黄文化节活动期间，

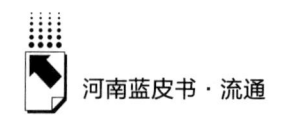

汝阳县旅游局通过碳普惠（河南）运营中心获得31吨来自洛阳鑫宏农业开发有限公司造林项目2016年度产生的核证林业碳汇量，并将其用于抵消开幕式排放的二氧化碳气体，实现碳中和。

整体来看，河南省文化旅游方面的绿色消费仍处于起步阶段。一是文化旅游生态效益较低。大部分景区尚未建立绿色低碳循环发展的旅游经济体系，文化旅游服务水平和精准度不够。二是关于环境保护的市场监管不足。保护与开发没有实现有机统一，仍存在借文化旅游开发之名破坏历史文物和生态环境的不良行为。三是绿色发展理念没有深入人心。绿色开发、绿色消费的思想还未深入景区运营人员和广大游客。

二 河南省绿色消费主要特点

绿色低碳生活已成为所有人的共识，但如何践行绿色低碳生活理念仍没有明确的模式。河南省绿色消费整体水平仍然偏低，但绿色消费发展速度较快。整体来看，在重点领域绿色消费水平仍然较低，部分发展较好的绿色低碳产业，其绿色消费水平也较高，呈现高度正相关关系。河南省绿色消费水平主要由供给端的发展决定。

（一）绿色消费热情高涨，绿色消费理念有待提升

从绿色商品消费渗透率和绿色家电消费渗透率指标可以看出，河南省绿色消费比例不仅超过中部地区其他省份，更超过了部分沿海发达省份，反映了河南省消费者对绿色商品的偏爱，他们热衷于绿色消费。整体来看，河南省绿色消费理念仍不成熟，消费者对绿色商品的感性选择大于理性选择，对绿色商品背后的生产过程不够清楚，也不明确单次消费行为和单个消费商品带来的碳减排等环保效果。绿色消费是融入绿色发展的，绿色发展是新发展理念的重要组成部分。绿色消费同时是绿色低碳生产方式和生活方式的具体体现。由此观之，河南省绿色消费理念需进一步完善。

（二）供给端力量有待加强，消费端传导有限

绿色消费对改变不可持续的生产生活方式具有决定性意义。马克思政治经济学认为，消费不仅是生产的终点，也是生产的起点。消费不但可以实现生产，也可以促进生产，同时影响交换和分配。绿色消费如此重要，是可持续生产生活的起点，但不应仅成为消费者的义务，而应成为社会绿色低碳产业发展、绿色技术升级的不竭动力。目前，我国碳排放主要由电能源消费总量和能源消费结构决定，河南省能源消费总量居于全国前列，能源消费结构仍过度依赖传统煤炭等化石能源，整体来看绿色产品，特别是绿色能源产品供给力量薄弱。供给端绿色产品需要向消费端传导才能真正实现可持续替代，目前虽已达成广泛的社会认同，但在消费端传导绿色消费的过程仍不顺畅。例如，可再生能源绿色电力证书全覆盖的要求在2023年8月刚刚下发，社会绿色电力消费仍处于起步阶段。绿色建筑、绿色建材的应用仍处于宣传、培训、推广阶段，消费者对于什么是绿色建材，绿色建材认证标识、绿色建筑评价标准等都在逐步了解中。

（三）绿色消费增长迅速，行业分化明显

河南省风电光伏发电领域和新能源汽车领域增长迅速。在风电领域，河南省充分利用国家的新能源支持政策，按照"风电与环境"相结合的绿色能源理念，谋划了华能安阳汤阴风电场、华润内黄40万千瓦平原低风速风电场等一批重大风电项目，2018～2019年新增并网规模居全国第一。近年来，河南省已建成许昌许继、安阳金风、信阳明阳、濮阳GE 4个风机生产基地，带动洛阳双瑞、洛轴轴承等风电零部件企业发展，形成了相对完整的产业链条，创造年产值超过30亿元。在光伏发电领域，2022年河南省新增光伏总装机容量达777万千瓦，全国排名第三，其中分布式光伏新增装机容量达774万千瓦，位居全国第一。同时，分布式光伏电站的收益增加了乡村家庭收入，改善了家庭生活。在新能源汽车领域，2022年河南省新能源汽车销售32.23万辆，绿色消费渗透率为27.9%，超过了全国平均水平。2022

年，河南全省新能源汽车整车出口辆为 1.5 万辆，同比增速达 343.1%。在部分领域绿色消费迅速增长的同时，行业间的消费差距日益明显。从产业划分来看，工业碳排放量约占碳排放总量的 68%，属于碳排放的主要"贡献者"。这部分是与绿色消费间接相关的，与绿色消费直接相关的最终商品和服务碳排放有限，绿色消费的作用不明显。在"三端共同发力体系"中，可再生能源发电量增长迅速，但在工业能源消费领域发展相对不足，特别是在固碳端生态碳汇和碳捕集技术方面绿色消费应用仍然有限。

三　河南省绿色消费发展趋势

随着"双碳"目标的不断推进和人们对美好生活要求的日益提高，河南省绿色消费将持续实现优化发展。绿色消费理念将逐渐渗透社会生活的方方面面，在供给侧和需求侧新的产品、新的服务模式将不断涌现，呈现互相促进的态势。绿色消费也将从目前局限于商品的消费转变为更加注重服务过程的绿色低碳。

（一）绿色消费深度融入日常生产生活

以绿色消费为代表的低碳社会将逐渐成为社会发展的主流。根据河南省关于促进消费和推进"双碳"目标的工作安排（见表2），将在各生产生活环节推动绿色消费，以制度型安排和定量目标鼓励企业个人等社会主体落实绿色消费计划。例如，有关能源消费方面，《河南省新能源和可再生能源发展"十四五"规划》明确，"十四五"期间，可再生能源在一次能源消费增量中占比超过 50%，非化石能源占一次能源消费总量的比重在 16% 左右。2025 年，全省可再生能源电力总量消纳责任权重达 32.2% 以上，可再生能源电力非水电消纳责任权重达 25.9% 以上。"十四五"期间，可再生能源发电量增量在全社会用电量增量中的占比超过 50%。《河南省碳达峰实施方案》在增强全民节能降碳意识、推广绿色低碳生活方式方面制定了具体规划。综合来看，绿色消费将深度融入包括中间消费和最终消费的全产业链，同时只有绿色消费理念真正落实到生产、分配、流通、消费全部环节，才能真正实现可持续高质量发展。

表2 河南省涉及绿色消费的部分文件及其主要内容

发布日期	文件名称	主要内容
2023年4月17日	《河南省新能源和可再生能源发展"十四五"规划》	鼓励新能源设备制造、汽车、互联网等企业提高绿色能源使用比例，建立农村清洁能源分布式生产消费体系
2023年3月27日	《河南省推进碳达峰碳中和暨绿色低碳转型战略2023年工作要点》	确保非电行业煤炭消费总量不增加；2023年，全省节约型机关、绿色出行、绿色商场和绿色社区达标率分别达到80%、60%、40%和63%
2023年2月7日	《河南省制造业绿色低碳高质量发展三年行动计划（2023—2025年）》	到2025年，培育100个绿色设计产品和节能节水技术装备产品，建设100家数字化能碳管理中心
2023年2月6日	《河南省碳达峰实施方案》	评选宣传一批优秀示范典型；支持发展共享经济，构建绿色产品流通体系，拓展绿色产品消费市场，提升绿色低碳产品市场占有率
2022年8月8日	《河南省"十四五"节能减排综合工作方案》	推进落实居民消费品挥发性有机物含量限制标准
2022年7月15日	《河南省进一步释放消费潜力促进消费持续恢复实施方案》	发展绿色消费，选树一批绿色低碳家庭典型
2022年2月23日	《河南省"十四五"生态环境保护和生态经济发展规划》	健全废旧物资回收分拣和循环利用体系，推动废旧家电、消费电子企业采取"逆向回收"等模式
2021年8月18日	《河南省人民政府关于加快建立健全绿色低碳循环发展经济体系的实施意见》	加大政府绿色采购力度，加强对企业和居民采购绿色产品的引导，加强绿色产品和服务的认证管理

资料来源：根据公开数据整理。

（二）由供给侧驱动转变为供给侧需求侧共同驱动

不论是新能源汽车消费还是分布式光伏电站建设，都是由供给侧驱动引领的绿色消费模式。随着绿色低碳发展观念逐步深入人心，绿色消费也逐渐转变为由供给侧和需求侧共同驱动的模式。在政府层面，《河南省人民政府关于加快建立健全绿色低碳循环发展经济体系的实施意见》中提到要加大政府绿色采购力度，落实国家节能产品、环境标志产品优先采购和强制采购政策，逐步将绿色采购制度扩展至国有企业。同时加强绿色产品和服务认证管理，严厉打击虚标绿色产品行为，有关行政处罚等信息纳入国家企业信用信息公示系统（河南）；在企业层面，社会责任情况披露将成为企业信息公开的一项重要内容，一方面生产企业将通过中间商品绿色采购影响上游供应商的生产偏好，另一方面将通过提升自身商品的绿色价值获得补贴奖励、引导消费者绿色消费。例如，苹果公司早在2020年就宣布，公司计划到2030年，在全部业务、生产供应链和产品生命周期实现碳中和。这意味着苹果公司不仅要求自身实现碳中和，更要求在上下游产业链的所有公司实现碳中和。在个人层面，消费者将逆转只能被动接受商品或服务的局面，有望通过消费倾向、消费模式、消费路径等影响企业和社会组织的生产行为，促进其实现绿色化低碳化转型。

（三）由商品消费逐步转向服务消费

在绿色消费中，能源消费和工业品消费相关的碳排放量占碳排放总量的比重较大，现阶段绿色消费的重点仍是能源和工业品消费。实际上，包括交通运输、商务服务在内的服务业在绿色消费中的重要性也将不断提升。绿色服务消费主要包括三个层次：一是与绿色商品相关的服务消费，二是绿色服务及新型服务业，三是保障性服务。与绿色商品相关的服务消费方面，主要是商品维修和资源回收服务。近年来，废弃电子电器回收率不断提高，京东发布的《2021中国电器新消费报告》显示，超过41%的消费者在购买电器时会选购相关电器服务，参与手机回收、家电回收的消费者人数持续快速增长。绿色服务及新型服务业方面，在批发和零售业中限制过度包装的强制性国家标准已经公布，在住宿和餐饮业中减少使用一次性用品已成为经营者和消费者的共识，在交通运输业中绿色低碳运输方式正加快形成。新兴的共享经济借助数字化技术成为全行业的绿色化转型新选择。保障性服务方面，绿色金融、绿色税收、绿色科技等不仅自身正在实现绿色化转型，也在保障其他行业绿色化转型中发挥独特的作用。绿色消费由商品消费逐步转向服务消费是社会可持续发展的必然路径。

四 促进河南省绿色消费发展的对策建议

党的二十大报告提出:"倡导绿色消费,推动形成绿色低碳的生产方式和生活方式。"促进河南省绿色消费发展既是社会发展规律的内在要求,也是贯彻落实党的二十大精神的必然路径,更是锚定"两个确保"实施绿色低碳转型战略的关键一招。绿色消费作为新兴消费类型必须加强顶层设计,立足长远规划,以重点领域消费绿色转型带动全社会转型,持续将扩大内需作为促进河南省绿色消费发展的根本动力。

(一)加强顶层设计,营造友好便利的绿色消费环境

要加强河南省绿色消费的顶层设计安排,立足长远进行规划,既要顺应时代发展要求响应国家宏观政策,也要指导企业、居民、部门实践。应尽快出台河南省绿色消费相关实施方案。加强顶层设计,营造友好便利的绿色消费环境。一是要配合落实国家"双碳"目标,贯彻绿色新发展理念,制定符合河南省实际的绿色消费发展目标,明确政府、企业、居民各部门目标责任。二是扩大绿色低碳商品服务有效供给,增加绿色消费的品类,提升绿色消费的质量。三是加强宣传引导工作,绿色消费离不开社会各界的共同努力,消费者只有从观念上认同绿色消费理念,才能真正自觉地选择绿色消费。要配套各项奖补政策,切实降低绿色消费成本,推动电力"绿证"制度落实,建立评价体系等,保障绿色消费者的各项权益。四是加强各项制度保障,推动数字技术赋能高耗能领域绿色化转型,打造可持续能源网络和绿色交通网络,加强绿色金融支持等。

(二)促进重点领域消费绿色转型

要实行有差别的绿色消费制度,对不同行业不同领域要区别考虑,既要大

力促进新能源汽车消费，又要针对河南省传统产业、优势产业、转型困难产业、新型产业等进行不同安排。促进重点领域消费绿色转型：一是要加快能源领域消费绿色转型，推动可再生能源绿色电力证书全覆盖，加大分布式光伏电站安装建设力度，进一步完善分时电价政策等。二是要推动交通领域消费绿色转型，在推动交通区位优势向枢纽经济优势转变的过程中推动绿色低碳交通建设，进一步推进"公转铁"发展，大力鼓励公共交通建设运营，持续保障新能源汽车等绿色交通促消费政策。三是要促进食品加工领域消费绿色转型，加快提升食品消费绿色化水平，加强全链条粮食节约减损。推广绿色食品标识体系，在种植、存储、包装、物流等上下游产业链推广资源节约和减少污染，促进河南省传统优势产业绿色转型。四是要鼓励再生资源行业快速发展。综合考虑产品开发、生产、销售、回收利用等全过程，推广易拆解、易分类、易回收的产品设计方案。重点推进工业余热余压回收、中水回用、废气废液再利用，建设城市废旧物资循环利用体系。

（三）持续扩大内需，不断提升群众绿色消费水平

要着力增强绿色消费内生动力，持续坚持扩大内需战略，逐渐通过绿色消费来带动绿色制造和绿色服务发展，达到市场化建设绿色低碳社会的目的，真正实现社会绿色低碳可持续发展。持续扩大内需，不断提升群众绿色消费水平：一是最大化发挥财政资金"乘数"作用，引导社会和企业投资绿色消费相关领域，特别是引导社会资金投入绿色消费公共基础设施建设，投资绿色发展相关技术；二是进一步完善收入分配制度，着力提高低收入群体收入，提高劳动报酬在初次分配中的比重，健全多层次的社会保障体系；三是进一步扩大中等收入群体规模，以中等收入群体绿色消费支撑新能源汽车、生态文旅、中高端绿色产品等消费模式，提高社会对绿色产品溢价接受度；四是协调城乡差异化消费模式，在乡村消费层面着力推动绿色建材和绿色建筑普及、鼓励新能源汽车消费、定向补贴绿色家电绿色家居消费、推广生态文旅融合赋能等，在城镇消费层面重点推广绿色食品消费、鼓励选择公共交通出行、推动废旧物资循环利用等。

参考文献

俞海等：《中国"十四五"绿色消费衡量指标体系构建与战略展望》，《中国环境管理》2020年第6期。

邓振立、符玉、李虎军：《2022~2023年河南省电力行业发展形势分析与展望》，载魏澄宙、王承哲、田春筝、王玲杰、杨萌、白宏坤主编《河南蓝皮书：河南能源发展报告（2023）》，社会科学文献出版社，2022。

中国国际（佛山）预制菜产业大会组委会、艾媒咨询、《南方农村报》：《2022年中国预制菜产业发展白皮书》，2023。

毕马威、中国烹饪协会、广东省餐饮服务行业协会、深圳市烹饪协会：《潮平岸阔正悬帆——2022年中国餐饮企业发展报告》，2023。

丁仲礼：《深入理解碳中和的基本逻辑和技术需求》，《党委中心组学习》2022年第4期。

B.11
河南省城乡消费差异化研究

许元涛[*]

摘　要： 河南省作为传统农业大省，城镇化建设程度远低于东部沿海城市，二元经济结构问题突出，城乡居民收入差距较大，城乡消费总量、居民消费倾向、消费结构差异显著。为了挖掘河南省居民消费潜力，提高居民整体消费水平，本报告围绕城乡消费差异化问题，通过对河南省城乡消费总量、消费倾向、消费结构的现状进行分析，探索河南城乡消费面临的困境，进而提出健全乡村产业体系，拓展农民财产性收入来源，稳定城市住房价格，完善住房租赁市场，提升经济发展水平，优化城乡消费结构等针对性的对策建议，释放河南消费潜力，助力河南消费发展。

关键词： 城乡消费　消费倾向　消费结构

2022年中央经济工作会议提出："要把恢复和扩大消费摆在优先位置，增强消费能力，改善消费条件，创新消费场景。"改革开放以来，中国城乡融合发展成效显著，新型城镇化建设取得了巨大的成就。但在区域经济发展不平衡的长期二元经济结构影响下，中国城乡消费差距问题仍然普遍存在，尤其是在城镇化率较低的中西部地区该问题更明显。过去三年受疫情影响，居民收入预期和消费倾向受到了严重的冲击，如何有效挖掘市场消费潜力、提振居民消费信心、推动经济快速高质量发展，已经成为亟须解决的主要问题。

---

[*] 许元涛，河南省社会科学院商业经济研究所，研究方向为产业经济学。

一 河南省城乡消费现状

（一）消费总量及收支比分析

2014~2022年，河南省城乡居民人均消费总额整体上逐年上涨，消费增速保持平稳后在2020年出现大幅波动，其中2015~2019年，城乡居民消费增速全部保持在7%以上，在2020年出现负增长现象，2021年受上一年城乡居民人均消费基数的影响，创下近十年最高消费增速，达到13.93%。经数据分析不难发现，新冠疫情的影响是2020年城乡居民人均消费出现负增长的主要原因之一。从城乡对比角度来看，2014~2022年，城镇居民人均消费基本保持在乡村居民人均消费的两倍左右，乡村居民人均消费增速整体大于城镇居民。此外，2020年乡村居民人均消费增速达到5.67%，说明新冠肺炎疫情对乡村居民人均消费冲击小于城镇居民人均消费（见表1）。

表1 2014~2022年河南省城乡居民人均消费

年份	城乡居民人均消费 总额(元)	城乡居民人均消费 增速(%)	城镇居民人均消费 总额(元)	城镇居民人均消费 增速(%)	乡村居民人均消费 总额(元)	乡村居民人均消费 增速(%)
2014	11000	—	16184	—	7277	—
2015	11835	7.59	17154	5.99	7887	8.38
2016	12712	7.41	18088	5.44	8587	8.88
2017	13730	8.01	19422	7.38	9212	7.28
2018	15169	10.48	20989	8.07	10392	12.81
2019	16332	7.67	21972	4.68	11546	11.10
2020	16143	-1.16	20645	-6.04	12201	5.67
2021	18391	13.93	23178	12.27	14073	15.34
2022	19019	3.41	23539	1.56	14824	5.34

数据来源：历年《河南统计年鉴》。

2014~2022年，河南省城乡居民人均可支配收入整体上逐年增长，人均可支配收入增速整体稳定在8%左右，受新冠肺炎疫情影响，2020~2022年人居可支配收入增速波动较大，2020年由2019年的8.83%降至3.80%，下降5.03个百分点，2021年增速回升至8.06%，2022年又回落至5.26%。整体来看，2020年新冠肺炎疫情突袭而至，受全球经济形势下滑的影响，河南城乡居民人均可支配收入增速放缓。从城乡对比角度来看，城镇居民人均可支配收入逐年增长，增速整体稳定在7%左右，各年份城镇居民人均可支配收入均高于同年城乡居民人均可支配收入；乡村居民人均可支配收入亦保持逐年增长，并且增速均高于同年城镇居民人均可支配收入，其中增长速度最低的年份增速亦达到了6.23%，增速相对更为平稳。综上所述，2014~2022年，河南乡村居民人均可支配收入增速大于城镇居民人均可支配收入增速，河南城乡收入差距逐年缩小，此外，新冠肺炎疫情对河南乡村居民收入水平的冲击远低于对城镇居民收入水平的冲击，乡村居民收入增长趋势相对稳健，乡村消费潜力凸显（见表2）。

表2　2014~2022年河南省城乡居民人均可支配收入

年份	城乡居民人均可支配收入(元) 总额	增速(%)	城镇居民人均可支配收入(元) 城镇	增速(%)	乡村居民人均可支配收入(元) 乡村	增速(%)
2014	15695	—	23672	—	9966	—
2015	17125	9.11	25576	8.04	10853	8.90
2016	18443	7.70	27233	6.48	11697	7.78
2017	20170	9.36	29558	8.54	12719	8.74
2018	21964	8.89	31874	7.84	13831	8.74
2019	23903	8.83	34201	7.30	15164	9.64
2020	24810	3.80	34750	1.61	16108	6.23
2021	26811	8.06	37095	6.75	17533	8.85
2022	28222	5.26	38484	3.74	18697	6.64

资料来源：历年《河南统计年鉴》。

2014~2022年，河南省城乡居民人均收入比从2014年的2.38逐年下降到2022年的2.06，收入比整体下降0.32，城乡收入差距逐年缩小；河南省城乡居民人均支出比从2014年的2.22下降至2022年的1.59，支出比整体下降0.63，城乡消费差距逐年缩小；河南省城乡居民人均收支比差由2014年的0.15增至2022年的0.47，收支比差整体增长0.32，城乡储蓄能力差距快速扩大（见表3）。

表3 2014~2022年河南省城乡居民人均收支比例

年份	收入比	支出比	收支比差
2014	2.38	2.22	0.15
2015	2.36	2.17	0.18
2016	2.33	2.11	0.22
2017	2.32	2.11	0.22
2018	2.30	2.02	0.28
2019	2.26	1.90	0.35
2020	2.16	1.69	0.47
2021	2.12	1.65	0.47
2022	2.06	1.59	0.47

资料来源：历年《河南统计年鉴》。

（二）消费倾向（APC）分析

平均消费倾向（APC）又称消费倾向，是描述消费的重要指标，主要受收入和价格影响，指任一收入水平上消费支出在收入中的比率。2014年以来，河南省城乡居民平均消费倾向（APC）整体呈下降趋势，其中最高值出现在2014年，为0.70，其后逐年下滑，2018年稍有反弹，2020年受新冠肺炎疫情影响降至2014年以来的最低值0.65，之后两年又回到2014年以来的平均水平。整体来看，2014~2022年，河南省城乡居民平均消费倾向在0.65~0.70这一区间内波动，属于中低消费降速期，并有进一步下降趋势。从城乡对比角度来看，2014~2022年，河南省城镇居民平均消费倾向在0.60~0.68这一区间内波动，最高值出现在2014年，最低值出现在2020年，整体呈下降趋势；乡村居民平均消费倾向在 0.72~0.80 这一区间内波动，峰值出现在 2021 年，最低值出现在 2017 年，整体呈上升趋势（见表4）。

表4 2014~2022 年河南省城乡居民平均消费倾向

年份	城乡 APC	城镇 APC	乡村 APC
2014	0.70	0.68	0.73
2015	0.69	0.68	0.73
2016	0.69	0.66	0.73
2017	0.68	0.66	0.72
2018	0.69	0.66	0.75
2019	0.68	0.64	0.76
2020	0.65	0.60	0.75
2021	0.68	0.62	0.80
2022	0.67	0.61	0.79

资料来源：历年《河南统计年鉴》。

通过对比 2014 年以来河南省城乡居民平均消费倾向数据可以发现，从数值上看，近年来乡村居民平均消费倾向明显高于城镇居民；从趋势上看，城镇居民平均消费倾向呈下降趋势，而乡村居民平均消费倾向呈上升趋势。其主要原因为受房价变动等因素影响，城镇居民平均消费倾向持续降低，而乡村因新型合作医疗、农业补贴等一系列惠农政策施行，平均消费倾向逆势上涨。

（三）消费支出结构分析

2014 年以来河南省城镇居民家庭人均消费支出中占比较高的是食品烟酒类和居住类，其中食品烟酒类消费占比最大，在 25%~30% 这一区间内浮动，2014 年占比最高，达到 28.8%，在 2019 年降至最低，为 25.3%，然后逐年回升；居住类占比在 2014~2020 年持续增加，到 2020 年已经从 2014 年的 19.4% 增加至 24.2%，消费占比提升 4.8 个百分点，之后在 2021 年出现下滑。衣着类消费占比从 11.3% 下降到 7.7%，在所有类别中下降幅度最大；交通通信类和教育文化娱乐类占比相对稳定；生活用品及服务类和其他用品及服务类整体呈下降趋势，但是下降幅度有限；医疗保健类消费占比先升后降，在2019年升至最大值，占比为9.5%，之后平稳下降（见图1）。

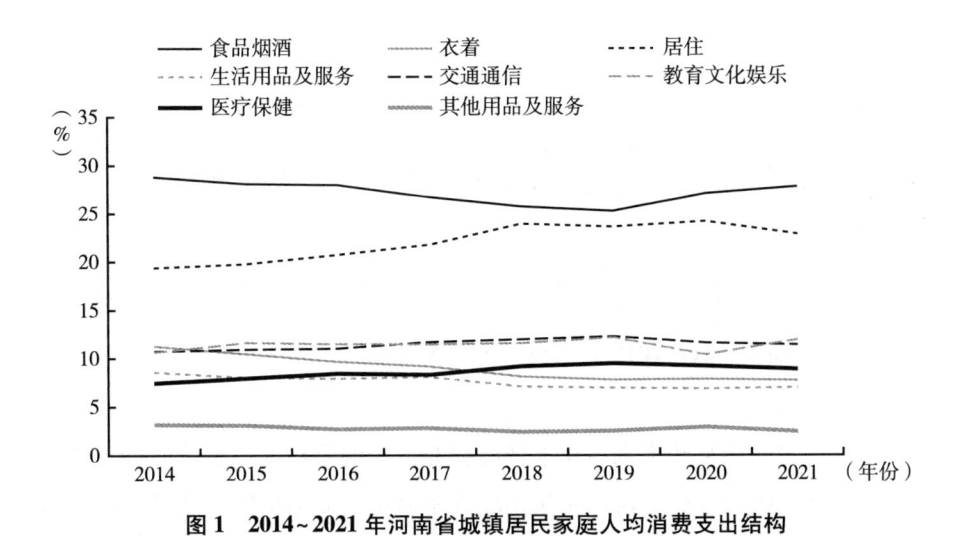

图1　2014~2021年河南省城镇居民家庭人均消费支出结构

2014年以来河南省乡村居民家庭人均消费支出中占比较高的是食品烟酒类和居住类，其中食品烟酒类消费占比最大，2014~2020年呈U形变动，2014年占比最高，达到29.6%，在2019年降至最低，为26.2%，然后逐年回升，并在2021年升至29.4%；居住类占比在2014~2020年相对平稳，2020年达到最大值22.7%。教育文化娱乐类占比从10.4%上升到12.2%，在所有类别中上升幅度最大；其他用品及服务类占比相对稳定；衣着类和生活用品及服务类整体呈下降趋势，但是下降幅度有限；交通通信类占比先升后降，2016年达到最大值14.1%，之后逐年回落；医疗保健类占比先降后升，2019年升至最大值12.7%，之后开始回落（见图2）。

从城乡对比角度来看，2014~2021年，河南省城镇居民家庭人均消费支出结构和乡村家庭人均消费支出结构相差不大，例如消费支出中占比较高的都是食品烟酒类和居住类，占比最低的都是其他用品及服务类，食品烟酒类占比都在25%~30%这一区间内波动，并且都是先降后升，但仔细对比不难

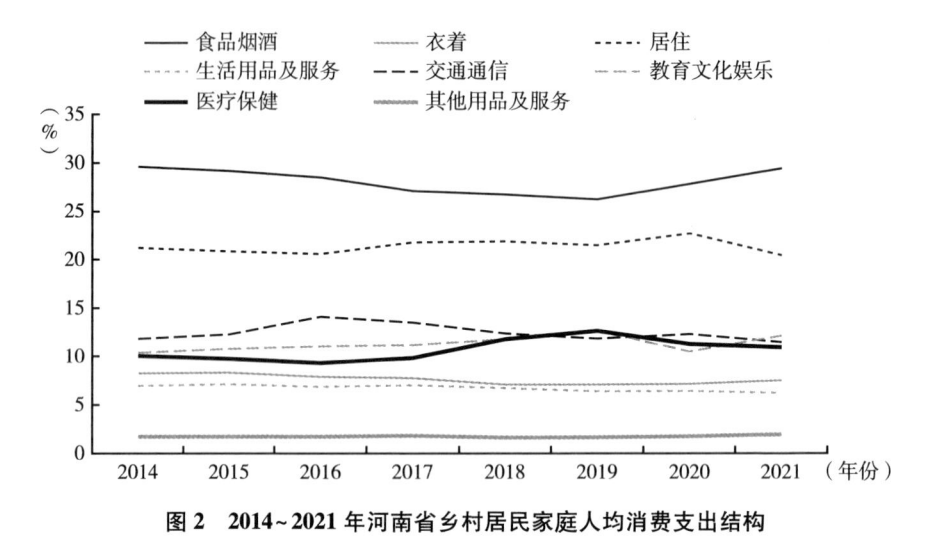

图 2　2014~2021 年河南省乡村居民家庭人均消费支出结构

发现，城乡之间在某些类别占比上依旧存在一定的差异性。具体而言，乡村食品烟酒类、医疗保健类占比每年均略高于城镇，城镇生活用品及服务类和其他用品及服务类占比又普遍高于乡村；从2021年数据来看，城乡之间衣着类占比非常接近，但城镇衣着类占比下降速度明显快于乡村；对于居住这一类，城镇波动幅度明显大于乡村，并且近年来城镇亦高于同期乡村；乡村教育文化娱乐类整体变动幅度更大，但差距非常有限。

二　制约河南省城乡消费发展困境及原因

（一）乡村居民收入水平较低，储蓄能力有待进一步提升

2014年河南省城镇居民人均可支配收入是乡村居民的2.38倍，近些年来，虽然乡村居民人均可支配收入增速大于城镇，但是2022年的数据显示，截止到2022年底，河南城镇居民人均可支配收入是乡村居民的2.06倍，城乡居民收入差距依然很大。2014年以来，河南城乡收支比差逐年增大，低收入水平显著影响了乡村居民储蓄能力，同时制约了乡村消费水平的进一步

提升。对于河南省乡村居民收入水平较低，储蓄能力不足的问题，本报告将围绕河南省城乡家庭人均收入结构展开分析。

《河南统计年鉴》显示，河南省城乡家庭人均收入结构由四个部分构成，即工资性收入、经营性收入、财产净收入、转移净收入。其中2021年城镇家庭人均收入结构为：工资性收入占比56.8%，经营性收入占比14.5%，财产净收入占比8.8%，转移净收入占比19.9。乡村家庭人均收入结构为：工资性收入占比31.6%，经营净收入占比41.4%，财产净收入占比1.3%，转移净收入占比25.6%。

1. 乡村家庭工资性收入占比较低，经营性净收入来源单一

从城乡家庭收入结构来看，一方面，河南省乡村家庭工资性收入占比偏低，其主要原因为城镇化水平不高，乡村居民对第一产业的依赖性较强，新型产业体系有待完善等。另一方面，河南省乡村家庭经营性收入占比远高于城镇家庭，但是受地理位置和国家战略定位影响，河南省经营性收入主要集中在种植业、畜牧业等第一产业上，这些行业具有明显的产品附加值低、受气候和市场环境影响较大、收入稳定性较低的特点。因此，提高乡村家庭工资性收入水平、丰富其经营性收入来源，将直接改善乡村家庭收入结构，进而提高乡村整体收入水平。

2. 乡村居民财产净收入长期偏低

《中国统计年鉴》数据显示，2021年河南省乡村居民人均财产净收入为252.6元，远低于全国平均值469.4元，而同期河南省城镇居民人均财产净收入为3275.3元，约为乡村居民的13倍，2014年以来，河南省乡村家庭人均可支配收入增速持续高于城镇居民，但财产性收入的贡献率较低。造成河南省乡村居民财产性收入长期偏低的原因主要包括：第一，乡村居民财产性收入来源较为单一，其财产性收入主要来源于银行存款利息，土地、住房等重要资产的价值没有充分发挥出来；第二，乡村居民住房自有率较高，家庭财产积累不足，缺乏市场价值较高的财产；第三，乡村土地产权机制不完善，限制了土地资源向资产的有效转化。

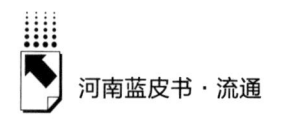

（二）城镇居民消费倾向走低，消费潜力尚可进一步挖掘

数据显示，2014~2022年，河南省城镇居民平均消费倾向从0.68下降到0.61，消费意愿持续走低。其主要原因是：城市房价偏高，拉低了城镇居民消费意愿。虽然2019年以来，在中央楼市调控政策和经济下行压力冲击下，河南省城市房价出现大幅度下滑，但是整体而言，自1998年房地产金融化开发以来，河南省商品房平均价格从1000元/米^{2}上涨到6641元/米^2，上涨幅度超过了6倍。以河南省省会城市郑州为例，2010年郑州市商品房住宅均价为5536元/米^2，2022年均价为13504元/米^2，其上涨幅度远大于城市居民人均可支配收入上涨幅度。房价的快速上涨拉低了城镇居民的消费意愿，促使更多的城镇居民以储蓄替代消费，进而增加自身的抗风险能力。

（三）城乡消费层级偏低，消费结构需要进一步优化

1. 食品烟酒类、居住类支出占比偏高，生活用品及服务类支出占比偏低

第一，近年来河南省城乡居民食品烟酒类支出占比达到27%，尤其是乡村居民在不考虑产品自产自用的情况下2021食品类支出依然高达29.4%，而发达国家食品类支出占比全部低于20%，美国则只有6.7%。食品类支出偏高主要和目前中国的发展阶段有关，刚性和生存型消费占比偏高。第二，河南省城乡居民居住类支出占比保持在20%~25%这一区间内，高于发达国家（15%~20%），其主要原因为房价偏高和租赁市场不完善，长租公寓占有率偏低。第三，生活用品及服务类，则同样是和目前中国的发展阶段有关，非刚性类需求较低。

2. 交通通信类、衣着类支出占比偏高，医疗保健类支出占比偏低

第一，交通通信支出方面，近年来河南省城乡居民交通通信支出占比在12%左右，其中乡村居民占比略高于城镇居民，几乎是美国的2倍，其主要原因在于，和美国等发达国家相比，在综合考虑居民可支配收入的情况下，中国居民的购车成本远高于西方发达国家，此外，中国交通通信类支出占比

偏高也和二手车交易市场有关。第二，衣着支出方面，2021年河南省城镇和乡村居民衣着支出占比基本一致，在7.5%左右，高于西方发达国家，其主要原因是虽然中国的服装绝对价格和西方发达国家相差不大，但在考虑国民人均收入的情况下，中国的服装价格明显偏高。第三，2014年以来，河南省城镇居民医疗保健类支出占比基本保持在9%以内，乡村居民则在新型合作医疗政策的助力下，医疗保健类支出占比仍旧高于城镇，2021年达到11%，但依然低于美国的14%。其主要原因为，目前中国的医疗保健支出仍主要集中在基础性疾病治疗类，而居民医护保健类支出意愿不强。

三 提升河南省城乡消费的政策建议

（一）健全乡村产业体系，增加农民财产性收入来源

1. 健全乡村产业体系，增加农民就业机会，增加乡村居民经营性收入来源

一方面，借助城市发展过程中的产业外溢，健全乡村产业发展体系，承接城市制造业企业转移，提升农业种植效率，减少耕地及养殖业劳动投入，逐步实现乡村地区由农业向新型工业的良性过渡，提升农民就业机会，增加收入来源。另一方面，结合河南省各地区现有资源禀赋，因地制宜，发展特色产业，培育带动性强的主导产业，通过粮食深加工，打造新型农业产业链，实现农业产业链的纵向拓展，加快乡村旅游、乡村电商、乡村物流等新业态融合发展，畅通乡村地区产品要素流通渠道，通过电商平台直播等方式，建立线上销售的长效机制，持续增加乡村居民经营性收入来源。

2. 健全乡村要素市场体系，多渠道增加乡村居民财产性收入

完善乡村产权保护、市场准入等基础制度，打通乡村资源资产化、资本化转化通道，提高居民财产性资本积累。一方面，赋予农民更加充分的财产权益，深化乡村土地制度改革，维护农民土地财产权益，推动城乡土地"同权同价"和农地"增值归农"，在保障乡村宅基地用益物权的前提下，

建立健全乡村宅基地有偿使用和退出机制。另一方面，提高乡村金融支持服务水平，持续改善乡村金融服务，着力拓展金融服务覆盖广度，增加金融覆盖深度，鼓励金融机构创新乡村金融产品和金融工具，根据乡村居民资金数额小、金融知识有限、风险承受能力不强等特点，开发出更多兼顾安全性、流动性和营利性的金融理财产品，为乡村居民提供更多、更安全的投资渠道。

（二）稳定城市住房价格，完善住房租赁市场

合理利用货币政策，稳定地价、房价和预期，加快培育住房租赁市场。一方面，遵循房地产市场发展规律，合理打通房地产商融资渠道，科学把控资金去向，做到既不过激抑制房价，又能有效控制房价过快上涨，坚持市场导向，降低财政对房地产行业的依赖性，恢复房地产产品市场定价机制，增强市场信心，提高消费者预期，提振城镇居民对住房市场的消费意愿。另一方面，加快培育和发展住房租赁市场，建立住房租赁信息政府服务平台，充分发挥政府的统筹引领作用；制定规范的住房租赁制度，在现有公租房、人才公寓的基础上扩大服务群体；积极培育住房租赁机构，鼓励民营企业探索住房租赁市场新模式，挖掘市场孵化潜力；支持房地产商多元化转型，发挥房地产开发企业人才专业储备优势，鼓励有条件的房地产开发企业建立开发—租赁一体化运营模式。

（三）提升经济发展水平，优化城乡消费结构

1. 优化城乡产业布局，提升经济发展质量和效率

第一，结合河南省乡村资源禀赋，积极布局粮食深加工产业，构建农业产业链纵向拓展体系，充分发挥农业规模优势，创新农业发展模式，打造特色新型种植业、新型养殖业，提升农业产品附加值。第二，充分利用不同城市的区位优势、产业基础，因地制宜，打造多元化产业发展体系，比如利用郑州市的人口规模、高校带动等优势，构建现代化产业体系，然后发挥其交通枢纽功能辐射周边地区；利用洛阳市现有的军工企业基础，积极开展科技

创新、技术研发，打造研发制造一体化的新型工业城市；发挥周口市沙颍河的航运功能，与安徽、江苏形成联动，与南方发达城市合作互动等。

2.促进区域协调发展，优化城乡消费结构

一方面，充分发挥城市群规模外溢效应，推进以县城为重要载体的城镇化建设，坚持城乡融合发展，畅通城乡要素流动渠道，鼓励乡村居民闲暇时进城务工，合理分配城乡劳动力，提升城市建设效率，同时提高乡村居民收入水平。另一方面，大力发展第三产业，完善城乡信贷、社会保障制度，转变传统的低消费习惯，培养人们形成适度消费的观念，优化城乡居民消费结构。

B.12
河南省"夜经济"高质量发展对策研究

乔金燕*

摘　要： "夜经济"作为拉动消费需求、拓展就业岗位、激发城市活力的重要抓手，已经成为城市竞逐的"新赛道"。本报告梳理总结河南"夜经济"发展现状及存在的问题，借鉴"夜经济"发展较好省份的经验，针对"夜经济"发展中存在的亮点缺乏、影响力不够、服务滞后等问题，提出聚焦"创意引领""文化先行""数字赋能"，聚焦"业态""品牌""宣传"，营造消费新环境、打造示范新高地，明晰发展布局、强化政策支持等对策建议。

关键词： 夜经济　数字赋能　文化先行　河南省

随着"真人不倒翁""盛唐密盒"火爆出圈，"夜经济"作为推动经济增长的重要引擎，再次成为社会关注的焦点。近些年，北京、上海、湖北、湖南等地围绕"夜经济"出台了政策并取得了显著成效，根据瞭望智库联合腾讯共同编写的《中国城市夜经济影响力报告》，重庆、北京、上海、武汉、长沙连续数年入榜中国城市夜经济影响力十强城市（见表1）。在加速提振消费的背景下，河南作为文化大省、人口大省，要紧抓"夜经济"发展机遇，聚焦"创意引领""文化先行""数字赋能"，以场景为牵引，以服务为导向，以情感为纽带，积极打造"夜经济"新高地。

---

* 乔金燕，河南省发展战略和产业创新研究院高级经济师，研究方向为区域经济。

表1 中国城市夜经济影响力十强城市

年份	城市
2019	重庆、北京、长沙、青岛、深圳、广州、济南、成都、西安、石家庄
2020	重庆、成都、长沙、青岛、北京、西安、上海、深圳、广州、武汉
2021	重庆、长沙、青岛、成都、上海、北京、武汉、深圳、广州、天津
2022	北京、成都、重庆、东莞、广州、杭州、上海、深圳、苏州、西安

资料来源：《中国城市夜经济影响力报告》《2023年中国城市夜间经济发展报告》。

一 "夜经济"成为城市竞逐的新赛道

"夜经济"又称夜间经济、月光经济，起源于20世纪70年代的英国，目的是改善城市中心地区夜间空巢状况，经过50多年的发展，"夜经济"已演变成涵盖当日18时到次日2时发生的以服务业为主、集"夜食""夜游""夜购""夜娱""夜健""夜展""夜演"于一体的商贸文旅活动代名词。商务部城市居民消费习惯调查报告显示：中国城市60%的消费发生在夜间，大型商场每天18时至22时的消费额占比超过全天营业额的50%；在旅游人均消费的贡献方面，夜间消费至少是白天消费的3倍。iiMediaResearch（艾媒咨询）数据显示，2016年以来中国夜间经济规模快速增长，截至2022年，中国夜间经济规模达378052.3亿元（见图1）。一些城市以"夜经济"为突破口，培育城市产业转型和能级提升的新动能，打造成现象级"不夜城"。

新冠肺炎疫情过后，夜间生活恢复正常，"夜经济"被寄予厚望。2023年以来，各地纷纷把恢复和扩大消费摆在更加突出的位置，陆续推出鼓励"夜经济"发展的政策。通过延长夜间营业时间、丰富商品和服务供给等手段，推动地方经济发展。通过开展丰富多彩的文旅活动，做强新消费、做优"夜经济"。2023年中国城市夜间经济发展峰会暨西安市"长安夜·夜未央"夜间消费季活动在陕西西安大唐不夜城举行。种种迹象表明，"夜经济"作为拉动消费需求、增加就业岗位、激发城市活力的重要抓手，已经成为城市竞争的新赛道。

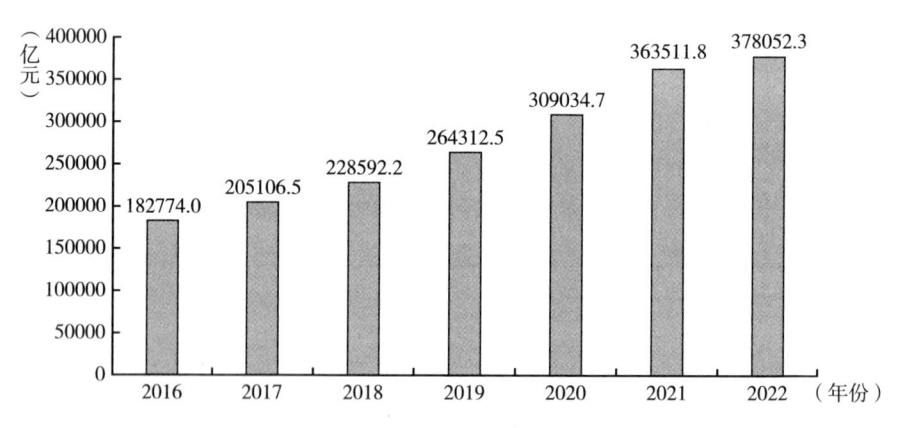

图 1　2016~2022 年中国夜间经济发展规模

资料来源：艾媒咨询。

二　河南"夜经济"发展现状及问题

（一）"夜经济"发展现状

近年来，郑州、洛阳、开封等地"夜经济"规模持续壮大，层次不断提升、业态不断丰富、产业不断融合，由城市亮化、地摊、小店向灯光秀、特色街区、夜市节庆方向转变，极大提升了河南省"夜经济"知名度。"夜经济"已经成为支撑河南经济复苏强有力的动能。郑州连续举办四届"醉美·夜郑州"消费季活动，发展"夜美味"深夜食堂，打造"夜文化"精品剧目，培育"夜旅游"消费场所，郑州"夜经济"总规模约为 1800 亿元，夜间消费占消费总额比重超 40%[1]。洛阳以唐文化为特色，开展"古都夜八点"活动，发掘特色历史文化旅游资源，加快完善"夜经济"消费基础设施，持续培育"吃、住、行、游、购、娱、康、演"等夜间消费业态，"洛邑古城""应天门"等"夜经济"消费场所火爆出

---

[1] 《郑州"夜经济"总规模达 1800 亿元，夜间消费占总额比重超 40%》，河南省人民政府网站，2023 年 5 月 8 日，https：//www.henan.gov.cn/2023/05-08/2738774.html。

圈,引领了"汉服热",实现了古城文化与夜间休闲消费的深度融合。开封深挖宋文化资源,发布"夜开封·欢乐宋"精品线路和消费指南,从夜购、夜食、夜游、夜娱、夜读等领域丰富城市夜生活,"大宋武侠城"等沉浸式武侠演艺互动乐园等应运而生,点亮了大宋不夜城,激发城市夜间经济潜力。南阳、安阳等城市也相继推出"多彩南阳之夜"等活动,充盈了城市烟火气。

(二)"夜经济"发展中存在的问题分析

"夜经济"顺应消费趋势,在拉动消费、带动就业、激发城市活力的同时,也存在同质化泛滥、集群化薄弱、链条化不足等问题。

1."夜经济"同质化泛滥,缺乏特色亮点

目前,"夜经济"局限于"夜食+夜景+夜购"的模式中,区域间差异相对较小,特色品牌不足,存在同质化、低水平建设的情况,产品缺乏创新、场景缺乏新意、文化体验感不强,发展特色不足,缺乏"爆点"。产品缺乏创新。"夜经济"贯穿"衣食住行娱",差异化是区域"夜经济"永葆青春活力的秘诀。"夜经济"不能仅限于吃点小吃、夜游园子,要挖掘区域亮点,丰富"夜读""夜健"等业态模式,将文化特色、科技创新有机衔接,做到"一地一特色、一街一景观"。场景缺乏新意。"夜经济"不能仅是商品、服务的堆砌,更多应是人们忙碌工作后情绪的释放和表达途径。类同的商圈、千篇一律的场景无法引起情感共鸣,"有创意""有突破""有融合"才是"夜经济"可持续发展的必由之路。业态缺乏层次。不同年龄段"夜经济"导向不同,不同季节"夜经济"呈现的面貌不同,"夜经济"要顺应潮流,契合需求,将"夜经济"发展成全民的活动、全年的项目。

2."夜经济"集群化薄弱,缺乏影响力

与上海、成都、西安等城市相比,河南省城市"夜经济"整体呈现有亮点但缺乏影响力、有潜力但服务滞后的特点,不利于集聚要素资源、汇聚消费群体。规划不合理。"夜经济"应依"人气"打造,在"流量"基础上,形成一批"本地人常去、外地人必去"的示范点。脱离消费群体,"夜经济"则成为"无本之木",难以为继。布局不连贯。"夜经济"布局应遵循"联动互补"原则,强化区域联动,推进基础设施与公共服务共享,降低运营成本和维护成本,提升资源利用效率。布局分散,则容易加大政府城市管理压力。链条不健全。"夜经济"是集"购物、美食、娱乐"于一体的生态链,项目(活动)之间应相辅相成,此外,"交通、环境、审批、监管、应急、安保"等服务链在保障"夜经济"健康有序发展中发挥着至关重要的作用。链条健,则"夜经济"兴;链条断,则"夜经济"衰。

3. "夜经济"品牌化不足,缺乏精准发力

品牌是衡量"夜经济"发展水平、开放程度的重要指标。各地在推动"夜经济"发展过程中,往往通过"地标建筑"来打造地域IP,忽略了系统谋划品牌,以区域品牌来促进"夜经济"高质量发展。品牌零散。"夜经济"小吃、文旅文创品种多样,质量参差不齐,在维护市场秩序、保障消费者合法权益方面存在一定难度。宣传缺乏新意。往往以"视频""报刊"等传统形式宣传"夜经济"发展现状,以"自媒体"等载体从消费者体验、商户感受、学者研判等维度进行的探究相对较少。活动重复冗杂。"夜经济"大型活动缺乏统一协调性,多部门重复行动,多项政策重复的现象时有出现,使"夜经济"发展受阻。

压力即动力,河南作为文化大省、人口大省,"夜经济"还存在较大发展空间,尤其是省会郑州潜力有待进一步挖掘。各地要紧抓"夜经济"发展契机,实现创意引领、数字赋能、深度融合,绘好"路线图",划好"责任田",明确"时间表",推动河南"夜经济"后续发力、更加出彩。

三 "夜经济"发展先进省份的经验借鉴及启示

西安、长沙、重庆等"夜经济"标杆城市,在发展中积累了丰富的经验,学习借鉴他们的先进理念和经验做法,有利于推动河南省"夜经济"高质量发展。

（一）典型经验

西安。西安是我国传统旅游的目的地之一，良好的政策与配套措施，以及其拥有的物质文化资源，为西安夜间经济的发展提供了助力。一是政策引领。西安一直通过夜游经济来引领夜间经济的发展。2018年1月，西安印发的《西安市国家级旅游业改革创新先行区建设实施方案》，提出延长旅游消费时段。实施亮化工程，打造夜间景观，开发夜间购物休闲产品，鼓励商场、餐饮店、酒吧、娱乐场所延长夜间营业时间，打造夜游经济。3月，西安发布《关于推进夜游西安的实施方案》，提出以"旅游+"和旅游全域化为发展战略，以夜游经济提升为突破口，积极拓展西安市旅游产业链，构建"品牌化、全域化、特色化、国际化"西安夜游经济。2019年11月，《西安市人民政府办公厅关于印发稳增长有关工作清单的通知》提出，积极配合省文化和旅游厅，落实打造"演艺之都"的相关政策。进一步细化完善发展夜游经济工作举措。2020年7月，《2020年政府工作报告任务分解意见》提出要大力发展首店经济，积极培育社区商业，繁荣都市时尚夜游经济。10月，出台的《西安市现代产业布局规划》，再次明确指出要大力发展夜游经济，大力培育观光游憩、文化休闲、演艺体验、特色餐饮、购物娱乐等夜游经济产业。二是合理利用资源。西安利用自身优势通过植入新技术、开发新业态来优化夜间消费市场。早在2018年开始，西安就出台了《关于推进夜游西安的实施方案》《西安市节日亮化设计导则》等文件，提出要提高西安城市夜景亮化水平，通过夜景亮化工程带动夜间经济的发展。大唐不夜城、钟鼓楼等地标性建筑通过各种亮化工程打造了一批爆款网红景观，吸引了大量游客前来打卡留念；同时，不断升级传统演艺项目，通过打造沉浸式的场景及技术植入，提高演艺项目的沉浸感和科技感。出台《西安市促进旅游演艺发展工作方案》，推动演艺规范化服务管理和标准化、品牌化建设，扩大夜间消费规模，推动文旅融合，打造"文化+演艺+夜景"的旅游消费新模式。西安市以盛唐文化为背景、以唐风元素为主线、以体验消费为特征而着力打造的大唐不夜城开放式消费场所和"长安十二时辰"全国首个沉浸

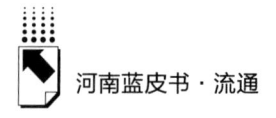

式唐风市井生活街区更是火遍全国。

长沙。长沙已连续三年入选"中国十大夜经济影响力城市"。主要做法有三点。一是提供政策保障。长沙积极推进"文旅+科技"的方式，以打造"24小时城市"为目标，陆续出台《长沙市人民政府办公厅关于加快推进夜间经济发展的实施意见》《长沙市夜间街区改造提升工作实施方案》等文件，成立了湖南省首家夜间经济服务中心；提升光影技术水平，利用灯光、3D、电音、冷焰、多媒体等元素对湘江两岸灯光秀、楼体灯光秀、夜光标识标牌系统等灯光亮化进行优化升级，在商圈、集聚区范围内进行5G智慧街区建设；提升街区艺术气息，通过涂鸦绘画、立体装置与数字影像等方式，以及设置互动游戏等手段，将静态的街区以动态形式呈现；不断丰富夜经济产品，构建夜间购物、餐饮、旅游、综艺演出、影剧观赏、教育培训、体育健身、医疗保健、休闲娱乐等九大夜经济业态。二是促进传统习惯与现代媒体相结合。长沙民众素有夜间消费的习惯，近年来以影视、出版、演艺、动漫为代表的媒体艺术产业集群迅速崛起，能够第一时间把握数字市场命脉，拥有一套自媒体时代成熟的宣发路径，这也为第一时间宣传夜间集聚区、综合体等的发展提供了技术支撑。三是不断满足年轻人的喜好。经营主体敏锐地察觉消费者的喜好，不断适应市场变化、提升顾客消费体验，始终保持夜间经济的红火。20多年来，歌厅、慢摇吧、清吧、演艺吧、小酒馆、小剧场等不断发展的休闲方式是长沙年轻人休闲放松的最爱，而各大商场也积极拓展业务边界，通过时尚、潮流、情怀等标签博得关注，让持续的流量触达商业发展的各个维度。

重庆。重庆将推动夜间经济高质量发展作为建设国际消费中心城市的重要内容，持续优载体、调业态、育品牌，推动夜间经济焕发新活力。一是政策支撑。2020年7月，市商务委、市文旅委、市体育局等10部门联合印发了《关于加快夜间经济发展促进消费增长的意见》，提出"1+10+N"的夜间经济发展空间布局，系统推进夜间经济规划布局、场景建设、业态培育、品牌打造和创新升级。二是扎实推进夜间经济示范区和夜间经济集聚区建设。出台了《重庆夜间经济市级示范区建设规范（试行）》，从规划布局、载体建设、消费业态、环境设施、消费品牌、管理机制、综合效益7个方面细化16项一级指标、44项二级指标，规范引导各区县推动夜间经济示范区建设。印发专项通知，明确夜间经济集聚区建设的工作要求、重点任务、方向路径，加快推进夜间经济集聚区建设，形成全市夜间经济"各美其美、美美与共"竞相发展的格局。三是打造特色消费场景。依托"两江四岸"资源优势，突出"山、水、城、桥"四大元素，以长嘉汇大景区为重点，打造集中展示"立体山城""光影江城""魅力桥都""不夜重庆"国际风范的夜间经济核心区。四是塑造"不夜重庆"品牌。依托商业特色街区（镇）体系和传统商圈升级，打造一批兼具烟火气、巴渝风和时尚潮、国际范的"不夜重庆"地标。发展以观光旅游、休闲娱乐为主的"江岸经济""云端经济"，推出来福士"横天摩天轮"等"城市之巅"多元化消费地标，打造十八梯、龙门浩老街等一批消费新地标，完成弹子石老街、鹅岭二厂等一批商旅文融合精品项目；洪崖洞、南滨路、江北嘴等打卡点串珠成链，构建起全方位夜游场景。

（二）对河南省发展"夜经济"的启示

"夜经济"是一项系统工程，涉及经营场地、项目形式、业态可持续发展等多方面。所以，要让夜间经济繁荣发展、行稳致远，必须打好"组合拳"。

1. 把握好"夜经济"发展趋势

"夜经济"发展是一个动态演变的过程。功能上，从相对单一的餐饮和购物功能，到娱乐、观光功能迅速发展，再到目前展演、体验业态的涌现，城市"夜经济"的功能不断丰富，不同功能间的协同与联动也越来越多。形式上，"夜经济"也正经历从亮化、美化，到场景化、内容化（文化化）、IP化的渐进发展过程。而飞速发展的数字技术为夜间文化和旅游消费集聚区打造过程中营造交互叙事的沉浸式场景提供了技术支持，5G、VR、AR、光影技术的介入为夜间经济不断迭代升级提供了新的方向和无限可能。各地市要结合客流特点，将适度超前与贴近现实相结合，发展与消费需求相匹配的"夜经济"，避免资源浪费。

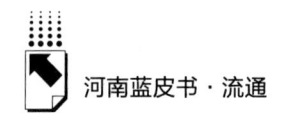

2. 强化顶层设计

"夜经济"发展离不开政策引导，综观国内外夜间经济发展情状，都离不开政府的推动引领。以我国2020年出台的"夜经济"政策为例，共计97项，2020年前三季度发布的"夜经济"相关政策是2019年全年的近4倍，政策出台部门以省级人民政府、商务部门和文化旅游部门为主。顶层设计要根据不同的消费群体的消费习惯和需求，重视周边生活配套设施、休闲娱乐场所与环境的建设，通过交通、安保等相关辅助性规划来合理打造夜间文化，配置旅游消费集聚区的主营业务与配套功能。同时要进一步关注市场细分领域，打造满足不同消费对象需求的消费活动和产品，鼓励创新经营内容和模式，推动"夜经济"向大众化、立体化发展。

3. 挖掘文化内涵

任何场景，有文化的赋能和加持，才有旺盛和持久的生命力。要提炼城市历史中的独特文化元素，结合自然景观与历史景观特征，利用好古建筑、古民居等文化遗产，在保护中使用，在发展中传承，打造体现地方传统文化特色的经济聚集区，彰显现代时尚感。要将特色民俗元素融入夜经济的活动设计，打造具有鲜明本土特色的活动品牌，开发一批体现本土特色的纪念产品，提高服务品质，增加吸引力。要扶持非遗文化传承人，培养夜生活文化创意人才，挖掘具有地方特色的非物质文化遗产价值，让市民和游客沉浸式体验不一样的文化风情。

4. 提升城市管理水平

发展"夜经济"，要做好城市精细化治理工作，提升公共服务和管理的水平与质量，使"夜经济"既充满活力又规范有序。要完善交通、停车场等基础设施，在夜间出行活跃度较高的商业网点、商务区等，增加夜班公交线路，提升治安管理、噪声控制、垃圾处理等公共服务水平，营造繁荣、安全、有序的夜间消费环境。特别是要做好对夜间经营场所的监管，保障食品安全，提升环保水平，确保消费者能够安心消费。

5. 运用好新媒体

夜间文化和旅游消费传播范围广，对于聚拢人气、提升城市知名度和塑造城市品牌有较为积极的作用。要加大宣传力度,聚焦夜间经济集聚区、特色街区、核心产品、特色单品等,通过群众接受度高的自媒体、文旅相关App、官方网站等,广泛开展夜间经济系列宣传推广活动,进一步提升"夜经济"知名度、美誉度。

四 河南"夜经济"乘势而上的对策建议

"夜间亮起来、人气聚起来、商业火起来、消费热起来"是"夜经济"的题中应有之义。立足河南实际,政府要统筹"数字化引领"和"差异化发展",聚焦"业态""品牌""宣传",开辟就业新空间、营造消费新环境、打造示范新高地,明晰发展布局、强化政策支持、搭建服务平台、谋好实践路径、干好发展事务、讲好夜间故事。

(一)聚焦"着力点",引领新风尚

一要拓展"夜经济"业态。顺应"夜经济"产业化、专业化、品质化、融合化的发展规律,推进"夜市"向"夜经济商圈""文旅消费集聚区"转变,打造夜间"吃游购娱健展演"共同体。探索"屋顶""新夜态"。充分利用商圈屋顶空间,打造集"夜食""夜景""夜营""夜游""夜购"于一体的"屋顶夜经济"综合体,开创"商场购物、楼顶游景、夜间露营"新模式。探索厂房仓库、地铁"新夜态"。将"厂房""仓库"等闲置资源打造成"夜间酒吧""夜间KTV""夜间健身房""夜间阅览室"等,满足游客、市民夜间社交学习交流需求。利用地铁空间,发展"24小时自助图书馆",满足消费者夜读需求。探索文化场馆"新夜态"。开辟文化场馆常态化"夜空间",应用"元宇宙"等数字技术,通过虚拟讲解员、虚拟文物等方式,打破传统"听"模式,使消费者能够通过"问答"的方式获得新体验。引导博物馆、科技馆等文化场馆设置"实地夜游""云游览"等场景,让消费者领略夜间游玩魅力。

二要培育"豫见夜"品牌。立足河南特色,以"豫见夜"为统领,整

合区域品牌,推动河南"夜经济"品牌立起来、亮起来。设计河南"夜经济"标志——"豫见夜"。从"数字化""感染力""代表性"等维度设计标志,推动"豫见夜"品牌与街区、商圈、景区等夜间经济场景有机衔接,增强河南"夜经济"辨识度。构建"1+18"品牌发展格局。在河南"豫见夜"夜间经济总品牌的基础上,引导郑州、开封、洛阳等18个地市探索"夜经济"子品牌,再现"十八罗汉闹中原"盛况。打造"豫见夜"品牌体验中心。在郑州建设"豫见夜"品牌体验中心,融汇18个地市"夜经济"典型商圈、街道、景区等特色,统筹"共性"和"个性",实现"在郑览豫夜"。

三要打造"夜经济"名片。以发布"夜经济"活力指数为抓手,举办夜间美食节、音乐节、购物节,筹办中国城市夜间经济发展峰会,做好"官媒+自媒体"宣传,擦亮河南"夜经济"名片。发布河南"夜经济"活力指数。从"夜间消费力""夜间就业率""夜间活跃度"等层面编制河南"夜经济"活力指数,通过可视化分析报告,为政府决策提供依据和遵循。筹办中国城市夜间经济发展峰会。借鉴长沙、西安经验,在郑州举办中国城市夜间经济发展峰会,汇聚专家学者及零售、餐饮、旅游、投资等行业代表,共享河南"夜经济"成果,共商"夜经济"实践路径,为"夜经济"高质量发展贡献河南智慧经验。强化"官媒+自媒体"宣传力度。录制《河南"夜经济"》宣传片、纪录片,设立"夜经济"专家窗口,宣传河南"夜经济"发展特色和亮点。依托抖音等平台,以消费者体验为主线,从"诚信经营""品质保证"等层面,调动人们参与河南"夜生活"的积极性。

(二)打好"组合拳",挖掘新潜能

一要开辟"夜经济"就业新空间。建立"夜经济"就业交流和信息发布平台,公开发放创业资金、减免税收等政策,引导大学生、失业者、新市民、残疾人等群体参与"夜经济"经营,拓展就业渠道,实现创收增收。强化就业培训。以"人人持证·技能河南"为遵循,加大对大学生等特殊群体培训，立足岗位实践，提升技能素养，将"夜经济"发展潜力转化为发展实力。创造就业机会。强化政府、学校、企业之间的合作，提供导游、演出人员、服务人员等"夜经济"岗位，依法保障就业人群权益。划定直播专区。加快消费服务场所智能终端设施建设和数字化改造，支持大学生创业者、务工人员在夜间特定区域开展夜消费直播，鼓励有条件的地区为街头艺人设立"线上直播、线下互动"表演区域，满足其经营场地需求。

二要营造"夜经济"消费新环境。完善夜间配套设施建设，营造温暖的氛围是推进"夜经济"高质量发展强有力的支撑。加快"夜便民"建设。依托公园、园区等空间资源，投放移动餐饮售卖车，将"核酸小屋"改造成为"餐饮""购物""娱乐"便民商业服务点，提升"夜经济"的便利性和灵活性。延长大型商场等的营业时间，探索"无人售货商店"，开展夜间购物促销活动，提高夜间购物活跃度。设立"夜经济"服务便民台，为市民提供雨伞、充电、饮水等服务。加快"夜交通"建设。增设夜班公交路线，增加夜间公交班次，适度延长地铁夜间运营时间。增加夜间动态停车位，强化夜间出租车、网约车运营调配，满足"夜经济"交通需求。加快"夜安全"建设。优化、亮化、净化夜间环境，健全环卫、通讯、安保、消防、应急等配套设施，增加安全巡逻频次，依法保障消费者人身、财产权益。

三要打造"夜经济"示范新高地。深入推进"消费示范区"和"模范商户"建设，设立"夜间驿站"服务点，打造河南"夜经济"典范。培育"夜经济"消费示范区。立足区域实际，打造一批集聚效应明显、特色亮点突出的"夜经济"发展示范区，形成"一县一特色、一市一品牌"的"夜经济"发展模式。评选"夜经济"模范商户。在"文明诚信、守法经营"的基础上，根据销售额、宣传力度、客户体验等指标，评选年度优秀商户，并给予税收优惠。创设"夜间驿站"公益点。为警察、环卫、外卖、司机、志愿者等夜间工作群体提供"深夜食堂""深夜饮吧""深夜药店"等服务，增强其幸福感、获得感和归属感。

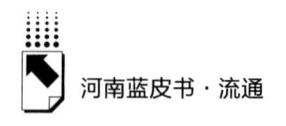

（三）奏响"奋进曲"，描绘新蓝图

一要擘画"夜经济"发展格局。充分发挥河南深具古都底蕴、自然风光秀丽等优势，形成"夜古都""夜自然""夜创意"发展合力。打造"夜古都"场景。依托开封、洛阳、安阳、许昌等古都，结合区域特色，重现历史场景，形成一批沉浸式夜游路线和产品。打造"夜自然"场景。以太行山、伏牛山、大别山为重点区域，依托景区、度假区、古村落、特色民居、田园综合体等资源，开展特色民宿、室外露营、篝火晚会、星空拍摄、天文观测等活动。打造"夜创意"场景。加快"美食""美景""美居"有效衔接，推出"星空酒吧""读书会""剧本杀"等场景，举办"夜间马拉松"等活动，形成集"文化""游玩""健身""休闲"于一体的有新意、有创意的融合体。

二要构建"夜经济"政策体系。成立"夜经济"领导小组，统筹全省"夜经济"发展布局，推动河南"夜经济"高质量发展。围绕特色给政策。设立专项资金支持河南老字号、非物质文化遗产传承人、地方特色餐饮企业在"夜经济"集聚区开店。对于利用闲置空间发展"夜经济"的行为给予奖励。围绕惠企给服务。依法依规降低准入门槛，简化审批手续，放宽夜间促销活动审批。制定落实降低"夜经济集聚区"水、电、气等成本政策。允许商户经相关管理主体同意，在夜间特定时间占用道路、利用公园广场免费开展夜间消费活动。围绕惠民给补贴。加强与微信、支付宝、云闪付等支付平台合作，发放"夜经济"消费券和消费补贴，推动夜间消费规模持续扩大。

三要搭建"夜经济"支撑平台。打造河南"夜经济"智慧监控和信息服务平台，完善客流统计、信息服务、安全监管服务，助力"夜经济"高质量发展。依托数据预判容量。强化调查研究，积极开展市场研判，不唯大，不保守，科学预判适宜的"夜经济"市场容量和潜力，合理投融资，避免资源错配和资源浪费。依托信息提供支持。发布河南"夜经济"消费指南和消费地图，健全"夜经济"信用体系，畅通"政策""资金""活动""场所"渠道，引导银行等金融机构研发"夜经济贷"等产品，给予市场经营主体支持。依托反馈提升服务。畅通投诉建议渠道，优化投诉建议处理机制，做到"一编号一问题""一问题一反馈"，以高效便捷的服务提升消费者满意度。

参考文献

唐勔：《夜间经济助力国际消费中心城市培育建设》，《重庆日报》2023年2月28日。

祝伟：《夜间经济宜突出特色》，《经济日报》2023年6月8日。

黄仕强：《山水之城的新活力》，《工人日报》2023年6月24日。

《湖南省商务厅　湖南省文化和旅游厅关于印发〈湖南省推动"夜经济"高质量发展进一步扩消费促就业的若干意见〉的通知》，湖南省人民政府网站，2022年11月30日，http://www.hunan.gov.cn/hnszf/xxgk/wjk/szbm/szfzcbm_19689/sswt/gfxwj_19835//202211/t20221108_29119598.html。

B.13
河南省农产品现代流通体系研究

都鹤鸣*

摘　要： 近年来河南的农产品产量产值稳步增加，农产品出口规模大幅扩大，农产品流通企业发展壮大，流通模式多样化，但批发市场仍然是农产品流通的主渠道。流通网络覆盖城乡、农产品原料丰富、农产品加工产业领先全国、政策发力等有利条件促进了河南省农产品现代流通体系的畅通与发展，但同时也存在着农产品流通企业发展遭遇瓶颈、农产品流通的组织化程度偏低、农产品流通全过程标准化发展滞后等问题，制约了河南农产品流通体系的健康发展，对此本报告提出了对策建议：做大做强农业企业，创新农产品流通方式，构建农产品标准化体系，建立健全河南省高效畅通的农产品现代流通体系。

关键词： 农产品　流通体系　流通主体

　　河南是农业大省，是我国粮食的主要产区之一，多年来河南立足于农产品资源优势，农产品产业已成为河南的传统优势产业，农产品流通体系连接生产与消费，农产品的流通影响着农民的生产活动与居民的消费活动，建立高效畅通的农产品流通体系，不仅能促进农产品的流通，保障农产品稳定供给，对推进河南省的农业高质量发展具有重要意义，同时也有助于促进农民增收致富，推进农业农村现代化，推动实施乡村振兴战略。随着我国经济的发展与互联网的普及，农产品的商业流通模式也随之发生了改变，消费者对

---

* 都鹤鸣，河南省社会科学院创新发展研究所经济师，研究方向企业高质量发展、科技经济。

农产品也提出了新的要求，在此新形势下，建立健全高效畅通的农产品现代流通体系十分重要、十分必要。

一 河南省农产品的生产流通体系总体状况

（一）农产品产量、产值稳步增长

1. 农产品产量状况

2022年河南省农产品产量稳步增长。据2022年河南省国民经济和社会发展统计公报统计，河南省全年粮食产量6789.37万吨，比上年增加245.17万吨，增产3.7%。其中小麦产量3812.71万吨，增产0.3%；玉米产量2275.05万吨，增产10.6%。全年全省油料产量684.03万吨，比上年增产4.1%；全年全省猪牛羊禽肉总产量655.27万吨，比上年增长2.2%。在河南省农产品生产中，粮食类农产品占比最高，河南省是中国小麦播种面积最大的省份，小麦年产量占全国四分之一。据河南省统计局数据，2021年因受灾情影响，小麦、玉米、花生、稻谷、中草药材、蔬菜及食用菌等主要农产品产量都略微降低（见表1），2022年农产品产量恢复增长。

表1 2012~2021年河南省部分主要农产品产量

单位：万吨

年份	稻谷	小麦	玉米	花生	中草药材	蔬菜及食用菌	瓜果
2012	472.8	3223.07	2011.38	453.73		6839.94	1515.71
2013	463.16	3266.33	2116.47	469.19		6745.29	1534.13
2014	500.53	3385.2	2088.89	466.09		6848.11	1468.76
2015	499.88	3526.9	2288.5	477.12		6970.99	1519.94
2016	508.29	3618.62	2216.29	494.27	122.63	7238.18	1613.93
2017	485.25	3705.21	2170.14	529.81	144.01	7530.22	1670.46
2018	501.41	3602.85	2351.38	572.44	155.31	7260.67	1585.37
2019	512.5	3741.77	2247.37	576.72	164.74	7368.74	1638.92

续表

年份	稻谷	小麦	玉米	花生	中草药材	蔬菜及食用菌	瓜果
2020	513.71	3753.13	2342.37	594.93	175.68	7612.39	1561.61
2021	479.69	3802.86	2033.93	588.21	167.92	7607.15	1459.49
2022		3812.71	2275.05	615.41		7845.30	1506.90

2. 农产品种植面积

河南省耕地面积稳定在1.1亿亩以上，居全国第3位，然而人均耕地面积仅1.28亩，低于全国人均耕地面积1.36亩，不足世界平均水平的40%；粮食播种面积稳定在1.6亿亩以上，居全国第2位；累计建成高标准农田7580万亩，划定粮食生产功能区7845万亩，耕地质量平均等别为7.42，高出全国平均水平2.54个等别，是保障国家粮食安全的"压舱石"。

3. 农产品产值

2021年河南全省农林牧渔业总产值居全国第2位，其中农业总产值6564.83亿元，居全国第1位；牧业总产值2942.06亿元，居全国第2位。2022年河南省农林牧渔业增加值6169.80亿元，同比增长5%，其中粮食产业经济总产值达到3009亿元，首次突破3000亿元大关，同比增长13.3%，居全国第一方阵。2023年1~3月河南省农林牧渔业增加值696.63亿元，同比增长3.2%。

（二）农产品出口大幅增长

2022年河南省农产品出口额大幅增长。2022年河南省农产品贸易总额286.6亿元，同比增长22.3%，其中出口额182.2亿元，同比增长27.6%，出口额位居全国第八；进口额104.4亿元，同比增长14.9%，贸易顺差77.9亿元，同比增长51.4%。河南省主要出口农产品为蔬菜类产品（包括食用菌、蔬菜罐头等）、肉类、干鲜瓜果及坚果，在疫情影响下2021年河南省农产品出口下跌，到2022年转为大幅增长。蔬菜类产品是全省第一大出口农产品，占全省农产品出口总额的58.2%，2022年出口额达106.1亿元，同比增长 18.7%。其中蔬菜罐头出口额增长 68.0%，是拉动河南省农产品出口额增长的主要原因。同时，河南省在 RCEP 中的农产品贸易也实现了增长，据统计，河南与其他 RCEP 成员的农产品贸易规模从 2020 年的 11.98 亿美元增长到了 2022 年的 16.76 亿美元。

（三）农产品流通企业发展壮大

近年来河南省农产品流通企业发展壮大。以农副食品加工业、食品制造业、酒饮料和精制茶制造业为例，据河南省统计局数据，2021 年河南省农副食品加工业规模以上企业共有 1448 家，营业收入 3740.88 亿元，比去年增长 8.01%，平均每家企业营收 2.51 亿元，平均每家私营企业营收 1.71 亿元；食品制造业规模以上企业共有 758 家，营业收入 1586.16 亿元，比去年增长 4.47%，平均每家企业营收 2.09 亿元，平均每家私营企业营收 1.11 亿元；酒、饮料和精制茶制造业规模以上企业共有 318 家，营业收入 730 亿元，比去年增长 4.63%，平均每家企业营收 2.30 亿元。据《河南省农业产业化重点龙头企业年度报告（2022）》数据，河南省级以上农业产业化龙头企业已达 1169 家，截至 2021 年末，河南省级以上龙头企业资产规模合计 6186.68 亿元，平均资产规模 5.33 亿元。

（四）流通模式多样化，批发市场仍然是农产品流通的主渠道

随着信息化时代的到来，农产品流通模式也呈现出多样化的特点。如今电子商务正成为农产品产地流通的重要推动力，据河南省商务厅发布的数据，2023 年上半年河南农村电商发展成效显著，农村网络零售额达 784.4 亿元，同比增长 7.6%，高出同期全省社会消费品零售总额增速 1.6 个百分点。随着直播卖货的盛行，"农产品+网络直播"的新销售模式也在河南省盛行。据统计，河南全网 10 万粉丝以上的农产品直播网红有 2.6 万名，河南农特产品通过直播出村进城、走向全国。在"农产品+网络直播"的模式下，河南不断挖掘新妙招，例如光山县推出"农旅融合+网络直播"模式助

力产业快速发展,直播和网络销售进一步拓宽了农产品的销售渠道;"网红县长"邱学明目前已完成了他的两千七百多场助农直播,拥有44.6万抖音粉丝;河南邮政成立直播基地,依托抖音、快手、邮乐等平台,以"直播带货"的形式,深挖各地优质农产品,畅通农产品销售和消费者之间的双向流通渠道。

目前"互联网+"新业态迅猛发展,但批发市场仍然是农产品流通的主渠道。据2021年官方公开数据,全省大中型农产品批发市场发展到150多家,年交易额近万亿元,农贸市场(菜市场)1000多个,年交易额800多亿元。得益于河南农业大省的产业优势、四通八达的区位交通优势,河南流通及批发市场产业蓬勃发展,拥有河南万邦国际农产品物流股份有限公司、河南中原四季水产物流港股份有限公司、河南亿星实业集团等一批国家级龙头企业。

二 河南省农产品流通体系发展的有利条件和制约因素

(一)有利条件

河南省拥有农业资源禀赋、区位、交通、物流等优势,为促进农产品走出去提供了较大便利,同时,随着经济水平的发展,农村创新创业环境也得到相关改善,新产业新业态大量涌现,成为促进河南省农产品流通体系发展的有利条件。

1. 流通网络覆盖城乡,国际物流通道逐步打通

在省内物流配送方面,2022年,全省2.9万个行政村设立了村级寄递物流综合服务站,全省覆盖面达到64.4%,截至2022年年底,全省已有近90个县(市、区)实现县乡村物流统仓共配,全省行政村快递服务通达率达100%;在冷链物流方面,河南冷链物流发展水平全国领先,居全国冷链物流业第一梯队;从国际物流通道看,近年来,河南逐步打通空中、陆路、网络三条"丝绸之路"国际物流通道。

2. 农产品原料丰富，农产品加工产业领先全国

河南省农产品原料丰富，其中小麦、花生、草蓄、林果、蔬菜、花卉、茶叶、食用菌、中草药材、水产等十大优势特色农业，2021年产值高达6063.35亿元，占农林牧渔业产值的比重为57.7%，相比上一年增长7.75%。河南作为农产品输出大省，资源优势明显，为推进农产品产地市场体系发展奠定了坚实的产业基础。

河南是全国重要的农产品加工大省，据统计，2022年河南规模以上农产品加工企业有6344家，营业收入达1.21万亿元，产业规模居全国第二位。全省面制品加工能力居全国第一位，河南是全国最大的速冻食品生产基地，形成了以白象、想念为代表的面制品产业集群和以三全、思念为代表的冷链食品产业集群，酸辣粉产业占据了全国80%以上市场；粮油加工转化率80%，主食产业化率超过65%；河南省也是全国第一肉制品加工大省，生猪、家禽、肉牛年屠宰加工能力分别达8800万头、14亿只、290万头。同时还有千味央厨、好想你、蜜雪冰城、卫龙等新业态食品龙头企业，带动全省食品产业转型升级。

3. 政策措施助力农产品流通产业

近年来，省委省政府高度重视食品产业、粮油产业等农产品流通产业，各项政策接连发力促进河南省农产品流通产业发展。《"十四五"全国农产品产地市场体系发展规划》指出："加快农产品产地市场体系建设，是全面推进乡村振兴、加快农业农村现代化的重要内容，是建设现代流通体系、畅通国内大循环的有效举措。"[1]《河南省"十四五"现代流通体系发展规划》指出："促进农产品市场转型升级。鼓励农产品市场加快完善现代物流配送中心、质量检验检测中心、标准化冷库等配套设施。"[2] 多项政策措施的颁布与实施，为河南省农产品流通体系的建设与畅通提供了有利条件。

---

[1]《"十四五"全国农产品产地市场体系发展规划》。
[2]《河南省"十四五"现代流通体系发展规划》。

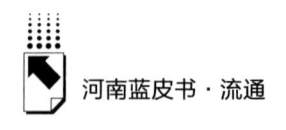

（二）制约因素

农产品流通连接着农民生产和市民消费，农户、农产品流通企业作为重要的流通主体，在农产品流通体系中发挥着重要的作用。随着消费升级和数字经济发展，出现了一些制约农产品高效流通、农业量高质发展的因素。

1. 农产品流通企业发展遇瓶颈

据河南省统计局数据，2018年包括农副食品加工业、食品制造业、酒饮料和精制茶制造业等产业在内的农产品流通企业的营业收入大幅度下滑，直到2021年略微上升（见图1）。河南省作为农业大省，在农业资源自然禀赋、交通、区位、加工、人口等诸多方面拥有利于农产品流通的优势，也涌现出一系列大的食品品牌，但近年来，河南省农产品相关产业附加值偏低，产业有待转型升级，同时，未抓住大众新需求，缺乏创新，未跟上新消费趋势，发展遇到瓶颈。同时河南省农产品企业品牌影响力有待提升，老品牌年轻化不足，新品牌成长性不够。

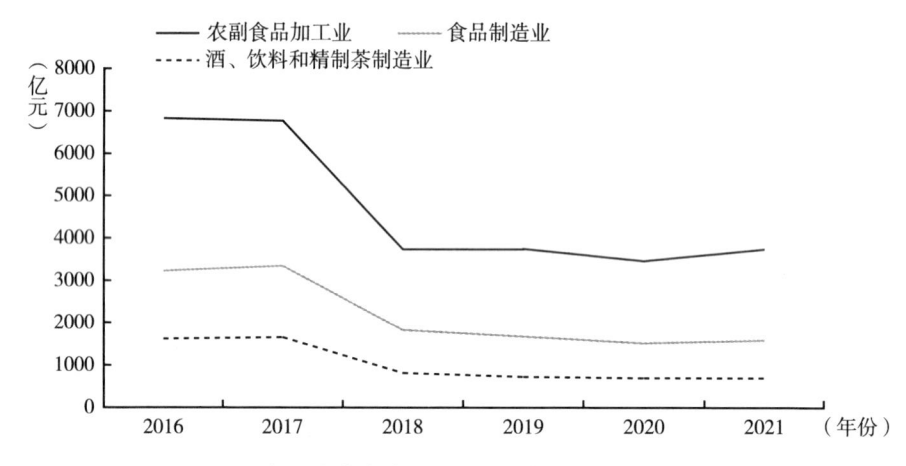

图1 2016~2021年河南省农产品流通相关产业规模以上企业的营业收入

2. 农产品流通的组织化程度偏低

河南省农产品的流通规模较小，组织化程度偏低。目前河南省农产品的供应相对较为分散，供应的农产品品控不严，导致水果、蔬菜之类的农产品不易保存、价格偏低。河南省农产品的生产规模较小，在流通市场中议价能力处于劣势，农户的组织化程度偏低，同时在农产品流通的过程中，农户易被购销大户、农村经济人压价，由于农户不能及时获取市场行情，在价格上较为被动，农产品的低价售卖不利于提高农户的积极性，影响农产品流通。农产品在流通过程中经过的环节较多，比如收购、原产地批发、集散地批发、经销批发、零售等，流通成本较高，流通效率不高。

3. 农产品流通全过程标准化发展滞后

农产品流通标准化建设有利于控制农产品的品质、延长农产品的保存时间，目前河南省的农产品从原产地采集到集散地批发，从经销批发到零售，链条长且收购规模较小，不利于全过程标准化的实现，目前河南省大部分农产品流通标准仅停留在流通全过程中的部分环节，且标准的推广力度不足、使用率不高。相比于欧美国家，我国农产品流通全过程标准化发展较滞后，例如日本农产品的流通模式是"销售龙头企业带动式""产销直挂式"，从农户到消费者之间的中间环节较少，相对有利于农产品流通全过程标准化的实施，日本的果蔬产品的新鲜度、标准化程度及加工程度都达到了较高的水平。农产品流通全程标准缺失和标准应用有限不利于提升河南省农产品流通体系的整体层次，也不利于河南省农产品的出口贸易。

同时，目前河南省的农产品加工存在初加工产品居多、精深加工产品较少的问题，《河南省人民政府关于加快推进农业高质量发展建设现代农业强省的意见》提到，河南省农产品加工转化率仅为68%，精深加工仅占农产品加工的20%左右，60%以上农产品加工副产物没有得到有效利用。这也表明河南的农产品加工仍以初加工产品居多，精深加工产品较少，高新技术产品少，高附加值产品比例偏低。

三 推动完善河南省农产品现代流通体系的对策建议

（一）做大做强农业企业

农业企业是重要的农产品流通主体，做大做强农业企业有助于建立健全高效畅通的农产品流通体系。做大做强河南省农业企业，一是要大力发展农副产品精深加工业，河南省的农产品加工、食品产业等农业产业有待优化空间布局和转型升级，通过培育壮大龙头企业，延伸产业链，提升价值链，打造具有河南省特色的主导产业；二是从企业角度，应围绕消费新趋势研发新产品，尽量覆盖行业各层次，满足不同客户的需求，满足新时代下消费者对农产品的新要求，放大自己的优势；三是企业要注重品牌宣传，采用市场和消费者认可的宣传与推广模式，加大品牌推广力度，进一步开发与挖掘河南省农产品的价值，提升河南省农产品品牌优势。

（二）创新农产品流通方式

创新农产品流通方式，是提高流通效率、降低流通成本的重要途径。一是要拓展农产品市场的经营范围，扩大国际农产品流通路径，中欧班列国际冷链货运专列的开通，为河南省生鲜类农产品的出口提供了途径，应组织企业开展农产品贸易对接交流，对接农产品国际标准，积极推动与东盟国家优势特色农产品互供出口，全面落实RCEP条款，促进河南农产品贸易规模进一步扩大，推动农产品加工业、食品工业转型升级。二是要顺应信息化潮流，充分利用信息化手段与互联网技术，开发"农产品+网络直播""农产品+电商""农产品+社群""农产品+网红直播+电商平台"等各种农产品流通新模式，减少农产品生产者与消费者之间的流通环节，降低流通成本，建立基于互联网的农产品现代化流通体系。

（三）建立农产品标准化体系

农产品标准化是保障农产品质量安全的重要前提和提高农民收入的有效手段，同时也是建立高效畅通的农产品现代流通体系的重要一环。建立农产品标准化体系，一是要制定明确严格的农产品标准，标准应涵盖农产品的种植、施肥、用药、包装等环节，标准的建立应考虑消费者的健康与土地的可持续利用；二是加强标准的推广，组织农户参与技术培训；三是加强农产品的质量监管，建立监管主体多元化的监管体系，对农产品的生产、加工、销售进行监督,对于使用农药激素超标的生产者和对于售卖存在食品安全问题的农产品经营企业加大惩处力度,建立农产品的整治长效机制;四是通过培育建设农业合作社和农业企业来加强对农户的组织,由于河南省农产品流通主体特别是农户的生产规模较小、较分散而难以实施农产品标准化,应加强农业合作社和企业的建设,对农户的农产品生产进行统一管理,使农产品的生产更加规范化、标准化。

B.14
河南省消费环境提升策略研究[*]

王超亚[**]

摘　要： 2023年以来，河南省各地区各部门把恢复和扩大消费摆在优先位置，通过强化消费促进政策有效供给、加快各类消费基础设施建设、不断深化拓展各类消费场景、持续提升消费市场监管效能等举措，以更优的消费环境激发更大的发展动能，消费对经济发展的拉动作用持续增强，但同时，在消费供给体系构建、消费基础设施建设、监管体制完善等方面仍然存在一些薄弱环节。下一步，河南省要找准当前消费者需求升级和生产者供给优化的短板与堵点，将深入实施扩大内需战略同深化供给侧结构性改革有机结合，从"软""硬"两方面着手，优化消费环境、提振消费信心、激发消费潜能。

关键词： 消费环境　扩大内需　河南省

消费环境不仅包括显性的消费品供给、消费载体、消费模式等，还包括消费政策环境、市场交易环境以及消费带来的满足感、获得感、安全感和幸福感。良好的消费环境是提振消费信心、促进社会消费的重要一环，同时也是恢复和扩大内需的重要支撑。随着新冠疫情防控平稳转段，消费预期改善，线下接触性消费增多，河南省充分发挥贯通南北、连接东西的区位优势和亿万人口大省、万亿经济大省的基础优势，加强顶层设计和政策有效供给，强化各类资源要素整合能力，不断优化消费环境、拓展消费场景，推动消费市

---

[*] 本研究为2023年度河南省社会科学界联合会调研课题"后疫情时代河南消费提振策略研究"（项目编号：SKL-2023-2569）阶段性成果。

[**] 王超亚，河南省发展战略和产业创新研究院高级经济师，研究方向为区域经济与流通经济。

场明显回暖，有力带动了全省经济复苏和高质量发展。2023年上半年，河南全省社会消费品零售总额同比增长5.8%，比上年全年回升5.7个百分点。

一 河南省提升消费环境的主要做法

河南省认真贯彻落实中央扩内需、促消费决策部署，各级相关部门从消费政策环境、硬件环境、市场环境、监管环境等方面着手，相继出台了一系列政策、采取了一系列措施，促进消费市场加快回暖。

（一）强化消费促进政策有效供给

积极探索并建立健全与消费促进相适应的政策支持体系，聚焦细分领域，精准发力，不断优化促进消费的政策环境。一是加强扩大内需战略顶层设计。为深入贯彻落实《扩大内需战略规划纲要（2022—2035年）》《"十四五"扩大内需战略实施方案》，2023年6月，河南省政府出台了《河南省实施扩大内需战略三年行动方案（2023—2025年）》，从全面促进消费、拓展投资空间、推动城乡区域协调发展、提高供给质量、健全现代市场和流通体系、深化改革开放、扎实推动共同富裕、提升安全保障能力等8个领域24个方面提出77条具体措施，对"十四五"后半期更好增强消费对经济发展的拉动作用、推动全省经济更高质量发展进行了全面系统的顶层设计。二是出台一系列消费促进政策文件。2023年以来，省政府根据形势变化，先后出台《大力提振市场信心促进经济稳定向好政策措施》《进一步促进消费若干政策措施》《进一步促进文化和旅游消费若干政策措施》《持续扩大消费若干政策措施》等政策措施；省直相关部门结合各自职能，相继印发了《关于进一步优化营商环境的若干举措》《河南省服务业新供给培育工程实施方案》等政策文件，从供需两端和软硬环境方面对消费政策环境优化改善做出了具体部署。三是各地因地制宜强化消费促进政策供给。各地市结合自身实际，相继出台了具有较强针对性的政策举措。例如，2023年元旦前夕，郑州市率先出台了支持房地产市场平稳健康发展的12条政策措施，于

8月份进一步推出促进房地产市场平稳健康发展的15条措施，逐步开启楼市政策宽松期；洛阳市充分发掘特色历史文化旅游资源，并注重将其与夜经济发展有机结合，在全省率先出台《关于支持地摊经济发展的实施意见》，培育做强"古都夜八点"品牌；南阳市坚持优化供给和扩大需求更好结合，先后出台了《南阳市人民政府关于加快物流业发展的实施意见》《南阳市稳经济促增长工作方案》《南阳市加快邮政快递物流体系建设实施方案》《南阳市进一步促消费扩内需若干措施》等一系列政策文件，有力促进了消费供给体系建设和消费需求释放。

（二）加快各类消费基础设施建设

从生产、流通、消费等环节入手，河南省加强各类消费基础设施建设，为恢复和扩大消费提供了有力支撑。一是加强商贸流通设施建设，提升消费供给体系支撑能力。省交通运输厅数据显示，2022年，全省交通基础设施累计完成投资1598.5亿元，同比增长36.7%，增速居全国第1位；截至2022年底，河南全省高速公路通车里程达8009公里，形成了"6纵11横5条放射线"覆盖全省的高速公路路网，全省2.6万个建制村实现客运班线公交化运营，64.4%的行政村设立村级寄递物流综合服务站，72.8%的建制村开启邮快合作业务，全省行政村快递物流服务通达率100%。省商务厅数据显示，2022年，全省重点建设县级物流配送中心、乡镇商贸中心、农产品商品化设施等项目286个，带动社会总投资约16.15亿元，实现县城综合商贸服务中心县域全覆盖、乡镇商贸中心覆盖率81.1%；2021年至2023年第一季度，全省依托中央财政资金8.0798亿元，建成投用产地冷藏保鲜设施3557个，库容417万立方米，新增产地冷藏保鲜能力120万吨，共拉动社会资本投入28亿元，带动农户8.5万户，产地冷藏保鲜能力、商品化处理能力和农产品产销对接能力显著提升。二是加强国际和区域消费中心城市建设，强化消费集聚带动效应。2022年，郑州、洛阳两市的社会消费品零售总额合计占到全省的31.56%，是河南省重要的消费高地和优质消费资源集散地。郑州市以建设国际消费中心城市为引领，持续实施"郑州新消费"

行动，打造一批智慧市场、智慧商圈、智慧集市、智慧商店，谋划建设一批高端消费区，培育若干世界级地标性商圈。结合首批"国家文化和旅游消费的示范城市"建设，洛阳市文化和旅游消费的设施逐步完善、结构日趋合理、供给不断丰富、需求持续旺盛。洛阳市文广旅局统计，2023年牡丹文化节期间，汉服经济日均吸引客流2.5万人次，地铁单日客流量突破42万人次，创历史新高；中秋国庆假期期间，洛阳市累计接待游客总人数879.77万人次，旅游总收入75.05亿元，较2019年分别增长11.97%和9.97%，较2022年分别增长112.67%和181.38%，游客数量和文旅消费收入均稳步增长。开封、安阳、南阳、商丘纷纷依托本地优势资源加快建设区域消费中心城市，持续激发消费潜力。三是加强消费载体平台打造，着力改善消费环境。聚焦提升城市商业质量，升级改造一批步行街和特色商业街区，开展智慧商圈、智慧商店示范创建行动，帮助商贸行业改善经营环境、促进业态升级。聚焦打造高品质消费新地标，持续改善消费条件，截至2023年9月，全省共有两批9个国家级夜间文化和旅游消费聚集区、六批104家省级品牌消费集聚区。聚焦高质量消费供给，河南计划至2025年在全省形成"四个100"（即100个项目、企业、品牌、运营商）服务业新供给标杆，打造一批复合型、高能级服务业新供给矩阵。聚焦挖掘地方特色消费潜力，许昌、济源、郑州、三门峡、洛阳等地整合重点商圈、特色夜市、文化街区等资源，提质消费载体，积极打造夜间文旅消费集聚地，推动消费持续向好。

（三）不断深化拓展各类消费场景

以信息化、网络化、便利化、个性化、特色化为导向，聚焦不同人群的消费需求偏好，不断拓宽、加快培育文旅消费和网络消费等新型消费方式。一是以河南消费提振年活动为总领提振社会消费信心。围绕恢复和扩大消费打出一系列促消费"组合拳"，先后出台三批促消费政策措施，持续加大财政支持力度，2023年上半年累计发放消费券及消费补贴8.2亿元，谋划举办系列促消费活动，引导各地围绕夏日消费、夜间消费、美食消费、大宗消费等主题，积极发展夜食、夜购、夜娱、夜游、夜演等业态，策划举办促消费活动1000场以上，有力促进了全省消费增长。先后召开2023河南省文旅文创发展大会、"行走河南·读懂中国"文化旅游季暨第五届全球文旅创作者大会等，统筹各地市推出百城千味美食季、百家博物馆展览季、艺术点亮演出季等6类863项文旅促销活动，建成58个智慧旅游沉浸式体验新空间，推出100个文旅消费新场景、50个休闲观光园区，有效推动了商文旅融合、室内外贯通。二是以网络消费新模式为载体推动消费触网融合。抢抓电商新业态、新模式发展先机，聚焦打造数字消费新生活，积极拓展网络消费新场景。围绕完善"互联网+消费"生态体系，积极发展智慧超市、智慧商店、智慧餐厅等新零售业态，培育智能体育、在线教育、在线医疗、在线文娱等线上服务新业态，以网上零售为代表的新型消费蓬勃发展，正成为消费增长新引擎。根据国家统计局的数据，2022年，河南全省实物商品网上零售额3088.8亿元，同比增长16.7%，高于全省社会消费品零售总额增长率16.6个百分点，其中，全省限额以上单位通过公共网络实现的零售额同比增长15.7%，高于全部限额以上单位零售额增长率12.3个百分点。国家统计局电子商务交易平台统计数据显示：2023年上半年，河南商品、服务类电子商务交易额为6467.8亿元，居全国第10位，较上年同期增长12.4%，网络购物成为河南省居民消费重要渠道。三是以新型消费多业态为方向促进消费供需匹配。在数字经济、共享经济、平台经济加持下，城市综合体、社区团购、直播带货、无接触配送等消费新方式、新业态发展迅速。新消费品牌纷纷起势，锅圈食汇、蜜雪冰城先后冲刺IPO，锅圈食汇已在全国整合布局17个现代化区域中心仓和1000多个冷冻前置仓，以实现门店订货高效配送；蜜雪冰城已发展全球门店超3万家，全产业链带动就业超50万人。旅游经济方兴未艾，开封"宋风宋韵"沉浸体验、洛阳"中华霓裳汉服秀"持续出圈出彩，据河南省文旅厅数据，2023年1月至7月，全省举办各类演出活动4603场，395家博物馆接待观众超2000万人次，全省接待游客5.87亿人次，旅游收入5644亿元，分别为2019年同期的109.35%、100.69%。假日经济异彩纷呈，河南省商务厅、省发展改革委等7部门，在全省组织开展以"喜迎

双节　乐享生活"为主题的消费活动。通过音乐会、网红打卡点、无人机表演等，营造良好的假日消费环境。据河南省商务厅数据，2023年中秋国庆"双节"8天假期期间，全省重点监测的360家零售和餐饮企业累计实现销售总额31.33亿元，比上年同期增长9.7%，比2019年同期增长14.4%。

（四）持续提升消费市场监管效能

河南不断优化市场监管体制机制，更好维护消费者合法权益，着力营造公平健康的市场竞争环境和安全放心的消费市场环境。一是持续深化商贸领域"放管服"改革。先后出台多项涵盖贸易流通等领域的政策文件，促进内贸流通发展的相关法规、规划和标准体系逐步健全。取消原油销售仓储和成品油批发仓储经营资格审批、下放成品油零售经营资格审批等权限。完善市场统计监测和调控体系，进一步扩大食品、药品、农业生产资料等重要产品追溯体系覆盖网络。加快建设省级企业信用信息共享平台，归集共享各类信用数据已突破120亿条，居全国第1位。进一步放宽服务消费领域市场准入，清理废除妨碍统一市场和公平竞争的规定和做法，营造更加有利于各类所有制企业公平提供消费产品和服务的市场环境。鼓励和引导社会资本参与公共服务领域投资运营，不断提高公共服务供给效率，培育更加成熟的消费细分市场，努力增加高品质服务供给。二是强化消费安全和质量保障。聚焦"一老一小"食品、校园食品、网红食品、网购食品、地方特色食品等，开展食品安全"你点我检"专项抽检计划，在全省范围内对消费者关注的食品进行监督抽检。深入实施药品保质保供、监管效能提升、政务服务优化、能力作风锤炼"四大工程"，同时狠抓特种设备安全监管，在全省开展重大事故隐患专项排查整治、安全生产督导巡查、燃气安全督导检查等专项行动。以质量强省建设为契机，深入实施个体工商户分型分类试点培育、质量技术帮扶"提质强企"、信用提升助力经营主体纾困解难等行动，投入384万元支持省级中小企业质量管理体系认证提升行动，消费品合格率等4项指标纳入河南省委、省政府高质量发展考核指标体系，经营主体结构不断优化，数量质量显著提升。据河南省市场监督管理局数据，截至2023年6月底,全省实有经营主体1037.2万户,同比增长17.3%,总数居全国第4位。三是着力维护消费公平。围绕消费者的合法权益保护,着力优化消费环境,在民生领域实施了一系列"铁拳"监管行动,加大力度打击炒信、网络刷单等黑色产业链,河南全省市场监管系统2023年上半年共查处违法案件15501件,罚没金额1.85亿元;同时开展的"2023网剑"专项行动组织查办刷单炒信系列案件,涉及交易金额近2.5亿元。开展"提振消费信心 放心消费在中原"系列活动,全省新增放心消费创建示范主体3603家、线下无理由退货承诺主体1631家,累计处理消费诉求95.06万件,为消费者挽回经济损失1.09亿元,河南省12315热线效能评价居全国第2位。

二 当前河南省消费环境存在的问题

2023年以来,河南省消费环境明显改善,消费市场迅猛发展,国内消费需求对全省经济社会发展的支撑作用明显增强,但在消费供给体系构建、消费基础设施建设、监管体制完善等方面仍然存在一些薄弱环节。

(一)高质量的消费供给体系有待完善

高品质产品和服务有效供给不足,消费市场还无法有效满足城乡居民多层次、多样化消费需求,消费品市场的巨大潜力尚需进一步挖掘。一方面,缺乏有竞争力的商贸市场主体。商贸流通领域的总部企业和大型企业偏少,尚未形成在全国有较大影响力和竞争力的企业群体,传统商贸流通企业"小而散"的问题依然存在。在中国商业联合会、中华全国商业信息中心联合发布的"2022年中国零售百强企业"以及中国连锁经营协会发布的"2022年中国连锁TOP100"榜单中,河南均仅有1家企业上榜。另一方面,缺少新消费产品和服务有效供给。网络零售龙头企业不强,难以形成龙头带动效应。具有较强新型零售业务发展能力的个人及团队不多。中国连锁经营协会联合德勤共同发布的"2023中国网络零售TOP100榜单"中无一家河南企业上榜。河南省统计局数据显示,2022年全年全省网上零售额3665.5

亿元，比上年增长13.1%。其中，实物商品网上零售额3088.8亿元，占社会消费品零售总额的12.7%，不及全国平均水平的一半。

（二）新型消费基础设施建设短板较为突出

商贸流通现代化水平有待提高，新型基础设施建设滞后于先进省份，消费新渠道、新模式、新场景建设有待加强，总体流通效率低、物流成本高、引导生产和促进消费作用弱的问题依然存在。一是现代商品供应链基础设施支撑能力有待提升。数字化商品流通体系不完善，新型供应链协同平台、综合服务平台和智能终端服务设施建设滞后，冷链物流仓储体系难以满足地方产业需求，冷库基础设施结构不平衡、冷链运输车辆短缺等问题依然存在。二是信息网络基础设施建设仍有不足。宽带基础设施改造升级、核心商圈区域5G网络覆盖仍需加快推进，"5G+8K"超高清视频、"5G+AR/VR"等技术应用场景仍需加快拓展。三是农产品流通短板仍需进一步补齐。公益性和农村产品流通体系建设投入不足，农村物流配送末端梗阻仍未全面打通，偏远乡镇、农村地区的快递物流配送体系建设较为滞后。农产品"生鲜电子商务+冷链宅配""中央厨房+食材冷链配送"等新兴业务发展较慢，品牌农产品网络销售渠道拓展和产品推介销售力度仍待加强。

（三）监管体制尚难以有效适应消费新变化

消费市场的相关监督管理体制不甚完善，一定程度上难以形成对当前消费新趋势、新特征的全方位监管、全天候服务。一是内贸体制管理手段相对不足。重要商品市场流通管理比较分散，尚未形成统一的行之有效的管理制度，消费质量标准体系建设不能满足新型消费提质扩容的需要，政策法规体系不健全，基层管理队伍薄弱等制约发展的体制机制因素仍然存在。二是融合化、信息化监管相对滞后。市场监管相关部门承担的职责任务繁多，原工商、质检、食药监三部门部分行政处罚、行政许可信息系统未进行整合，市场监督管理难以形成有效合力，机构改革后，未彻底改变运动式执法的监管模式。部门之间、部门内部"信息孤岛"难以消除，食品药品质量管理方面的信用约束机制未有效建立。三是消费者权益保护能力仍需提升。消费者权益保护相关法律法规建设相对滞后,个别文件规定缺乏可操作性,加大了实际执法难度,对商业经营主体尤其是小规模经营主体的监管存在"真空"。由于个别经营者不诚实交易、不讲商业信用以及价格欺诈等违法行为的个体性、一次性较强且取证难,对相关违法行为的处罚难度较大。

三 河南省进一步提升消费环境的对策建议

下一步,河南省要继续把恢复和扩大内需摆在优先位置,从增强消费对经济发展的基础性作用出发,找准当前消费者需求升级和生产者供给优化的短板与堵点,将深入实施扩大内需战略同深化供给侧结构性改革有机结合,从"软""硬"两方面着手,优化消费环境、提振消费信心、激发消费潜能,为积极服务构建新发展格局、奋力推进中国式现代化的河南实践提供有力支撑。

(一)创新消费供给,强化消费"硬环境"建设

1. 以消费中心城市建设为抓手推动消费综合体验改善

支持郑州、洛阳建设国际消费中心城市,培育一批区域性消费中心城市。一是积极发展城市商圈。指导各地改造提升一批特色步行街,打造消费市场新地标,在文化创意、服装、假发等时尚领域发展首店经济等新业态,争创一批国家级、省级步行街和夜间大型旅游消费集聚区,在重点商圈组织开展外摆经营试点。二是丰富消费主题活动。依托城市步行街、文化街区、有条件的景区等,推出音乐节、美食节、露天电影节、艺术节、灯光艺术节等夜间消费主题活动,培育一批新的餐饮综合体、"深夜食堂"和夜间公共场馆;依托文化街区等载体,培育一批"夜经济"特色网红品牌,打造一批网红打卡地。三是打造国际消费平台。支持有条件的地区依托自由贸易试验区、跨境电子商务综合试验区等,与国(境)外机构合作建设涉外消费专区。探索建设RCEP经贸合作示范区,建立免税购物和离境退税机制,支持国产老字号、新品牌向税务部门申请成为退税商店。

2. 以商贸流通网络优化为重点加快消费基础设施建设

坚持"需求牵引供给、供给创造需求",从各级各类商贸流通设施网络建设入手,加快形成高质量标准的消费基础设施体系。一是织密城市消费设施网络。聚焦提升传统消费,培育新型消费,适度增加公共消费,积极推动城市商圈错位发展,拓宽消费服务领域,促进特色商业街区、镇区品质提升,围绕商业、文化、旅游、体育等主题有序建设一批设施完善、业态丰富、健康绿色的消费集聚区,打造"高端商圈+特色街区+城市一刻钟便民生活圈"多层次城市消费网络。二是完善县域商贸流通网络。加强县域商贸流通基础设施建设,合理规划布局农产品批发市场、小商品批发市场等重点交易市场,支持各类内贸企业向县域布局营销网点和延伸服务网络,推动有条件的乡镇建设综合商业服务体。三是畅通城乡物流"微循环"。推进县乡村物流三级网络节点体系建设,形成"县县有物流园区及物流配送中心、乡镇有转运站、村村有配送网点"的城乡双向畅通的物流配送网络。改造提升商业物流配送中心,推广现代物流技术和装备,发展统一配送、共同配送、夜间配送等集约化配送模式,加快构建城乡一体化产品配送网络,畅通工业品下乡和农产品进城双向流通渠道。

3. 以线上线下消费融合为突破抢抓新型消费"新赛道"

高度重视平台企业线上线下融合剂和消费放大器作用,推进线上线下消费深度融合。一是促进线上线下平台企业融合。出台支持平台企业发展的具体举措,建设培育若干大型本土网络零售服务平台,探索"平台+产业生态"模式,帮助中小微实体企业直接与消费者对接。推动线下店铺数字化转型,支持传统企业通过网络直播等新方式拓展销售渠道。二是促进线上线下消费场景融合。支持电商平台创新服务模式,鼓励传统商业企业、街区(商圈)数字化转型,开展"云逛街""云批发""云便利""云送餐(菜)"等主题活动,持续推动商贸、文化、体育、养老等生活性服务业数字化进程,促进无接触配送、无人零售、直播零售等消费新业态、新模式、新场景的普及应用。三是促进线上线下消费体验融合。充分发挥新型消费高效、便捷、智慧、融合等优点,打造电商直播基地、"网红经济"产业园、元宇宙场景体验基地等，制定"6·18""国庆""双十一"等重要时点消费促进方案，努力为消费者营造线上线下无差别、一体化的消费体验环境。依托航空港区、自贸区以及各地开发区、城市核心商圈等，推动离境退税"实体+线上"商店全覆盖，壮大线上线下"沉浸式、体验式"新消费。

（二）实施"消费+"行动，强化消费"软环境"塑造

1. 优化"消费+信用"市场环境

优化消费市场信用环境，使广大消费者没有后顾之忧敢消费。一是完善个人信息保护制度和消费后评价制度。加强部门之间的协同配合，构建绿色沟通渠道，切实打击网络刷单炒信、跨境赌博、电信网络诈骗等黑色、灰色产业链，惩治侵害消费者个人信息权益的违法行为。建立健全产品和服务消费后评价体系，完善全过程产品和服务安全防范机制，优化消费环境监测评价体系。二是完善企业守信激励和失信约束机制。引导企业主动发布综合信用承诺或产品和服务质量专项承诺，开展消费领域信用平台监测和企业信用评价，依托"信用河南"平台向社会公布食品药品、旅游等行业守信"红名单"、失信"黑名单"。三是加强重点领域、重要商品、敏感时段市场价格监管。完善消费品明码标价和收费公示制度，健全以"双随机、一公开"监管为基本手段、以重点监管为补充、以信用监管为基础、以智慧监管为支撑的消费领域新型监管机制。

2. 规范"消费+监管"行业秩序

坚持宽严相济、放管结合，进一步规范市场秩序。一是强化包容、审慎监管。探索符合新业态、新模式发展的监管办法，对新出现、一时看不准的新业态、新模式，设置一定的观察期，预留发展空间；对关乎群众生命财产安全、存在较大潜在风险、可能造成严重不良后果的新业态、新模式要严格监管；对非法经营、触及法律法规红线的要坚决依法取缔。二是有序放宽行政性限制。有序放宽行政性限制消费购买规定，放宽服务消费领域市场准入，探索实施服务消费负面清单管理制度。着力提高入境旅游便利化程度，推动引流境内游、回流境外游。适当放宽特定时段和路段的夜间经济街区相关摆卖管制，适当简

化各类促销活动场地审批程序。三是完善大数据应用支撑体系。推进消费领域部门数据归集整合，加强动态变化情况跟踪监测，科学评判消费环境状况，预判消费波动趋势。研究编制消费升级指数，建立重大消费政策评估机制。建立消费大数据分析常态化机制，推动消费领域大数据应用并实现互联互通。四是推动互联网融合监管。建立健全线上线下一体化监管机制，加强对平台履行职责的日常监管，规范网络交易市场秩序，维护消费者合法权益。规范行业秩序，引导平台公司减佣让利，降低中小商户的基础运营成本。

3. 营造"消费+安全"良好氛围

聚焦食品安全、产品质量、消费者维权等，加强监督管理、服务引导。一是加强生产经营过程质量安全控制。加强重要产品追溯体系建设，支持追溯第三方服务平台建设，全面实现源头可追溯、流向可跟踪、信息可查询、责任可追究。推动食品生产企业建立实施危害分析与关键控制点体系，加快构建全程覆盖、运行高效的农产品食品安全监管体系，提升农产品食品全链条质量安全水平。二是深入推进"放心消费创建"行动。不断拓展放心消费建设领域，拓宽放心消费行业区域覆盖面，提升放心消费单位占有效经营主体的比重。积极开展放心工厂建设，从源头提升产品质量和服务水平。广泛推行无理由退货承诺，提高无理由退货承诺单位在放心消费单位中的比重。三是健全消费者维权机制。依法加强对经营者及其经营行为的监督、管理，畅通消费者诉求渠道，及时处理消费者的投诉、举报。探索消费纠纷多元解决机制，促进诉讼、仲裁与调解有效对接，适当扩大公益诉讼主体范围，健全消费者维权机制。

参考文献

陆丽洁：《用良好消费环境来提振消费信心》，《当代广西》2023 年第 16 期。

郭春丽、易信：《新发展阶段扩大内需的现实逻辑、战略导向和实践重点》，《经济纵横》2023 年第 7 期。

《优化消费环境 激发消费新动能——以贵州省为例》，《中国发展》2023 年第 3 期。

B.15
中部六省视域下河南省商贸流通效率评价研究

贾万聪*

摘　要： 提高流通效率、建设高效顺畅的流通体系是构建新发展格局的必然要求。本报告以中部地区六个省份为研究对象，对河南省商贸流通效率进行对比评价；基于2012~2021年中部地区六个省份的流通数据，通过非径向、非导向超效率SBM模型，计算得到中部地区商贸流通效率。研究结果表明：河南省流通效率下滑明显，由2012~2018年中部地区的首位下滑至2019年的第5位，2020~2021年保持在第4位，规模效率的大幅度下滑是造成流通效率下滑的主要原因；河南省纯技术效率始终处于中部地区领先地位，但整体呈下滑趋势；河南省规模效率不仅处于下滑状态，且效率水平偏低，居于中部地区中下游。

关键词： 流通效率　超效率SBM模型　现代流通产业　中部六省

一　引言

习近平总书记在党的二十大报告中指出，"加快构建以国内大循环为主体、国内国际双循环相互促进的新发展格局"。消费是畅通国内大循环的关键环节和重要引擎。"双循环"战略的确立，意味着提振国内消费、增强消费对经济发展的带动作用，是推动国内市场由大到强、充分发挥我

---

* 贾万聪，河南省社会科学院商业经济研究所研究实习员，研究方向为企业发展与商贸流通。

国超大规模市场优势的必由之路。流通作为生产与消费的桥梁,是商品交换的系列过程,在扩大内需、活跃市场和提高居民生活质量方面有着重要作用。建设高效顺畅的流通体系是构建新发展格局的必然要求,流通效率的提升能有效促进居民消费的增长,优化消费结构,实现居民消费升级。以往对流通效率的研究大多倾向于全国,针对中部地区的研究较少,而流通效率发展水平区域差异明显,中部地区明显低于东部地区和东北地区。中部地区亟须加快推进高效顺畅的现代流通体系建设,提高资源配置效率和利用效率,增强流通体系韧性,提升流通效率。河南省作为中部地区经济第一大省,流通行业仍面临现代化程度不高、有效供给和中高端供给不足、基础设施和服务水平薄弱等诸多挑战,需着力提升全省商贸流通质量效率和现代化水平。提升流通效率不仅是加快推进现代化河南建设的重要途径,也是提升中部地区经济动能的重要抓手。因此,本报告以中部六省作研究对象,对比评价河南省商贸流通效率发展水平,同时也可以观察中部地区商贸流通效率的变化趋势。

二 流通效率评价方法综述

目前学术界对流通效率的测算主要采用数据包络分析法(DEA),DEA用于评价多投入、多产出复杂系统内同质单元的相对效率,但不同学者采用的具体模型不同。冯树辉和朱平芳采用传统CCR模型测算互联网商业流通效率;杨守德和赵德海在传统CCR模型基础上增加了一个凸性假设,采用CCR-BCC模型对流通节点城市流通效率进行评价;还有学者采用三阶段DEA模型测量流通业效率,其中赵霞、万长松和宣红岩第一阶段采用BCC模型作为传统DEA计算模型,王春豪和袁菊第一阶段采用SBM-SDEA方法测算效率值;唐红涛、陈欣如和张俊英,杨守德和张天义采用DEA-Malmquist指数测算全国流通效率;陈翀采用EBM-DEA模型对流通效率进行测度,且将流通环节中的二氧化碳排放这一非期望产出纳入考量;还有部分学者采用超效率DEA模型测算流通效率。综上所述,在具体应用DEA分

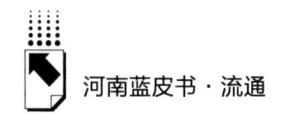

析模型测算流通效率时,学者采用的具体模型有CCR模型、BCC模型、EBM模型和超效率模型。

三 流通效率研究方法及数据说明

(一)研究方法

传统的CCR模型和BCC模型在评价投入和产出的相对效率时,由于允许生产决策单元与自身比较,部分评价结果为1.0,可能会出现多个评价结果相似的情况,测算结果与现实有一定的差距,并且大多数情况下会要求投入和产出同比例变化,需要从投入导向或是产出导向选择效率评价结果,选用不同的导向,评价结果有时会出现差异。超效率DEA模型是将超效率SBM模型与DEA模型结合起来,对传统DEA模型的不足进行了修正,使每个生产决策单元不允许与自身比较,部分评价结果将不再为1.0,也不需要考虑导向的选择问题,不要求投入与产出严格按照同比例变化,能够有效提高评价结果的真实性和准确性,因此本报告采用超效率SBM模型测算商贸流通效率。

(二)指标及数据说明

本报告的商贸流通业是指交通运输、仓储和邮政业,批发和零售业与住宿和餐饮业。本报告以中部六省为研究对象,选择2012~2021年作为研究时期,报告中用到的指标数据均来自《中国统计年鉴》。超效率SBM模型需要确定合适的投入和产出变量,具体如下所示。

1. 投入变量

(1)劳动投入

以商贸流通业年末的从业人数作为衡量商贸流通业的劳动投入。由于《中国统计年鉴》中只有流通行业限额以上企业的从业人数,故本报告参考赵霞、万长松和宣红岩的估算方法,具体的计算公式为:

$$各地区商贸流通业从业人数 = 各地区总就业人数$$
$$\times \frac{各地区商贸流通业城镇私营单位就业人员数}{各地区城镇私营单位就业人员数}$$

（2）资本投入

以商贸流通业年末的资本存量为衡量商贸流通业的资本投入。参照学者赵霞、万长松和宣红岩，唐红涛、陈欣如和张俊英的研究，资本存量采用永续盘存法计算得出，具体的计算公式为：

$$K_{it} = K_{it-1}(1-\delta) + I_{it}$$

其中 K_{it} 和 K_{it-1} 分别代表 i 省份第 t 和 $t-1$ 年的资本存量，I_{it} 代表 i 省份第 t 年固定资产投资额，δ 为固定资产折旧率，由于学者一般选定 5% 为固定资产的折旧率，本报告也以 5% 为固定资产的折旧率。本报告的基期为 2012 年，关于基期行业的资本存量，具体的计算公式为：

$$K_{to} = I_{to} \times \left(\frac{1-\delta}{1+g}\right)$$

其中，K_{to} 为 2012 年资本存量，I_{to} 为 2012 年固定资产投资额，g 为 2013~2021 年固定资产投资额年平均增长率，δ 为固定资产折旧率。以 2012 年为基期，本报告用固定资产投资价格指数对固定资产投资额进行价格平减，由于 2019 年以后停止公布固定资产投资价格指数，2020~2021 年用工业生产者出厂价格指数对其进行价格平减。

（3）物力投入

除了考虑劳动和资本生产要素的投入，鉴于商贸流通行业的特点，物流基础设施对商贸流通业的影响不容忽略。参照学者王晓东和王诗桦，赵霞、万长松和宣红岩的研究，以地区单位面积运输线路里程为衡量物力投入的指标。运输线路里程包括铁路营业里程、公路里程和内河航道里程，以各个省份的运输线路总里程除以各个省份的面积计算地区单位面积运输线路里程，用来反映各地区物流基础设施的投入。

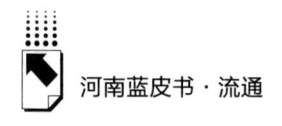

2.产出变量

本报告选择社会消费品零售总额和商贸流通业增加值作为产出变量,上述数据均以2012年为基期,并用各年的消费者价格指数进行价格平减。

(三)数据处理

本报告选择2012~2021年中部六省作为研究样本,2012~2021年中部六省投入变量和产出变量的描述性统计信息如表1所示。

表1 2012~2021年中部六省流通效率变量描述性统计

变量类型	变量名称	变量符号	最小值	最大值	均值	标准差	观测数
投入变量	流通业从业人数(万人)	L	152.67	511.76	330.30	110.19	60
	流通业资本存量(亿元)	K	961.21	30829.89	10773.52	7687.60	60
	地区单面积运输里程(公里/平方公里)	M	0.91	1.77	1.32	0.27	60
产出变量	社会消费品零售总额(亿元)	S	4027.25	20506.79	11405.71	4939.55	60
	流通业增加值(亿元)	C	1877.34	7474.82	3886.93	1555.56	60

四 流通效率实证结果与分析

(一)中部六省流通效率测算结果

本文使用Matlab 2021a软件,通过非径向、非导向超效率SBM模型,计算得到2012~2021年中部地区六个省份的流通效率,包括综合技术效率、纯技术效率和规模效率,结果如图1和表2所示,其中图1中的数据为2012~2021年中部六省历年流通效率的均值,表2中的数据为中部地区每个省份2012~2021年流通效率的均值。从中部地区整体来看,2012~2021年中部地区综合技术效率均值大体呈现波动上升态势,由

0.968上升到0.972，净增加值为0.004，说明中部地区综合技术效率有所提升，但上升幅度较小。2012~2021年中部地区纯技术效率均值总体呈现波动上升态势，由1.102上升到1.122，净增加值为0.02，除2015年为0.995，其余年份均大于1.0，说明中部地区纯技术效率较高，这是因为各个省份逐步加大流通产业技术创新投入力度，加快建设现代化流通体系。2012~2021年中部地区规模效率均值总体呈现波动上升态势，由0.878上升到0.882，净增加值为0.004，说明中部地区规模效率有所提升，但上升较为缓慢。综合技术效率等于纯技术效率乘以规模效率，规模效率增长缓慢成为制约综合技术效率提升的主要因素。分地区来看，河南省和湖南省处于中部地区综合技术效率的前列，综合效率均值均大于1.0，安徽省和江西省综合技术效率较低，其中江西省为0.771。山西省、河南省和湖南省处于中部地区纯技术效率的前列，纯技术效率均值均大于1.0，其中山西省居于首位，为1.286；其余三个省份也在0.96之上。湖北省居于中部地区规模效率的首位，为0.990；河南省居于第4位，为0.872；山西省处于末位，为0.788。中部地区六个省份流通行业规模效率普遍偏低。

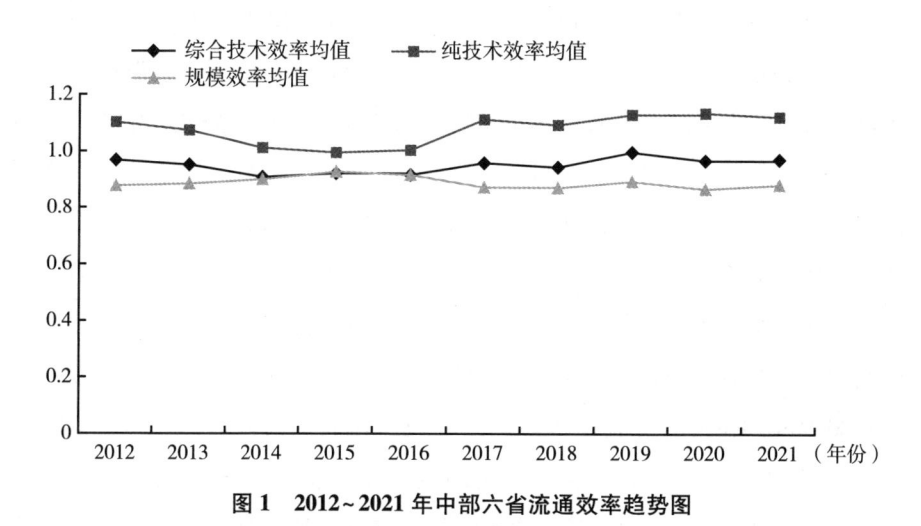

图1 2012~2021年中部六省流通效率趋势图

表2 2012~2021年中部六省流通效率测度结果

省份	综合技术效率	纯技术效率	规模效率
山西	0.998	1.286	0.788
安徽	0.887	0.969	0.915
江西	0.771	0.961	0.808
河南	1.055	1.212	0.872
湖北	0.963	0.972	0.990
湖南	1.031	1.069	0.964
均值	0.951	1.078	0.889

（二）河南省流通效率趋势比较分析

本部分分析2012~2021年河南省流通效率的变化趋势，以及通过与中部地区其余五个省份进行比较，进一步评价河南省流通效率的发展水平。

1. 综合技术效率

本部分计算了2012~2021年中部六省每年的综合技术效率值，结果如表3所示，可以看出2012~2021年河南省综合技术效率整体呈现波动下降态势，由最高值1.131下降到最低值0.911，净减少值为0.22，其中2017~2021年呈持续下降趋势，并于2021年首次下降到1.0以下，下滑趋势较为明显。对比来看，除湖北省整体也呈现大幅度波动下降趋势外，由1.068降到0.835，减少了0.233，山西省、安徽省、江西省和湖南省整体均呈现不同程度的波动上升趋势，山西省、安徽省和湖南省增长波动较大，其中安徽省突飞猛进，实现大幅度增长，而江西省稳步增长。从排名来看，2012~2016年河南省始终处于中部地区综合技术效率的首位，湖南省和湖北省紧随其后，差距较小；2017~2018年河南省仍处于首位，安徽省开始紧随其后；2019年河南省下降到中部地区第5位，仅高于江西省；2020~2021年处于中部地区第4位，高于湖北省和江西省，且与前3位安徽省、湖南省和山西省的差距逐渐拉开。表现最为突出的是安徽省，其2016年正式加入长三角城市群后，流通效率由2016年的0.642上升到2017年的1.053，之后保持在

1.0 以上，2017~2018 年成为中部地区第 2 位，2019~2021 年深度融入长三角一体化发展国家战略，借助重大发展机遇和红利，成为中部地区流通效率的首位，取得了由 2012 年的末位逆势增长为 2021 年的首位的发展成果。

表 3 2012~2021 年中部六省综合技术效率测度结果

省份	2012 年	2013 年	2014 年	2015 年	2016 年	2017 年	2018 年	2019 年	2020 年	2021 年	均值
山西	1.046	1.058	0.855	1.029	1.004	1.018	0.857	1.037	1.019	1.056	0.998
安徽	0.721	0.708	0.710	0.658	0.642	1.053	1.047	1.048	1.146	1.141	0.887
江西	0.788	0.780	0.721	0.734	0.736	0.787	0.770	0.807	0.791	0.796	0.771
河南	1.131	1.080	1.115	1.064	1.067	1.076	1.066	1.024	1.013	0.911	1.055
湖北	1.068	1.027	1.018	1.030	1.018	0.808	1.015	1.028	0.778	0.835	0.963
湖南	1.055	1.058	1.031	1.017	1.034	1.011	0.911	1.041	1.059	1.090	1.031
均值	0.968	0.952	0.908	0.922	0.917	0.959	0.944	0.998	0.968	0.972	0.951

2. 纯技术效率

本部分计算了 2012~2021 年中部六省每年的纯技术效率值，结果如表 4 所示，可以看出 2012~2021 年河南省纯技术效率整体呈现波动下降态势，由 1.266 下降到 1.202，净减少值为 0.064，2017 年处于最高值 1.316，2019 年为最低值 1.111，高于 1.0，处于技术有效状态，说明河南省流通业技术利用效率水平较高。对比来看，江西省和湖北省整体下降幅度更大，江西省由 1.075 降到 0.882，排名由第 4 位降到第 5 位；湖北省则先是由 2012 年第 2 位降至 2013~2016 年的中下游，之后进一步降至 2017~2021 年的末位。山西省、安徽省和湖南省整体均呈现波动上升态势，山西省增长幅度较大，由 1.080 上升到 1.523，增长了 0.443，安徽省整体增长波动较大，湖南省增长较为平缓，但两省 2017~2021 年增长幅度较为接近，与河南省的差距也逐渐缩小。从排名来看，2012~2016 年河南省始终处于中部地区纯技术效率的首位，山西省由 2012 年的第 3 位稳步增长为 2013~2016 年的第 2 位，且与河南省的差距逐渐缩小。2017 年河南省纯技术效率低于山西省，首次从中部地区纯技术效率首位降到第 2 位，2018~2021 年一直保持在第 2 位，但整体呈下滑趋势，而山西省保持稳步增长态势，两者差距逐渐拉开。

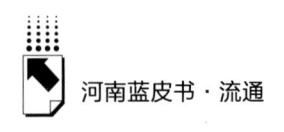

表4 2012~2021年中部六省纯技术效率测度结果

省份	2012年	2013年	2014年	2015年	2016年	2017年	2018年	2019年	2020年	2021年	均值
山西	1.080	1.095	1.186	1.159	1.176	1.367	1.309	1.480	1.485	1.523	1.286
安徽	1.050	1.020	0.786	0.699	0.675	1.060	1.049	1.056	1.146	1.146	0.969
江西	1.075	1.033	0.842	0.839	0.850	1.034	1.026	1.018	1.009	0.882	0.961
河南	1.266	1.207	1.205	1.201	1.232	1.316	1.117	1.111	1.265	1.202	1.212
湖北	1.086	1.028	1.020	1.033	1.028	0.828	1.023	1.029	0.789	0.853	0.972
湖南	1.056	1.059	1.031	1.041	1.064	1.071	1.037	1.087	1.117	1.128	1.069
均值	1.102	1.074	1.012	0.995	1.004	1.113	1.094	1.130	1.135	1.122	1.078

3. 规模效率

本部分计算了2012~2021年中部六省每年的规模效率值，结果如表5所示，可以看出2012~2021年河南省规模效率整体呈现波动下降趋势，由0.894下降到0.758，净减少值为0.136，其中2018年达到峰值0.954，之后逐年下滑，2021年降到谷底0.758，首次低于0.80。对比来看，除安徽省和江西省外，其余省份均有不同程度的下滑，山西省下滑幅度较大，由2012~2013年的第3位下滑到2014年的末位，2015年虽短暂恢复增长，略超过江西省，但2016~2021年总体仍处于下滑状态，居于中部地区末位；湖北省下降趋势较为平缓，由0.984降到0.979，减少了0.005，始终处于规模效率的前列，维持在第一或第二的位置；湖南省除了个别年份增长外，其余年份均有不同程度的下降，2012~2016年处于领先地位，之后逐渐下滑到第3位，2018年下降幅度最大，跌出了前3位。安徽省和江西省则实现逆势大幅增长，安徽省从2012年和2013年的末位上升到2014年第4位，之后总体保持稳定增长，并于2017年超越湖北省，首次成为中部地区第1位，于2020年首次达到1.0，处于规模有效状态；江西省由0.734上升到0.902，增长了0.168，由2012年的第5位上升到2021年的第4位。从排名来看，河南省处于中部地区规模效率的中下游，除2014年和2018年位于第3位，其余年份基本保持在第4位，高于山西省和江西省，2021年降到第5位，仅高于山西省。河南省流通业限额以上的企业单位数量太少，行业集中度较低，成为制约规模效率提升的主要因素。2021年河南省限额以上法人企业单位数占法人企业单位数的比重在中部六省中排名第5位，仅高于山西省。

表5 2012~2021年中部六省规模效率测度结果

省份	2012年	2013年	2014年	2015年	2016年	2017年	2018年	2019年	2020年	2021年	均值
山西	0.968	0.967	0.721	0.888	0.854	0.745	0.654	0.701	0.686	0.693	0.788
安徽	0.686	0.693	0.903	0.941	0.951	0.993	0.998	0.992	1.000	0.996	0.915
江西	0.734	0.755	0.855	0.876	0.866	0.762	0.751	0.793	0.784	0.902	0.808
河南	0.894	0.895	0.926	0.886	0.866	0.818	0.954	0.922	0.801	0.758	0.872
湖北	0.984	0.999	0.997	0.996	0.991	0.976	0.992	0.999	0.987	0.979	0.990
湖南	0.999	0.998	0.999	0.977	0.972	0.944	0.879	0.958	0.948	0.966	0.964
均值	0.878	0.885	0.900	0.927	0.917	0.873	0.871	0.894	0.868	0.882	0.889

对表3、表4和表5进行比较，发现2012~2021年河南省综合技术效率、纯技术效率和规模效率均有不同程度的下降。综合技术效率下滑明显，从中部地区首位下滑到中下游。纯技术效率虽有小幅度下降，但始终高于1.0且大于综合技术效率，居于中部地区领先地位，说明河南省商贸流通业处于技术有效状态。反观规模效率，其始终小于1.0并低于综合技术效率，且排在中部地区中下游，表明河南省商贸流通业规模效率持续偏低。进一步对比发现河南省综合技术效率和规模效率的变化趋势较为相似，说明规模效率偏低是造成商贸流通业综合技术效率下滑的主要原因。2020年和2021年河南省规模效率降到0.90以下，与安徽省、湖北省和湖南省的差距进一步拉大，使河南省综合技术效率下滑到中部地区第4位。

五 结论与政策建议

（一）主要研究结论

1. 河南省流通业综合技术效率下滑明显

2012~2018年河南省综合技术效率整体虽有所下滑，但保持领先地位，处于中部地区综合技术效率首位。2019年河南省综合技术效率呈下滑趋势，而其他五个省份均呈增长趋势，河南省下滑至中部地区第5位，仅高于江西省；2020年持续下滑，但仍高于1.0，表明河南省综合技术效率仍处于较高水平，排名提升至中部地区第4位，高于湖北省和江西省；2021年降到谷底，排名虽保持中部地区第4位，但效率值首次低于1.0，下滑明显，综合技术效率由有效状态转为无效状态。2019～2021年，安徽省、湖南省和山西省处于中部地区综合技术效率前列，分别以4.34%、2.33%和0.91%的平均速度保持增长，5.68%的平均下滑速度使河南省与它们的差距逐渐拉开。

2. 河南省流通业纯技术效率水平较高但存在下滑风险

2012～2016年河南省纯技术效率整体稳定，保持在1.20以上，一直处于中部地区领先地位，但与山西省的差距缩小。2017～2021年河南省纯技术效率维持在1.0以上，居于中部地区第2位，属于技术有效状态，说明河南省流通业纯技术效率水平较高。河南省纯技术效率始终处于中部地区领先地位，但整体呈下滑趋势。2012～2021年河南省纯技术效率平均增长速度为-0.57%，而山西省、安徽省和湖南省分别以年均3.89%、0.97%和0.74%的速度保持增长，负增长速度拉大了河南省与首位山西省的差距，缩小了与安徽省和湖南省的差距。

3. 河南省流通业规模效率水平偏低

河南省规模效率不仅处于下滑状态，且效率水平偏低。2012～2021年河南省规模效率整体处于下滑趋势，2018年达到峰值0.954，2021年降到谷底0.758，首次低于0.80，而安徽省、江西省等四个省份均在0.90以上。河南省规模效率始终小于1.0，处于规模无效状态，居于中部地区中下游，除2014年和2018年进入中部地区第3位，其余年份基本保持在第4位，高于山西省和江西省，2021年降到第5位，仅高于山西省。2019～2021年安徽省和湖南省规模效率整体保持增长，江西省以6.65%的年均增速实现逆势增长，湖北省虽有小幅度下滑，但仍保持较高水平，山西省2021年出现微弱增长势头，河南省9.32%的年均下滑速度使其与安徽省、湖南省的差距逐渐拉开，与山西省和江西省的差距逐渐缩小。规模效率的大幅度下滑也是造成河南省流通业综合技术效率下滑的主要原因。

（二）河南省提升流通效率的政策建议

1. 扩大流通企业规模，提高流通业规模效率

研究结论表明，流通业规模效率的大幅度下滑是造成河南省流通业综合技术效率下滑的主要原因，因此需要重点提高流通业规模效率。一是抓实限额以上企业培育，壮大限额以上流通企业规模，提高限额以上法人企业单位数占法人企业单位数的比重。重点挖掘、孵化一批具有良好成长性的新业态、新模式企业，加大培育和扶持力度，使其发展为限额以上企业，如对当年入统且零售额同比增长超过一定范围的限额以上法人企业给予资金奖励。重点支持具有一定规模和品牌优势的企业，侧重引导产业结构优化和培育新的增长点，不断扩大企业发展规模，鼓励成立和发展新的限额以上企业。二是支持流通企业做大做强，扩大流通企业规模。积极引导行业龙头企业通过业务扩张、战略合作、投资等方式布局新业务，向产业链上下游拓展，深化产业链布局，带动全产业链高质量发展，打造跨界经营综合体，形成一批具有国际影响力的流通企业。鼓励流通企业通过品牌化、连锁化等发展方式走出去，支持豫菜餐饮企业新设直营连锁店，对当年新增多家直营连锁店的餐饮企业给予资金补助。

2. 促进流通企业创新，提升流通业纯技术效率

研究结论表明，河南省流通业纯技术效率水平较高但存在下滑风险，因此需要继续提升流通业纯技术效率。一是推动商贸流通企业加快转型升级。引导传统商贸企业借助大数据、云计算等新兴互联网技术，发挥流通数据优势，提升产销衔接水平，挖掘客户的潜在消费需求，为客户提供个性化和精细化服务。开展省级转型升级重点流通企业认定工作，将符合条件的企业认定为重点企业，列入重点项目，使之成为省级重点扶持对象。支持老字号企业创新发展，鼓励老字号企业新设直营连锁店，给予突出企业一定的项目补助。二是着力培育数字平台。政府牵头搭建数字平台，为中小微流通企业提供数字软件服务包，并出台相关支持政策，为企业提供数字化升级服务，降低企业数字化升级门槛，帮助企业更好地进行数字化转型，真正做到减本

增效。

3. 加快跨省协同发展，提高河南省流通效率

研究结论表明，河南省流通效率下滑明显，因此要着重提高流通效率。随着全国要素统一大市场的加快形成，实施区域协同发展战略是建设现代化经济体系的重要组成部分。一是深化与中部地区其他省份的流通联系。加强毗邻地区省际合作，推动商品的跨区域流动，降低流通成本，提高流通效率，使本省的产品更容易进入国内外市场，提高河南省在国内外市场的竞争力。二是积极融入国家重大战略。依托河南省产业基础和比较优势，主动对接长三角一体化发展，全方位开展与东部先进省份的深度对接，融入长三角地区产业链、供应链，打造覆盖河南省全省的中原—长三角经济走廊，打通物流大通道，拓宽河南省发展空间，推进产品流通，提高流通效率。

参考文献

杨水根、张川、董晓雪：《流通效率提升与消费扩容升级——基于2003~2018年中国省际面板数据的实证研究》，《消费经济》2020年第4期。

祝合良、郭凯歌、王春娟：《数字经济、流通效率与居民消费增长》，《商业经济与管理》2023年第6期。

杨莉娟：《数字化交易、商贸流通效率与消费结构升级关系探究》，《商业经济研究》2023年第13期。

赵霞、万长松、宣红岩：《低碳约束下中国流通业效率的区域差异——基于三阶段DEA模型的测算》，《北京工商大学学报》（社会科学版）2018年第5期。

冯树辉、朱平芳：《消费结构升级对产业结构升级的异质性影响——兼论互联网商业流通效率的调节作用》，《中国流通经济》2022年第4期。

杨守德、赵德海：《流通节点城市流通效率对经济发展牵动作用的实证研究——以黑龙江省为例》，《中国流通经济》2016年第4期。

王春豪、袁菊：《西部地区现代流通业效率测度及空间差异分析——基于非径向超效率三阶段DEA模型》，《工业技术经济》2019年第12期。

唐红涛、陈欣如、张俊英：《数字经济、流通效率与产业结构升级》，《商业经济与管理》2021年第11期。

杨守德、张天义：《数字经济时空分异与都市圈一体化发展研究——基于流通效率和产业结构升级的链式多重中介效应分析》，《云南财经大学学报》2023年第4期。

陈翀：《消费分层与环境优化：基于流通效率提升的诠释》，《价格理论与实践》2022年第6期。

谢莉娟、万长松、王诗桥：《国有资本与流通效率：政治经济学视角的中国经验》，《世界经济》2021年第4期。

杨肖丽、赵涵、牟恩东：《数字经济对农产品流通效率的影响——基于省域面板数据的实证分析》，《中国流通经济》2023年第8期。

陶雪萍、王平、朱帮助：《基于SBM-undesirable和Meta-frontier模型的APEC能源效率研究》，《北京理工大学学报》（社会科学版）2015年第2期。

王晓东、王诗桥：《中国商品流通效率及其影响因素测度——基于非线性流程的DEA模型改进》，《财贸经济》2016年第5期。

B.16 发挥口岸优势 提升河南省经济循环效能

王 梁*

摘 要： 口岸在流通和推动经济发展中具有重要作用，当前河南省口岸发展取得了一定的成绩，但还存在口岸基础设施建设有待加强、口岸通道网络体系有待完善、口岸经济规模还不够大等问题，未来河南省应从提升口岸建设运营水平、优化口岸运输通道网络、提升国际贸易"单一窗口"服务能级、壮大口岸经济规模四个方面推动河南省口岸高质量发展，更好地服务河南省经济发展。

关键词： 口岸 经济发展 河南省

流通产业是基础性、先导性、支柱性产业，流通水平在很大程度上决定着国民经济大循环的速度与质量。口岸作为将国内与国际两个市场联系起来的中心节点和生产要素跨境流动的载体与通道，其流通功能对地区生产要素流通效率的高低有着重要的影响。近年来，河南省口岸软硬件建设水平不断提高，流通功能效用突出，有力地推动了河南省社会经济的发展和开放高地的打造。进入新发展阶段、贯彻新发展理念、构建新发展格局，河南省应把握机遇，积极构建内陆综合性大口岸格局，进一步发挥口岸优势，提升河南省经济循环效能。

---

* 王梁，河南省发展战略和产业创新研究院经济师，研究方向为区域经济、产业经济。

一 口岸发展意义与趋势

作为交通网络的重要节点和产业发展的重要平台，口岸既是流通的枢纽，也是经济发展的引擎。促进流通和经济发展是口岸的两个功能。在"双循环"的新发展格局下，必须发挥好口岸的流通功能和经济发展功能，统筹考虑口岸发展水平和经济发展，将口岸打造为提升经济循环效能的重要载体。

（一）口岸发展与经济发展互相促进

口岸是全球配置资源要素的重要平台，是国家或地区开放型发展联通全球市场的重要枢纽，是区域经济发展的新引擎，其与经济发展是互相促进的关系。口岸为经济发展提供支撑。随着经济全球化的发展，国与国之间的经济交往日益密切，口岸便利了国家之间、区域之间贸易的开展。口岸作为连接国内外市场的桥梁和纽带，为地区之间贸易往来和经济合作提供了平台与通道，有利于在更大范围内整合原料、劳动力、资本、技术、市场等资源要素，方便各地发挥比较优势，提升要素利用效率，推动经济实现高质量发展。同时，口岸自身也是经济发展的一个重要载体，随着口岸业务的增加，物流仓储等行业会快速发展，进而带动周边地区的商业、服务业等产业，推动地区经济发展。此外，口岸的发展也推动了城市化进程。随着口岸业务量的增加，城市的基础设施水平和产业水平也会得到提升。这不仅有利于提高城市的综合竞争力，还有利于吸引更多的人才和企业来到城市发展，从而推动城市经济的持续增长。经济发展带动口岸发展。经济的发展丰富了产业的门类，拓展了合作的深度，有利于口岸发展成为贸易和生产的中枢，支撑地区经济发展，经济发展自然而然地推动了口岸的发展。同时，地区间经济联系的不断加深、合作形式的日益丰富也对口岸提出了更高的要求，口岸的功能需要不断拓展，对口岸的服务水平要求越来越高，这在客观上又加速了口岸自身的发展。总之，口岸发展对于促进流通和经济发展具有重要意义。随

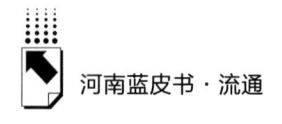

着全球化进程的不断深入,口岸的作用将更加凸显。因此,我们应该进一步加强口岸建设,提高口岸的通关效率和服务水平,为推动流通和经济发展做出更大的贡献。

(二)口岸发展日益综合化

随着我国经济社会的发展,口岸发挥的作用越来越突出,口岸也呈现综合化、绿色化、智能化等特点。一是口岸功能更加综合。随着国际经贸联系的不断加强和社会经济的快速发展,口岸在传统的通过节点的基本功能上,逐步发展出串联境内外,集货物中转、集散、交易于一体的物流枢纽功能和包含外部供应链组织、口岸物流、口岸加工、境内营销和物流一体的产业链合作功能,推动"通道经济"向"口岸经济""产业经济"转变。二是产业融合态势明显。随着产业升级的加快以及数字技术应用的推广,当前业态融合的趋势愈加明显。口岸作为开放的窗口,能够充分利用两种市场、两种资源,处在经济发展的探索前沿,业态融合态势更加明显,出现了"口岸+商贸流通""口岸+资源深加工""口岸+旅游""口岸+物流"等多种业态。三是载体平台不断升级。随着对外开放程度的提升、口岸功能的不断完善和口岸经济发展需求的增多,保税区、自贸区、临空经济区等口岸发展载体不断升级,在政策探索、要素集聚、创新发展等方面取得了丰硕的成果,有力地支撑了口岸的发展。四是岸地合作更加深入。随着产业融合不断深入,加上基础设施的升级和数字技术的发展,口岸和所在城市正在从合作发展变为融合发展,口岸与所在城市在基础设施共建共享、产业互相合作方面走向深入。五是经营环境逐渐优化。随着经济发展水平的提高,营商环境对经济发展的作用愈加突出。优化口岸营商环境成为激发口岸经济活力的重要突破口,创新通关模式、优化通关服务等举措不断涌现,并形成经验复制推广。

二 河南省口岸发展现状与存在问题

近年来,河南省口岸发展取得了一定的成绩,但距离全省对外开放窗户、出口加工厂和贸易市场的发展要求还存在一定差距，还应该加大力度支持口岸高质量发展。

（一）河南省口岸发展现状

近年来，河南省把推动口岸建设发展作为建设内陆开放高地的重要举措，口岸发展水平不断提高，为河南省开放发展提供了坚实支撑。一是口岸体系日趋完善。截至2022年底，全省已经建成功能性口岸10个，成为功能性口岸数量最多、种类最全的内陆省份。发展势头较好，中欧班列运邮试点获批，进出双向运邮线路已打通，航空运邮业务量再创新高，业务渠道和规模进一步拓展。功能更加完善，原澳大利亚活牛口岸加快转型发展，获批设立进境动物隔离场，这是全国第4家、中西部第1家进境动物隔离场，并成功进口澳大利亚羊驼、活山羊等动物；郑州汽车整车进口口岸二期主体工程建成投用；药品进口口岸获批。服务不断升级，河南省通过完善监管设施，优化监管流程，推动实施"提前申报、货到验放"、活体动物及大宗单一商品货物"机坪理货、机坪验放"等查验模式，实现功能性口岸安全高效运行。二是口岸网络不断完善。航线网络不断完善，河南省以郑州国际航空枢纽为重点，强化与国内外航空公司合作，积极开辟国际地区客货运航线并加密航班，完善通航点布局，初步形成横跨欧亚美三大经济区、覆盖全球主要经济体的枢纽航线网络体系。中欧班列线路网络覆盖范围广阔，中欧班列形成了以郑州为主，新乡、洛阳为辅的多站点开行模式，构建了以欧洲为主体货运通道，东盟、中亚为分支货运通道的中欧班列"一体两翼"发展格局。中欧班列（郑州）形成覆盖欧洲、中亚、东盟和亚太（日韩等）的"十站点、六口岸"国际物流网络。"十站点"包括七个欧洲目的站（德国汉堡、德国慕尼黑、比利时列日、俄罗斯莫斯科、芬兰赫尔辛基、波兰卡托维兹和意大利米兰）、二个中亚目的站（哈萨克斯坦阿拉木图和乌兹别克斯坦塔什干）、一个东盟目的站（越南河内）。"六口岸"包括以欧洲线路为主体运行线路的四个出入境口岸（西线新疆阿拉山口、中线内蒙古二连浩特、东线内蒙古满洲里、东北线黑龙江绥芬河）、中亚线路的一个出入境口岸（新疆霍尔果斯）、东盟线路的一个出入境口岸（广西凭祥）。基本构建了河南连通欧洲、中亚、东盟和亚太（日韩等）的国际物流大通道。载货量、集疏网络覆盖区域及市场化综合运营能力均居全国前列。实现中欧班列与贸易联动发展，打造出"数字班列""恒温班列""运贸一体化"等河南优势特色名片，相继开行跨境电商"菜鸟号"、粮食、进口汽车中欧班列，实现班列运邮双向开通。铁海和河海联运线路不断拓展，截至2022年底，河南已形成以郑州铁路口岸为主，驻马店、洛阳、新乡等市铁路场站为辅的铁海联运集疏网络体系，开通至青岛、天津、宁波、连云港等线路。周口、漯河依托内河航运打通河南省第一条河海联运出海通道，周口港开行至淮安港、太仓港集装箱航线，实现河南省内河航运国际集装箱运输"零"的突破。三是口岸产业承载能力增强。河南省加快综合保税区、保税物流中心等海关特殊监管区域建设，大力发展临空经济、跨境电商等新兴产业，推动加工贸易转型升级，口岸已成为河南省参与国际国内产业分工、承接国内外高端产业转移的重要平台。新郑综合保税区发展稳居全国前列，全区规模以上工业企业达70家，规模以上服务业企业达140家，智能手机、跨境电商、展示交易、飞机租赁等新产业、新业态集聚发展。南阳卧龙综合保税区依托当地光电、农副产品等资源优势，加快发展特色业务，外贸进出口值大幅增长。商丘保税物流中心与青岛港合作建设内陆"无水港"，被国家认定为全国棉花（棉纱）交易市场指定交割库，顺利完成运营企业国有控股改制工作，呈现加快发展态势。此外，依托河南自贸试验区和各地交通产业优势，按照统筹布局、有序推进的原则，洛阳、开封、鹤壁等市综合保税区和许昌、漯河、三门峡、周口、新乡、驻马店等市保税物流中心申建工作积极推进，全力打造服务地方外向型经济发展的支撑平台。

（二）河南省口岸发展存在问题

河南省作为内陆省份，对外开放起步相对较晚、基础相对薄弱，外向型经济发展总体相对滞后，口岸仍存在基础设施建设有待加强、口岸通道网络体系有待完善、口岸经济规模还不够大等问题。一是口岸基础设施建设有待加强。郑州航空口岸国际货站分散，区域面积小，设施保障能力、服务功能和规划布局不足，货站货邮吞吐量已接近饱和。地面综合交通路网规划对航空客货运发展的需求预估不足，空域资源紧张，难以充分保障航空口岸可持续发展。郑州国际陆港存在规划布局不合理、容载能力不足、公路与铁路港衔接不紧密、国际物流聚集效应不强等问题。与成都国际铁路港、西安国际铁路港相比，郑州国际陆港面积较小，随着业务量快速增长，持续发展空间受限。依托郑州铁路集装箱中心站设立的铁路口岸承载力不足，随着中欧班列和海铁联运班列的加密开行，装载中转、监管查验、多式联运集疏等场地及设施都难以适应业务快速发展需求。口岸信息化基础相对薄弱。河南省口岸信息化建设起步较晚，与沿海省市存在较大差距，与海关、机场、铁路等部门的平台共建、数据共享机制仍需完善，电子口岸自身技术力量和管理团队仍需加强。二是口岸通道网络体系有待完善。多式联运尚未完全成熟，郑州航空口岸国际中转业务规模偏小，国际货运中转枢纽尚未形成，空—空、空—铁、空—陆联运基础设施有待完善，"一单到底"的相关信息数据共享交换不充分。基地货运航空公司、大型货运代理商、大型物流集成商数量较少，物流信息平台与航空物流产业融合发展水平亟待提升。中欧班列通道网络尚待拓展。目前，国内各中心城市加快布局中欧班列国际线路，抢占区域枢纽地位，多个地区中欧班列直达国际线路已经覆盖中东欧、中亚、西亚、东南亚等的主要物流城市，直达国家从主要经济体延伸到爱沙尼亚、伊朗、印度、越南等国家。河南省开行线路存在数量偏少、覆盖面偏小、省内始发站点少、辐射能力弱等问题。三是口岸经济规模还不够大。河南省经济外向度低，与欧洲国际贸易合作能力不够强；省内货源尚未充分挖掘，部分外向型企业习惯沿用海运或外省物流通道；境外货物集散中心、海外仓等建设相对滞后。河南省口岸经济还不够成熟，主要表现为：与口岸经济相关的产业规模相对较小，服务贸易等发展与沿海地区相比差距较大；国际金融、国际旅游、服务贸易等产业有待培育壮大，电商与传统贸易、物流等企业的融合不够；产业集群结构较为单一，高端制造业、现代服务业、生物医药产业尚未集聚发展，本地货源占比较低，口岸货运持续快速发展的内生动力不足。

从中欧班列货源结构来看，成都、重庆、义乌等地开行的中欧班列，本省货源占比都在50%以上，中欧班列（郑州）本省货源仅占20%左右。

三 推动河南省口岸高质量发展路径

通过深入分析河南省口岸发展现状和存在问题，结合经济循环对口岸的需求，本报告从以下几个方面提出相关举措推动河南省口岸经济高质量发展。

（一）提升口岸建设运营水平

口岸建设运营水平是口岸实现自身功能的基础，河南省应该完善口岸物流基础设施、提升口岸智能化水平、优化口岸营商环境，提升口岸建设运营水平。一是完善口岸物流基础设施。加快铁路口岸监管场所扩建和大监管区升级改造，实现多式联运中心与铁路口岸作业区一体化监管。规划布局郑州国际陆港第二节点，建设邮政枢纽口岸综合基地；推动郑州国际陆港保税物流中心（B型）申建和进口汽车、粮食、水果、木材等交易中心建设。统筹全省国际陆港布局建设，在洛阳、安阳、商丘、漯河、信阳、南阳、三门峡等市，按需建设投用具有口岸功能的内陆、水运多式联运查验监管场所，支持有条件的省辖市申建功能性口岸。支持龙头运营企业与其他省辖市深度合作，通过股权合作、区域代理、设施共享等方式整合全省资源，形成以郑州为龙头、区域中心城市为节点的多层次、全覆盖、立体化的联动发展体系。二是提升口岸智能化水平。充分利用云计算、大数据、人工智能、区块链、物联网、北斗、智能审图、5G等先进新技术，加快口岸查验设施、装卸设备、物流仓储等智能化改造升级，全面推进口岸相关单位信息化、无纸化、智能化建设。整合优化口岸查验监管信息系统，加快建设"智慧海关""智慧边检"，推进各口岸间信息互通共享，促进多式联运、口岸联动和区域合作。在集装箱干线港推进基于区块链的集装箱电子放货平台应用。探索实施跨境全程物流可视化，促进实体口岸与数字口岸有机融合。三是优化口岸营商环境。全面实施铁路口岸"7×24"小时预约通关，加强口岸通关和服务窗口规范化建设，提高监管证件联网核查比例，推广"一站式"电子验放系统，实时公布通关环节进程，提高口岸执法透明度和公信力。扩大压缩整体通关时间成效，进一步压缩海关申报前相关检验检疫、卸货理货、申报准备等作业时间，提升铁路口岸等重点区域通关时效，制定口岸作业时限标准，进行口岸收费公示目录动态更新和定期检查；借鉴成都经验，将整车、肉类、跨境电商、保税物流中心（B型）相关领域的作业、查验等费用纳入政府购买口岸服务范围，实现口岸基础作业"零收费"，切实减轻企业负担。全面落实国务院《优化营商环境条例》和河南省政府部署要求，扎实开展口岸营商环境评价工作；完善口岸开放评价指标，指导各省辖市提升海关特殊监管区域、国际班列、功能性口岸及相关产业园区运营水平，打造内陆地区一流口岸环境。

（二）优化口岸运输通道网络

口岸运输通道网络决定了口岸整合原材料、市场等要素的规模，直接关系到口岸对经济带动作用的大小，河南省应统筹航空网络、铁路网络、水运网络，扩大口岸影响范围。一是完善国际航线网络。强化与国内其他航空枢纽远程航线、与海外货运枢纽航线的中转和联运，做大做强国际中转业务，把中转业务作为突破货运量瓶颈的重要突破口，积极拓展完善覆盖全球的货运航线网络。加快建设卢森堡、芝加哥、安克雷奇等欧美航空货运快线，开通曼谷、达卡、大阪、首尔货运航线，打造东南亚经郑州中转至欧美的"空中中转快线"。优化国际客运航线布局，加密、增开东北亚、东南亚和南亚航线航班，加开连接欧美主要城市的洲际客运航线。积极推进客货协同发展，充分发挥客运腹舱运力资源优势，进一步完善郑州航空口岸航线网络布局。二是统筹推进陆海物流通道建设。制定实施共建陆上、海上丝绸之路推进方案，统筹规划布局，打出政策组合拳，促进联动发展，推进河南省陆海国际物流通道体系建设。壮大运营主体，探索形成多元竞争、错位发展运营机制，激发班列内生发展活力。打造精品线路，拓展特种集装箱、冷链物流、跨境电商、商品展示体验等增值服务，提升班列运营质量。拓展欧洲、中亚、东盟线路网络，开辟西亚线路，大力发展日韩等亚太中转线路，开行省际省内合作班列。加快中欧班列"运贸一体化"旗舰项目建设，建设班列进口商品展示交易基地和省内营销网点，在沿线国家建设中国（河南）特色出口农副商品展示中心和境外集散中心、海外仓、创新产业园。提高中欧班列集装箱货物运输监管能力，推进与沿线国家通关一体化，争取郑州国际陆港获取内陆海港、国际港等功能代码，大力推进数字班列建设，打造中欧班列多式联运信息中心、金融结算中心、集装箱租赁交易中心、陆路国际邮件集散中心。三是对接拓展海上丝绸之路。整合全省资源，与主要港口无缝对接，加密至天津、连云港、青岛、宁波航次，开辟至广州、海南、云南航道，形成辐射长三角、京津冀、珠三角经济带的通道网络；提升周口、漯河、淮滨等港口码头吞吐能力，新建、改建航道，形成贯通淮河、长江水系的通江达海水运通道。支持河南省国资企业、铁路企业及其他企业与各省辖市合作组建专业化运营公司，与重点海港进行股权合作，推进联运通道、铁路专用线等共建共享。依托国际贸易"单一窗口"建设铁海、河海联运信息系统，实现河南省与沿海口岸一体化通关、"一单式"联运。拓展监管代码、保税仓储、转口贸易等功能。

（三）提升国际贸易"单一窗口"服务能级

口岸是开展国际贸易，利用两种资源、两个市场的重要平台，河南省应提升国际贸易"单一窗口"服务能级，强化国际贸易综合服务主平台作用。一是持续完善河南省"单一窗口"应用功能。应用国际贸易"单一窗口"标准版，开发建设河南省"单一窗口"特色功能，努力实现为进出口企业提供一站式政务通关服务。落地"单一窗口"标准版新增功能，以申报中心建设为依托，实现外贸申报数据全落地。同时围绕"五区联动""四路协同"，拓展地方特色功能，增强基础政务服务能力，满足一般贸易、加工贸易、服务贸易、跨境电商等各类进出口企业一站式通关需求。开发全省统一的特殊监管区域辅助监管系统、跨境电商综合服务系统等，逐步实现各特殊监管区域信息互联互通，推动全省口岸智能通关服务建设。依托效能监测、大数据分析等系统,搭建口岸大数据库、大数据分析、大屏幕展示等基础软硬件平台,为转型成为国际贸易大数据中心奠定基础。二是推进国际贸易大数据平台建设。汇集外贸企业通关、税务、结付汇、工商等综合信息,形成口岸基础数据库,利用平台积累数据,深入研究大数据应用与推广。通过大数据技术引入商业智能分析,建设国际贸易数据决策分析系统,利用平台数据服务产业发展,打通数据流、物流、现金流、信息流,提供全链条的服务。加强与银行、保险、邮政、机场、铁路等的对接,提升贸易全流程电子化、信息化、智能化水平和业务协同处理能力,将"单一窗口"服务功能覆盖至国际贸易全链条。加强与广东、天津等省、直辖市合作,推动进出口数据区域间共享,进一步完善大数据应用系统功能,提升数据准确性,更好地服务政府分析决策和企业通关物流作业。同时积极推动与共建"一带一路"沿线国家的信息互换与服务共享。

(四)持续壮大口岸经济规模

口岸经济在口岸的发展中发挥着越来越重要的作用,河南省应延伸口岸产业链,建设口岸产业生态圈,打造口岸经济"通道+枢纽+产业链"新模式。一是"口岸+高端制造"。扩大精密电子、新型显示、智能装备等高附加值产品进出口规模,支持产业向研发、维修、再制造等高端产业链发展,稳步提升"河南制造"品牌和加工贸易综合竞争力,建设一批有国际影响力的高端制造业产业集群。二是"口岸+跨境电商+物流"。加快线上平台建设,助推跨境贸易便利化建设,完善线下园区功能,推动优势产业集群建设。加强服务体系建设,提升跨境电商公共服务能力,整合多边数据信息,构建跨境电商产业大数据体系。积极拓展国际贸易和口岸物流全链条、全流程数据服务,打造口岸服务产业链和生态圈。三是"口岸+服务贸易"。积极发展生物医药研发、新一代信息技术研发和应用等高端服务外包业务,发展众包、云外包、平台分包等新业态、新模式。大力提升服务贸易数字化应用水平,探索加快数据跨境流动、技术共享和产业融合发展的方式,构建数字服务出口企业孵化链,扩大数字服务贸易规模。持续建设服务贸易对接交

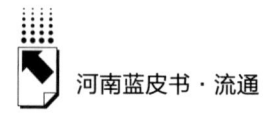

流云平台,打响服务贸易品牌。四是"口岸+消费中心"。推动医药、汽车、水果、冰鲜水产品、化妆品等进口商品展示中心、全国交易集散基地建设,多渠道扩大特色优质产品进口。支持高端消费品牌跨国公司在郑州口岸设立亚太和全球分拨中心,推动国际知名高端品牌、新兴时尚品牌集聚。在口岸打造免税购物中心,争取更多免税政策和项目在免税购物中心落地,提升免税额度、扩增免费商品清单、扩大消费资格,支持郑州口岸建设国际消费中心。

参考文献

张菀航:《畅通双循环 现代流通体系加速构建》,《中国发展观察》2020年第18期。

《河南省人民政府关于印发河南省"十四五"现代综合交通运输体系和枢纽经济发展规划的通知》,河南省人民政府网站,2021年12月31日,https://www.henan.gov.cn/2022/01-26/2389095.html。

B.17
新发展格局下河南跨境电商高质量发展的机遇与挑战

候淑娟[*]

摘　要： 构建新发展格局是推动经济高质量发展的重要动力，跨境电商作为畅通国内国际双循环的重要力量，不仅增强了外贸发展活力与韧性，而且也推动了产业结构优化升级。基于此，本报告主要分析河南跨境电商发展现状，并立足于新发展格局背景，探索河南跨境电商高质量发展的主要机遇和挑战，最后提出要着力发展"跨境电商+产业带"，健全生态圈体系；要着力寻找豫产优质产品创建品牌，深化产业链条；要着力统筹谋划特色化模式，竞合协同发展；要培养立体化电商人才，巩固队伍建设。

关键词： 新发展格局　河南跨境电商　高质量发展

党的二十大报告强调"加快构建以国内大循环为主体、国内国际双循环相互促进的新发展格局"，致力于推动经济高质量发展。面对海外需求减弱、国际市场疲软、外贸拉动乏力的现实困境，跨境电商作为国际贸易的新业态、对外贸易的新窗口和经济发展的新引擎，发展规模逆势而上，为稳定外贸市场、优化生产结构提供了有生力量。

河南省在国家战略引导下，不断创新跨境电商发展模式，2023年1月至5月，河南省跨境电商进出口总额达到1009.7亿元，增长13.7%，跨境电商规模发展速度较快，物流设施更加完善，监管机制日益健全，跨境支付

---

[*] 候淑娟，河南省社会科学院商业经济研究所研究实习员，研究方向为数字贸易、商贸流通。

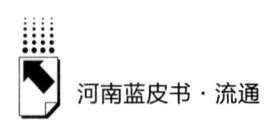

更加安全,不断形成"买全球、卖全球"对外开放新优势,推动河南省跨境电商在新发展格局下高质量发展。

一 河南跨境电商发展现状分析

(一)交易规模稳步增长,综试区持续发力

伴随着数字技术的不断深化,凭借着新模式、快应变、低成本等特点,河南省跨境电商交易规模稳步增长。河南省商务厅公布的相关数据表明,2023年1月至5月,河南省跨境电商进出口总额达到1009.7亿元,快递包裹出口额4.1亿元,增长了28.1%。相较于2022年,周口、焦作、许昌的跨境电商进出口总额增长50%以上。跨境电商进出口总额约占全省货物贸易进出口总额的31%,河南省跨境电商进出口总额保持稳步增长态势。

表1 2018年至2023年5月河南省跨境电商发展规模

单位:亿元,%

年份	跨境电商进出口总额	出口额	进口额	货物贸易进出口总额	占比
2018	1289.2	928.2	361.0	5512.0	23.39
2019	1581.3	1133.7	447.6	5711.0	27.69
2020	1745.0	1275.7	469.3	6654.0	26.22
2021	2018.3	1475.5	542.8	8208.0	24.59
2022	2209.2	1700.6	508.6	8524.1	25.92
2023年1月至5月	1009.7	787.8	221.9	3207.0	31.48

资料来源:河南省商务厅网站。

截至2022年底,河南省拥有国家跨境电商综试区5个,并有7个跨境电商零售进口试点城市。2023年1月至5月,郑州跨境电商进出口总额为566.3亿元,约占河南省跨境电商进出口总额的56%。2022年,洛阳跨境电商进出口总额达到72.17亿元,各类跨境电商经营主体及服务企业1207家;许昌综试

区跨境电商进出口总额达到191亿元,跨境电商经营企业有3000多家,电商市场涉及190多个国家和地区;南阳、焦作、商丘等地的跨境电商进出口总额也在不断增长。

(二)直播形式日渐兴起,兴趣电商拉消费

随着互联网信息技术的普及应用,新型消费模式不断兴起。在兴趣电商的驱动下,抖音、淘宝、小红书等平台凭借海量用户,使"跨境+直播"成为电商发展的重要形式。截至2022年底,河南省网络购物用户规模达到8346.5万人,渗透率为92.3%。2020年9月,拼多多"保税仓直播间"落地郑州,当天"全球购"销售额较平常增长110%,使保税仓商品销量上涨180%。河南许昌打造了全球首个假发跨境直播基地,2020~2022年交易量增速达400%以上。

(三)模式流程不断创新,通关效率大提升

自2014年提出"买全球、卖全球"的发展目标后,河南省在业态创新、模式创新、制度创新上不断深化发展,顺应跨境电商精细化的发展方向。河南省率先采用"三单比对",推动通关作业无纸化,实施简化申报、清单核放、抽查制度"双随机"等措施,不断简化贸易流程,提升通关效率。截至2023年5月,通过河南省"单一窗口"平台申报的业务量累计有10亿单,其业务规模、运营效能和服务水平均居全国同类型平台第一方阵。郑州跨境电商首创"1210"模式,在商业模式上创新推出"一馆多模式""一馆多业态"跨境电商O2O零售商业模式,跨境商品"立等可取"。许昌积极打造"1039"采购基地模式,帮助企业快速走向国际化市场。

表2 河南省跨境电商制度模式创新概况

创新渠道	创新内容
监管平台	B2B2C模式,在B2C交易的基础上,引入监管平台"B"
通关模式	海关、国检在同一流水线作业,开创"跨境秒通关"
监管模式	首创"1210"的通关监管模式,集成保税监管和行邮监管模式

续表

创新渠道	创新内容
提货模式	在郑州保税区中大门实现跨境电商O2O线下自提
服务效率	简化手续,绿色通关,推动无休作业
税收征收	跨境零售单一税制
通关物流	"三单对比""一票到底+多式联运"

资料来源：根据公开资料整理。

二 新发展格局下河南跨境电商高质量发展的新机遇

（一）交通优势畅通物流供应链

建设现代流通体系，打通供应链是新发展格局的重要着力点。在构建"空中丝路"上，河南省主要凭借郑州新郑国际机场、南阳姜营机场、信阳明港机场以及洛阳北郊机场实现货物全球买卖。2022年郑州新郑国际机场货邮吞吐量达到62.5万吨，同比下降约11.3%，居全国民用运输机场第6位。

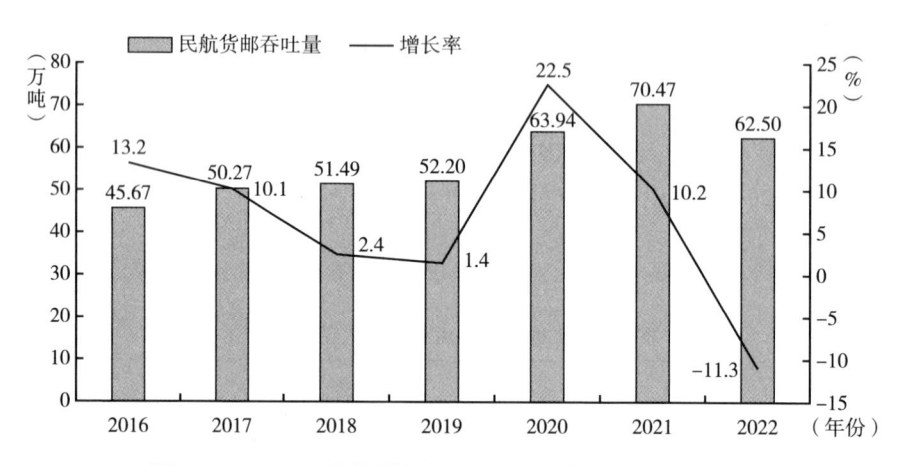

图1 2016~2022年郑州新郑国际机场货邮吞吐量及增长率

资料来源：历年《民航行业发展统计公报》。

在建设"陆地丝路"上，依托中部区位优势，河南省"米字形"铁路枢纽为畅通国内大循环提供源源不断的动力。2022年，中欧班列（中豫号）开行次数1126次，运送总货值42.77亿美元，总货重71.49万吨。虽然因为新冠疫情，其开行次数和总货值有所下降，但整体而言潜力巨大。同时河南积极构建跨境公路运输网络，首次打通郑州—莫斯科跨境公路运输渠道，TIR（《国际公路运输公约》）公路运输与航空、中欧班列（中豫号）有效互补、共享资源。

表3 2013~2022年中欧班列（中豫号）开行次数及总货值

单位：次，亿美元

年份	中欧班列开行次数	总货值
2013	13	0.5
2014	87	4.3
2015	156	7.14
2016	251	12.94
2017	501	27.38
2018	752	32.3
2019	1000	33.54
2020	1126	42.77
2021	1546	60.4
2022	1126	42.77

资料来源：根据公开资料收集。

在建设"网上丝路"上，主要发力对象是电子口岸和单一窗口，通过不断创新跨境电商监管及服务模式，吸引跨境电商产业集聚，持续提高通关水平，打造低成本高效率的"网上丝路"。

在建设"海上丝路"上，截至2022年底，河南省已经开通郑州至连云港、青岛、天津等港口的海铁联运班列，内河航道通航里程达到1700公里，已经建成周口港、信阳港、漯河港、平顶山港四个以货运为主的港口，强化"跨境电商+空港+陆港+邮政"协同联动。

（二）跨境电商综试区加快扩容

近年来河南省跨境电商综试区不断扩容。截至2022年底，河南省拥有5个国家跨境电商综合试验区，并有7个跨境电商零售进口试点城市。作为全省跨境电商发展的主阵地，2021年郑州综试区跨境电商零售总额在全国综试区中居于第3位，并在商务部开展的建设评估中居于全国第1档，属于"成效明显"行列，而洛阳综试区、南阳综试区综合排名处于第2档，属于"成效较好"行列。2021年南阳市跨境电商进出口总额134.2亿元，从事跨境电商的企业超2000家，产业链带动就业人数达18万人，南阳市跨境电商B2B月均询盘数在中西部地区除省会城市外居全网第1位。洛阳综试区聚焦开展跨境电商零售进口试点和B2B出口试点业务，累计实现通关70万单。由于2022年新冠疫情影响比较大，河南省综合排名虽然有所下降，但是各个综试区依然加快扩容，助力河南省跨境电商高质量发展。

表4　河南省5个综试区批复时间及特色模式

综试区地点	批复时间	特色模式
郑州	2016年1月	"1210"监管服务模式和跨境O2O保税网购线下自提服务模式
洛阳	2019年12月	"9610"模式，采用"清单核放、汇总申报"模式
南阳	2020年5月	开通运行跨境电商"1210""9610""9710""9810"业务模式
许昌	2022年11月	跨境电商模式（"1210""9610""9710""9810"）全覆盖，再加上市场采购贸易方式（"1039"）
焦作	2022年11月	网购保税进口业务

（三）线上需求增加稳定消费市场

2022年以来，虽然部分国家电子商务增长速度放缓，但全球新兴市场的线上消费需求依然保持快速增长，为河南省跨境电商发展注入新的动力。阿里巴巴国际站数据显示，2023年第二季度海外零售业务营收创历史新高，为171.38亿元，比2023年第一季度增长约60%，主要来自Lazada、速卖通、Trendyol和Daraz，AIDC零售商业整体订单增长约25%。

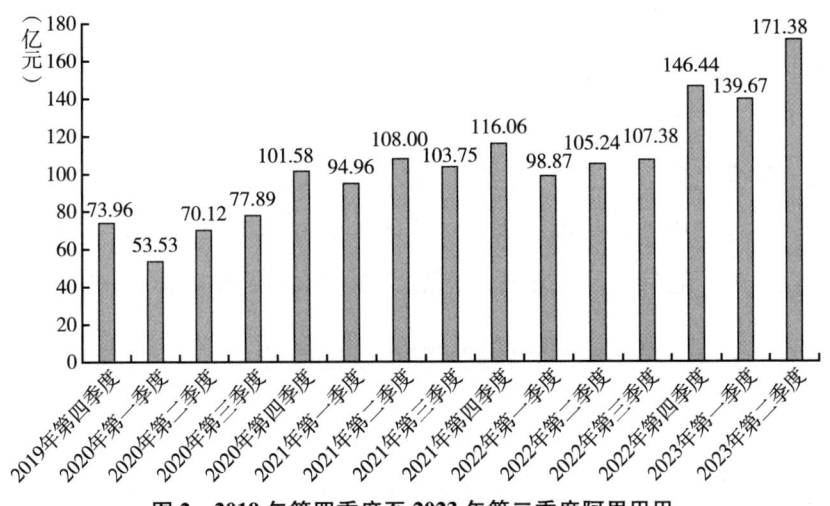

图 2 2019 年第四季度至 2023 年第二季度阿里巴巴国际站零售业务营收

资料来源：www.100EC.CN。

（四）企业数字化转型助力国内外双循环

技术不断更新进步是跨境电商发展的重要条件，跨境电商生产、支付、运输以及售后都需要技术保障。一方面，河南省积极推动企业数字化转型，创新产品供给形式，提高产品的供给质量，保障产品供给安全。另一方面，一些物流公司通过不断更新现有技术，利用大数据分析全球资源的配置和市场信息，快速响应市场变化，打通国内外物流供应链。为了保障国内外消费者权益，一些企业将区块链技术应用到支付、防伪溯源等方面，大大提升跨境电商的安全系数，为国内外消费循环奠定技术基础。

三 新发展格局下河南跨境电商高质量发展的困难及挑战

（一）高水平跨境电商生态圈尚未形成

跨境电商生态圈是一个典型的系统工程，不仅需要买卖双方作为交易主体，也会涉及交易平台服务商、基础设施服务商，还涉及海关、商检、税务、金融等相关部门。但是河南省还存在不足，一方面，跨境电商企业、平台或服务商集聚效应不强，对相关配套设施落地河南省的吸引力不足，本土跨境电商企业及平台发展比较缓慢，例如中大门、万国优品、豫满全球等本土平台与阿里巴巴国际站、TikTok等相差甚远；另一方面，金融服务和物流设施布局不平衡，在河南省县域地区的金融服务网点较少，仓储物流设施相对滞后，制约农村跨境电商走出去。

（二）跨境品牌影响力较弱，国外认知度低

河南省是农业大省、中国粮仓，以农业为主，缺乏外向型出口商品，跨境电商发展模式也是全国揽货、集货出境，本土产品品牌效应不足，以出口农产品、塑料、家具等附加值较低的产品为主。原阳大米、灵宝苹果等农产品受冷链物流运输的影响，出口发展受限，品牌效应较差。日用消费的跨境电商产品，如鹿邑化妆刷、南阳仿真花、太康纺织品等却只是停留在初级加工或代加工阶段，国外认知度较低，因此河南省跨境电商出口产品结构升级较为缓慢。

（三）综试区区域差异较大，联动效应不强

郑州综试区不断成功改革，河南省综试区逐渐扩容，截至2022年底，河南拥有5个国家跨境电商综试区。而郑州作为省会城市，交通优势、政策倾斜、人才储备丰富、发展起步早等诸多因素叠加，其跨境电商进出口总额占河南省跨境电商进出口总额50%以上，2022年，郑州综试区跨境电商进出口总额为2209.2亿元，占河南省跨境电商进出口总额53.37%，洛阳、南阳综试区分别占比3.26%、6.91%，焦作、许昌综试区建立较晚，发展速度较慢。通过对河南省各地区跨境电商发展综合指数进行测算可以发现，河南各地区之间跨境电商发展水平不平衡问题较为突出。

表5 2018年至2023年5月河南省跨境电商进出口总额、
郑州综试区跨境电商进出口总额及其占比

单位：亿元，%

年份	河南省跨境电商进出口总额	郑州综试区跨境电商进出口总额	占比
2018	1289.2	120.4	9.34
2019	1581.3	161.7	10.23
2020	1745.0	916.4	52.52
2021	2018.3	1092.5	54.13
2022	2209.2	1179.0	53.37
2023年1月至5月	1009.7	566.3	56.09

资料来源：河南省商务厅网站。

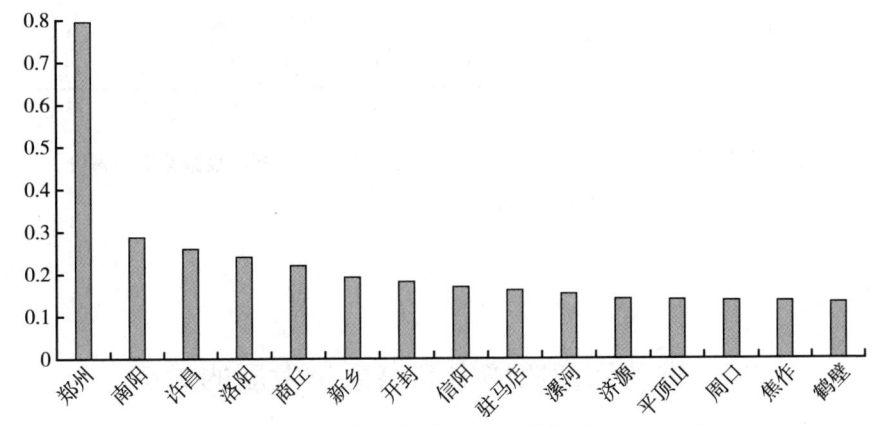

图3 2021年河南省各地区跨境电商发展综合指数

资料来源：王承哲、完世伟、高璇主编《河南经济发展报告（2023）》，2022。

（四）复合型专业人才短缺，培养体系滞后

高校是跨境电商高素质、高质量人才培养的主力军，但是有关资料显示，我国电商人才缺口达985万，全国开设跨境电商专业的高校有406所左右，其中河南省有35所，约占全国高校总数的8.6%，占比远低于广东、浙江等省，而且高职专科学校数量远远大于本科学校数量。加之直播电商、即时零售等新业态的普及，新模式、新业态也引发了就业结构的改变，高校传统的教学内容是以系统性理论知识为主，高校教学内容的更新速度远远不

够,产教融合的效果也因为周期长、成本高而大大降低,导致应用型人才缺口不断加大。另外,电商产业集群的发展水平较为落后于东部地区也导致部分人才"留不住""引不来"等困境。

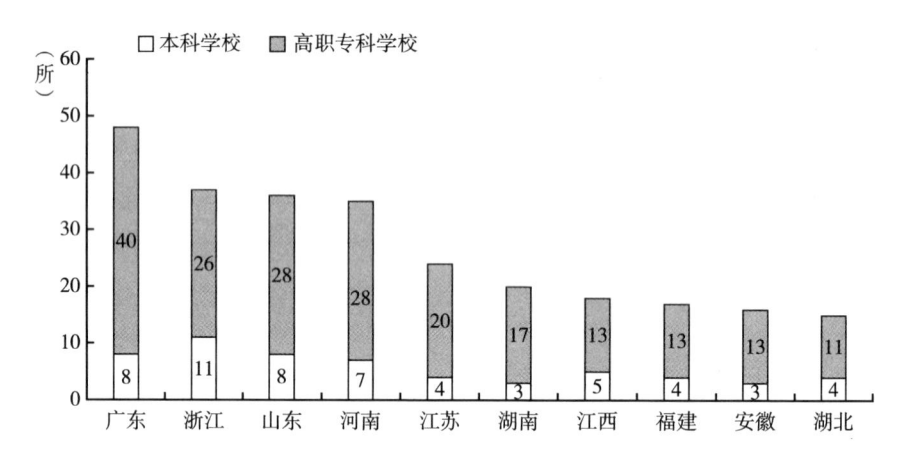

图4 2023年全国开设跨境电商专业本科学校及高职专科学校数量前十省份

资料来源:根据教育部网站公开资料整理。

四 推动河南跨境电商高质量发展的对策

(一)着力发展"跨境电商+产业带",健全生态圈体系

着力发展"跨境电商+产业带",健全生态圈体系,一是要抓好平台建设,扩充平台载体。本土跨境电商平台要对标国际一流企业,积极开展实操培训,提升管理水平和技能,同时要引入国际大平台入驻孵化基地,加强平台建设和交流。二是要致力于打造集研发、生产、销售、仓储、物流于一体的产业带。积极构建物流智慧云仓,完善县乡村三级物流体系,引导乡镇物流代理点整合资源、扩宽渠道,将"四通一达"物流触角延伸至乡村,加强村级快递物流末梢建设,提升农村电商从业者运费议价能力。三是要通过设置金融服务代理点或者金融服务站,让电商金融宣传深入乡村,各地相关

部门可以根据本地实际情况,引进报关、货代、金融服务商等,集聚形成跨境电商综合性基地,让相关产业带充分发挥乘数效应,形成健康良性的电商生态圈,畅通消费循环渠道,助力跨境电商高质量发展。

(二)着力寻找豫产优质产品创建品牌,深化产业链条

在新发展格局下,国内外消费者更多追求高品质产品,这倒逼生产商不断创新,提供适销对路的高质量产品。河南省产品类型众多,资源丰富,但是品牌化效应不明显。为此,在加强冷链运输等基础设施建设的同时,生产者也要积极创新产品内容,要持续推动形成"一县一品""一镇一品""一村一品"产业发展格局,继续推进"豫产优品"系列活动,深化"链长制",通过数字化技术构建产品透明化、可溯源的动态监管体制,为产品品牌化和电商化赋能,保障品质。各地市要围绕"补链、延链、强链"的方针,弥补产业链条中缺失环节,加大各地区招商引资力度,壮大河南省品牌供应链市场主体,在国际上形成品牌河南,促进河南省跨境电商产业链、供应链向中高端发展。

(三)着力统筹谋划特色化模式,竞合协同发展

在共建"一带一路"倡议和 RCEP 协定下,河南省要凭借交通优势,统筹谋划综合试点建设,使各地区形成竞合协同发展合力。一方面,要巩固郑州率先发展带来的先发优势,使本地优势产业和跨境电商融合发展更为紧密。另一方面,洛阳、南阳两个次级综试区要积极构建海外仓物流体系,在借鉴郑州经验的同时,探索适合自身发展的特色模式,深化跨境电商 B2B 模式创新,焦作和许昌要加快综试区基础设施建设,全省共同推动跨境电商零售进口药品试点规模发展。与此同时,相关部门要紧跟发展潮流并做好顶层设计,平衡好政策倾斜力度,引导产业链下沉基层,建设河南"全球汇",使河南各个综试区形成各具特色、错位发展、联动协同的发展格局,拉动河南跨境电商高水平建设和发展。

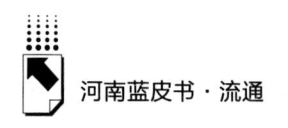

（四）培养立体化电商人才，巩固队伍建设

解决人才短缺问题一方面在于内部培养，另一方面则需要筑巢引凤，吸引更多人才留在河南。在内部培养中，可由具有权威性、专业化的跨境电商研究课题组结合优秀电商平台和企业带头成立跨境电商研究智库中心，定期举行培训活动，建立"双元制"应用型教育教学机制，弥补理论和工作实践的差距，适度扩大本科学校招生规模，培养高层次跨境电商专业研究生，加大自我培养力度。要让人才能"引进来"和"留得住"，健全人才评价机制，保障其相应服务和权益，形成高质量、立体化、多层次的跨境电商人才队伍，助力跨境电商高质量发展，畅通国内国际双循环。

参考文献

陈中明：《"双循环"新发展格局下跨境电商新业态研究》，《全国流通经济》2023年第11期。

高静：《双循环发展格局下电商转型发展策略探讨》，《商业经济研究》2022年第14期。

张金灿、邓云杰、张俊涛：《跨境电商、营商环境与外贸高质量发展》，《价格理论与实践》2022年第7期。

王甜：《数字产业化、跨境电商发展对区域经济韧性的影响》，《商业经济研究》2023年第16期。

《凝聚跨境电商新共识》，河南省商务厅网站，2023年5月11日，https：//hnsswt.henan.gov.cn/2023/05-11/2741292.html。

《河南跨境电商零售进口商品税单实现电子支付》，"CGLNY丝路跨境"微信公众号，2023年9月8日，https：//mp.weixin.qq.com/s/lGyKPzZiWHS8V4mGQeSeQ。

区域报告

B.18 打造陆港型物流发展高地 释放枢纽经济新动能

张进才*

摘　要： 郑州经开区作为河南省首个国家级经济开发区，已成为区域经济发展的主引擎。郑州经开区经济规模的快速发展带动物流业成为区域内的基础及支撑产业，郑州经开区成为陆港型物流发展高地，不断释放枢纽经济新动能。下一步，让现代物流在促消费中发挥更大作用，探索多式联运更深层次的融合之路，物流业嵌入全产业链运行，物流产业将成为提升郑州经开区发展规模的强劲动力。

关键词： 郑州经开区　中欧班列　保税物流　第三方物流

---

* 张进才，河南省社会科学院商业经济研究所原所长、副研究员，研究方向为金融、区域经济、流通。

2023年是国家郑州经济技术开发区（以下简称"郑州经开区"）建区30周年，作为河南省首个国家级经济开发区，郑州经开区一直奔跑在持续快速发展的大道上，尤其是打造陆港型物流发展高地，释放枢纽经济新动能。

一 郑州经开区已成为区域经济发展的主引擎

郑州经开区发展到现在，形成了汽车及零部件、装备制造、现代物流三个千亿级主导产业集群。

郑州经开区集聚规模以上企业759家，超百亿营收企业14家，纳税超亿元企业25家，在区内投资的世界五百强企业39家，国内五百强企业53家，外商投资企业106家，是河南省百亿企业最多、最集中的区域。在2022年国家级经济技术开发区综合发展水平考核中，郑州经开区已跃居全国第23位。

一大批知名企业扎根于此，成为行业的佼佼者。如中铁装备、郑煤机、安图生物、上海汽车、金龙鱼等。

郑州经开区投入产出比也较高。所在地企业营收已突破万亿元，地区生产总值突破1200亿元，财政收入突破300亿元，财政收入占据了郑州市10%以上的规模。

郑州经开区还担负着进行改革与开放创新实践的重任。通过改革，激发了体制与经济发展的活力；通过开放的引领，集聚了非常优质的生产要素，形成了开放高地。

郑州经开区经济规模的快速发展为物流业发展提供了肥沃的土壤，使得郑州经开区物流业成为区域内的基础及支撑产业，也带动了郑州市、河南省的物流及枢纽经济发展。

二 郑州经开区已成为高能级物流业发展集聚区

郑州经开区建立伊始就注重发展现代物流业，形成了多业态物流。在郑州经开区现已形成颇具竞争力的医药物流、快递物流、保税物流、冷链物流及汽车物流、第三方物流、产业物流等物流业态。

在郑州经开区形成了深具竞争力的中欧班列平台，中欧班列密集化、多站点、远距离开行，使得网上、空中、陆上、海上"四条丝路"更紧密地连在一起，物流优势正在转化为枢纽经济优势。

郑州经开区建立了国际物流示范园区和医药物流园区。在园区内，集聚了普洛斯、京东、顺丰、九州通、四通一达等4A级物流企业26家，建成仓储面积达800多万平方米。

郑州经开区物流业实物吞吐量巨大，经营收入较高。数据显示，2021年郑州经开区现代物流业营业收入达2247亿元。

物流业发展前景广阔。郑州经开区不仅有保税区、保税物流中心和各类口岸，为发展物流业提供了保障；更有国家物流示范园区、陆港型国家物流枢纽等"国"字号招牌；在需求端，郑州经开区发展内外贸易的优势凸显，增强了物流业发展的动力。

（一）中欧班列不断强化郑州经开区枢纽经济地位

运营中欧班列的郑州国际陆港公司成立于2013年，即通过推进国家"一干三支"铁海公多式联营工程和实施"运贸一体化"战略，在中欧及"一带一路"共建国家运行集装箱铁路国际联运班列，形成了多式联运走廊。

2014年，习近平总书记视察郑州国际陆港时指出，要将其建设为联通境内外、辐射东中西的物流通道枢纽，为丝绸之路经济带建设多做贡献。通过多年来的运营实践，从郑州经开区开行的中欧班列交上了令人欣慰的答卷。

2013年至2023年2月，中欧班列（中豫号）累计开行7711列，累计货值293亿美元，网络遍布欧盟、俄罗斯及中亚地区40多个国家140多座城市，境内外合作伙伴达6000家，从开行之初平均每月1班增长到现在每周去程16班、回程18班。从初期单一出境口岸发展到多站点、多口岸的国

际物流网络，在全国中欧班列开行城市中，中欧班列（中豫号）以市场化运营程度和班列开行质量等优势，处于中欧班列第一方阵。

初期的中欧班列主要向西、向北运行，现在开通了铁海联运，向东、向南运行的班列数量大幅增加，相当于把出海口搬到了家门口。

河南省的中欧班列充分利用先发、区位优势，不断进取，成为去程、返程满载率高，单位集装箱运营成本较低，市场化程度较高，多口岸常态往返、均衡对开的班列。

（二）保税物流赋能"买全球，卖全球"

郑州经开区从建设开始就注重发展国际贸易和招商引资，为此设立了综合保税区。综合保税区的建立，有利于国际贸易和保税加工业务的开展，也有利于进口贸易必需的加工和分拨业务开展，保税物流应运而生。

居于郑州经开区的保税物流集团，深谙国际贸易与国际物流的发展之道，勇于创新，在全球范围内首创跨境电商"1210"模式，通过引进中间综合监管平台，解决跨境电商面临的通关难、结汇难、物流难等行业痛点，推进通关便利化，降低物流成本，提升物流时效，物流成本平均降低45%。

保税物流集团集中精力在其平台上招引客商，做大贸易。目前，在保税物流园区已吸引国内外企业1200余家，集聚全球70多个国家和地区的10万多种商品。

截至2023年7月，保税物流园区跨境电商进出口额累计突破1000亿元大关，E贸易单量累计超过6.3亿单。初步实现了"买全球，卖全球"的目标。

贸易做大后，必须有物流业跟进，特别是航空物流和快递物流。保税物流集团在物流方面多方发力，特别是发展包机业务，目前已开通了郑州至纽约每周6班包机航线，保证48小时货到美国。同时通过与邮政等合作，开通了郑州到巴西、智利、加拿大、俄罗斯、墨西哥的空运线路，一周可达21个航班。

保税集团还开创性地开通了卡航物流,即通过道路运输货物不用转关,可以直达欧洲、中亚、俄罗斯等地,现已运输的货值近 40 亿元,实现了货物交易与物流运输方式的高度契合。

(三)产业物流引领经济规模上台阶

郑州经开区的商贸物流、汽车物流、医药物流都已达到较大的规模。在这里运营的集采、分拨、数字化管理运营中心成为巨头企业的神经中枢。

丹尼斯采购中心扎根在这里。丹尼斯是河南省最大的商贸流通企业,一年近 300 亿元的经营规模,必须有庞大的物流做支撑。每天价值上亿元的几万种商品高速流转,包括需要特殊物流工具的配货,都是在这里实现的。

医药贸易及物流更是集中在郑州经开区,形成了医药物流园区。河南省是全国四大医药物流省份之一,郑州经开区医药物流规模占了全省的 43%。3 家百亿元以上物流规模企业华润、国药、九州通都在郑州经开区。在郑州市 143 家医药物流公司中,有 90% 的公司在此经营。

(四)快递物流促使物流产业地位再提升

近些年快速发展的国内外电商贸易正在改变着人们的生活、工作方式,时空格局发生了巨大的变化,也促使经济新形态不断产生、社会影响力不断提高。发展电商新业态,就必须有通畅、便捷的快递物流做保障。

郑州经开区集聚了国内一流的快递巨头,包括京东、顺丰、中通、申通、德邦等。每天处理的货单量数以万计。通过这里与世界各地建立了联系,满足了各方的需求。

(五)第三方物流发挥更大作用

随着社会分工进一步加深,物流所具有的功能越来越丰富、领域越来越广、投入越来越大。社会对第三方物流的需求越来越迫切。

凡是为其他人服务的物流,某一个环节或全程性提供服务者,都可以称为第三方物流供给者,如仓储、运输等。而能够提供全流程、网络化的系统

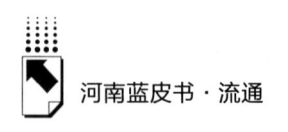

性物流供应商是第三方物流发展的重要方向。

在郑州开发区布局的河南安德物流公司，是隶属于美的集团的知名第三方物流供应商，也是美的集团在全国布局的八大基地之一。它服务于大量知名厂商，包括宇通、青啤等企业。这家机构可以提供仓储、运输服务，能够及时跟踪货品流向，减少厂商的库存量。

郑州经开区由于形成了高能级的物流园区、有竞争力的物流企业、多业态的物流方式、相适配的口岸及功能区、基础设施完备的物流设施，未来它的规模和发展前景一定会更好。

三 物流产业成为提升郑州经开区发展规模的强劲动力

物流产业自身可以产生巨大的经济流量，同时它具有强大的外溢效应，助力产业集聚，提升产业的竞争力，在打造一个新的经开区的过程中发挥不可替代的作用。

让现代物流在促消费中发挥更大作用。东开发区是集聚产业的功能区，自身消费能量还较小，经开区可以借助口岸优势，从供给端提升消费的内聚力及对外竞争力。现在我国最终消费支出占GDP的55%左右，一旦与消费有机结合，物流产业就会对开发区经济规模产生巨大的推力。现在最重要的是借国际消费中心城市建设的契机，大力进口优质、高端的生活消费品，比如汽车、粮食、食品、化妆品等，使东开发区成为郑州建设国际消费中心城市的前哨和重要承载区，增加消费中心城市的国际化色彩。

让现代物流在增强东开发区贸易功能中发挥更大作用。现在郑州经开区已形成医药、汽车、粮食交易集聚区。当前最重要的是把郑州经开区建设成区域性汽车分拨、交易和进出口交易中心，做大平行汽车进口和新车、二手车出口基地。

让多式联运深度融合。现代物流是多种运输方式的组合，让多种运输方式有机融合，可以更有效率、更低成本地满足需求方的要求。东开发区通过探索标准化、数字化联通，与制度化设计，在中欧班列公铁、铁海联运中探索更深层次的融合之路,将极大地提高东开发区物流业竞争力。

让物流业嵌入全产业链运行。东开发区汽车、装备制造及贸易等产业已成为优势产业。围绕这些优势产业发展全产业链、多功能的物流服务,把产业链各环节有机组合起来,使支柱产业更具竞争力,将是物流业未来发展的方向。

B.19 以枢纽经济助力郑州国际消费中心城市建设的思考与建议[*]

弋伟伟[**]

摘　要： 消费是经济发展的重要引擎，依托交通枢纽和产业集群打造"消费枢纽"，发挥枢纽经济比较优势助力国际消费中心城市培育建设，从而促进郑州加速融入国家"双循环"新发展格局、推动河南经济高质量发展。本报告从综合经济实力、交通集疏网络、枢纽产城融合等方面分析研究的可行性和契合点，从网络衔接、资源要素组织能力和国际化水平发展等方面分析制约因素，提出夯实枢纽集疏网络"硬支撑"、推动关联产业互动融合、促进消费升级、增强发展环境"软实力"等建议，为推进枢纽经济助力郑州国际消费中心城市建设提供参考。

关键词： "双循环"枢纽　高水平开放　枢纽产业体系　国际消费中心

　　枢纽经济是在我国经济步入新常态、构建现代化经济体系的背景下提出的，是顺应新时代高质量发展要求的重要举措，也是畅通经济循环、融入新发展格局的时代举措。作为优化经济要素时空配置、重塑产业空间分工体系、全面提升城市能级的经济发展新模式，枢纽经济能够助力流通环节提质增效，将消费品供给环节和终端消费环节联系在一起，使其价值增值更多地留在当地，进而最大限度地"沉淀"全产业链创造的价值，实现从"交通

---

[*] 本研究为2023年河南省社会科学规划决策咨询项目"郑州建设国际消费中心城市的思路与对策研究"（项目编号：2023JC035）阶段性成果。
[**] 弋伟伟，河南省发展战略和产业创新研究院助理研究员，研究方向为区域经济、产业经济。

以枢纽经济助力郑州国际消费中心城市建设的思考与建议

枢纽"到"经济枢纽"的转变。"十四五"时期至2035年，是郑州加快国家中心城市现代化建设的关键阶段，城市国际化和对外开放总体处于重要战略机遇期，借助"经济枢纽"打造"消费枢纽"，推进交通、产业、城市跨界融合发展，对重塑自身发展优势、加快补齐城市消费短板、完善城市功能，提升在全国发展大局中的地位和竞争力，全面开启建设社会主义现代化大都市新征程具有重要作用。

一 枢纽经济对国际消费中心城市建设的现实意义

（一）推动经济发展动力变革、实现高质量发展的重要路径

当前，我国经济已由高速增长阶段转向高质量发展阶段，正处于转变发展方式、优化经济结构、转换增长动力的攻关期。特别是在新冠疫情影响下，全球产业链、供应链的安全和稳定面临挑战，消费作为内需稳定器作用凸显。哈佛大学经济学教授爱德华·格莱泽在《城市的胜利》中指出，随着以制造业为代表的传统工业从城市中心撤离或衰竭，以文化创意和休闲娱乐为主的新兴产业逐渐兴起，大都市的增长会越来越依靠消费中心城市的功能与定位。以全球规模较大的140个消费中心城市为例，其以13%的全球人口创造超过1/3的全球消费市场贡献和36%的全球经济增长贡献。[①] 从国内看，加快建设现代流通体系，推动内贸流通高质量发展，对促进产销衔接、供需匹配，畅通国内经济大循环十分重要。以枢纽经济促进郑州国际消费中心城市建设，有利于打造具有国际国内两个市场资源配置功能的重要载体和平台，进一步激活内生动力，形成全球消费资源的汇聚高地。

（二）推进高水平对外开放、加快形成强大内需的现实需要

在推动形成全面开放新格局的进程中，特别是随着"一带一路"建设的推进，地处内陆的中部地区逐步从开放末端转变为开放前沿，成为我国内

---

① 数据来源：国务院发展研究中心发布的《国际消费中心城市理论、政策与实践》。

外贸一体化、国内外消费一体化的双向通道和战略节点。郑州坐立中原、畅联东西、连贯南北，是国家新一轮开发开放的枢纽城市，加快枢纽经济发展和国际消费中心城市建设，有利于把握消费结构升级的基本趋势，不断提高供给质量和水平，实现消费与生产的关联匹配，确保产业关联畅通和经济循环流转；有利于集聚全球多样化消费资源和消费品牌，实现在郑州"买全国"和"买全球"，打破国内外市场在时间、空间上的局限，以更好利用全球的商品和服务，满足新阶段多样化的高品质消费需求，使郑州成为我国、"一带一路"共建国家和地区以及全球消费目的地。

（三）把握新技术变革机遇、实现新型消费"弯道超车"的必然选择

近年来，以信息通信技术、新能源技术、生物基因技术等为代表的技术创新及应用，正在深刻影响全球产业、消费和治理格局。大数据、云计算、人工智能、区块链等新技术的深度应用，推动我国消费升级创新的双重变革。郑州人口众多、消费市场规模大、交通物流枢纽地位凸显，在扩大消费和引领消费方面潜力巨大。在新技术变革的背景下，枢纽经济深度融合物流链、产业链、贸易链与价值链，不断增强技术、产业和市场优势，成为培育新业态、新服务、新产品的重要载体，使更多商业模式创新成果、技术应用到全市消费市场，实现新型消费发展的"弯道超车"，推动消费领域涌现更多郑州制造、郑州服务和郑州品牌。

（四）加快国家中心城市建设、实施重大发展战略的重要动能

当前我国已进入城市化发展的中后期阶段，城市化水平提高对消费的促进作用日益显现，京津冀、长三角、粤港澳大湾区和成渝等大型城市群消费市场规模在全国消费市场中的占比在50%以上。[1] 进入新时代以来，郑州迎来了国家构建新发展格局战略机遇、推动中部地区高质量发展政策机遇、黄河流域生态保护和高质量发展历史机遇。同时，国家支持郑州国家中心城市

---

[1] 数据来源：2022年"经济蓝皮书"发布会暨中国经济形势报告会。

建设，支持郑州航空港实验区、河南自贸试验区等国家战略平台建立对接国际规则标准、加快投资贸易便利化、吸引集聚全球优质要素的体制机制，强化国际交往功能，为郑州赋予了重要的发展职能。蕴含丰富时代内涵的"国字号"战略方针，为枢纽经济发展和建设郑州国际消费中心城市提供了宝贵的历史机遇。

二 枢纽经济助力郑州国际消费中心城市建设基础优势与制约因素分析

（一）基础优势

1. 交通集疏网络逐步完善

统筹推进综合立体交通网络，"空、铁、公、网"综合立体交通网络持续完善、"内联外畅"通道优势发展成效显著。铁路方面，率先建成以郑州为中心的"米"字形高铁网，已形成辐射全省、通抵周边省会、通达全国主要城市的"123"小时经济圈，覆盖国内4亿人口，"四纵五横"大能力货运铁路网基本形成。民航方面，初步形成覆盖全球主要经济体的国际枢纽航线网络。郑州新郑国际机场是中国八大区域性枢纽机场之一，开通客运航线194条，通航城市132个，成为连接国内外乘客的重要交通枢纽，2小时航空圈覆盖全国90%以上的人口和市场。2023年上半年，郑州新郑国际机场完成客运量1211.8万人次，同比增长185.8%，增速高于全国平均水平48.0个百分点。[1] 郑州新郑国际机场客货运规模连续4年保持中部地区"双第一"[2]，是全国航空电子货运项目唯一试点机场。公路方面，2022年末全省高速公路通车总里程突破8000公里，路网密度达4.77公里/百平方公里[3]，居全国前列，实现"都市圈1小时通达、市域范围内实现15分钟上

---

[1] 数据来源：河南郑州航空港官网。
[2] 数据来源：河南郑州航空港官网。
[3] 数据来源：河南省交通运输厅官网。

高速"的目标。

2. 综合经济实力持续提升

在多重国家战略叠加和突出区位优势助推下,郑州内陆开放高地加快建设,为国际消费中心城市建设打下坚实的基础。2022年郑州地区生产总值为12934.7亿元,居全国第16位,占全省的21.1%,社会消费品零售总额达5223.1亿元,占全省的22.3%（见图1）。[1] 近年来,郑州人口增长迅速,2022年末全市常住人口为1282.8万人,常住人口城镇化率为79.4%,比上年末提高0.3个百分点。[2] 郑州是"中国八大古都"之一,共拥有2项世界文化遗产以及1项世界非物质文化遗产,有20余个国家5A级旅游景区和4A级旅游景区,深厚且独特的文化内涵吸引了众多海内外游客。2022年,来郑游客达8949.28万人次,其中国际游客有23万人次。[3]

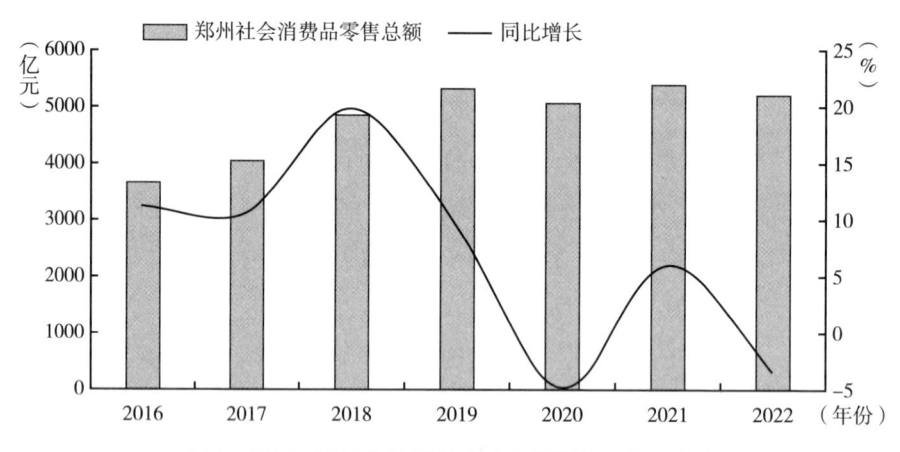

图1 2016~2022年郑州社会消费品零售总额及增速

资料来源：历年《郑州市国民经济和社会发展统计公报》。

3. 基本形成"买全球、卖全球"格局

为推动更多"流量"变"留量",郑州应更广范围集聚资源、更高能级

---

[1] 数据来源：《2022年郑州市国民经济和社会发展统计公报》。
[2] 数据来源：《2022年郑州市国民经济和社会发展统计公报》。
[3] 数据来源：《2022年郑州市国民经济和社会发展统计公报》。

赋能经济高质量发展。一是外向型经济突飞猛进。2022年，郑州进出口总额为6069.7亿元，比上年增长3.1%，[①] 近5年郑州进出口总额保持高位，且呈现稳中有升的态势。郑州与207个国家和地区建立了经贸往来，181家世界500强企业在郑落户。郑州跻身全球经济竞争力城市100强、全球营商环境100强。[②] 二是"四条丝路"协同并进。以"四条丝路"为引领的国际物流中心建设成效显著，郑州被确定为国际性综合交通枢纽城市、国际铁路枢纽、国际航空货运枢纽、全球性国际邮政快递枢纽，入选首批国家综合货运枢纽补链强链城市。2022年，郑州机场新开通41条货运航线，累计运输货物350万吨，年货邮吞吐量最高时突破70万吨，货运量连续5年位居中部第一，稳居全国第6位。[③] 自2013年开通以来，中欧班列（中豫号）累计开行班列800班[④]，构建了河南联通欧洲、中亚和东盟及亚太地区的国际物流大通道。跨境电商交易额增长18.2%[⑤]，郑州入选全国跨境电商B2B出口监管试点城市。郑州共开通海铁联运线路6条。2022年，郑州中心站铁海联运到发2.8万标箱，增长59%以上。[⑥] 三是重点开放平台支撑有力。自贸试验区郑州片区累计形成240多项制度创新成果，其中全国首创47项，片区首创的跨境电商网购保税即"1210"模式，已逐步推广至100多个国家和地区。郑州国际邮件枢纽口岸获批全国重要国际邮件枢纽口岸，吞吐量超1.1万吨。[⑦] 阿里巴巴、京东、美团、小红书、科大讯飞等知名平台型企业相继落户，世界工厂网、中大门、万国优品等本土电商不断壮大。

4. 枢纽产城融合进程加快

枢纽关联产业集聚态势显现，推动要素合理流动和高效配置。一是高标准建设融合共进的现代枢纽功能区。郑州航空港实验区积极完善基础设施、

[①] 数据来源：《2022年郑州市国民经济和社会发展统计公报》。
[②] 数据来源：《2022年郑州市国民经济和社会发展统计公报》。
[③] 数据来源：河南郑州航空港官网。
[④] 数据来源：《2022年郑州市国民经济和社会发展统计公报》。
[⑤] 数据来源：《2022年郑州市国民经济和社会发展统计公报》。
[⑥] 数据来源：《2022年郑州市国民经济和社会发展统计公报》。
[⑦] 数据来源：《2022年郑州市国民经济和社会发展统计公报》。

人口分布、产业布局和资源利用等,通过高水平城市功能区连片综合开发,积极打造绿色宜居的生活环境、集约有序的城市空间,形成空港、产业、居住以及生态功能区共同支撑的国际化绿色智慧航空都市,城市综合承载力显著提升。二是枢纽产业发展态势良好,以新郑国际机场为依托,积极培育和引进物流企业集成商和大型货运航空公司,精密机械、大宗贸易、生物医药、电子商务等临空临港重点产业得到快速发展。三是特色服务消费快速发展。围绕文化消费、特色旅游、体育、健康养老、教育等重点领域,不断提升服务品质、增加服务供给,推动幸福产业快速崛起。此外,策划引进国际文化旅游、国际消费品博览会等一系列国际性展会,通过举办中国(郑州)国际旅游城市市长论坛、全球跨境电商大会等国际性展会,提升郑州国际会展知名度。

(二)制约因素

1. 枢纽地位相对弱化

综合交通枢纽地位没有完全与组织功能和网络相匹配,国内国际资源要素组织能力偏弱。一是交通网络能力相对不足。2022年末高速铁路、高速公路里程排名分别下降至全国第7位、第8位,路网密度分别居全国第12位、第10位;[①] 郑州铁路枢纽地方货物运输量占比仅为10%,中欧班列省内货源占比在25%左右,全省A级以上物流企业占比不足3%,缺乏具备供应链整合和平台组织能力的"链主型"龙头企业。二是综合运输通道布局有待优化。高效联通长三角地区的东向通道不足。多式联运衔接不畅,高铁与航空联动尚处于起步阶段,高铁与公路之间衔接还存在脱节情况,与实现多种运输方式的"无缝衔接"和"零距离"换乘目标还有较大差距。三是枢纽组织功能亟须提升。交通枢纽更多承担过境集疏功能,引流、驻流能力不足,客货"始发终到"集聚效应有待提升,郑州铁路发送量低于北京、上海、广州、武汉等国家中心城市,郑州国际陆港面积远小于成都和西安,

---

① 数据来源:河南省交通运输厅官网。

郑州机场航空产业支撑薄弱。四是大型物流服务集成商不足、缺少大型物流集成商。在吸引大型网络型物流企业布局方面，郑州与"四极七枢纽"城市差距较大，同时落后于周边的武汉、西安等城市。

2. 城市国际化水平较低

2022年，郑州市经济外向度在全国21个国际化大都市发展指数综合排名中居于第14位，在9个国家中心城市中居倒数第2位。① 一是特色商圈国际影响力不够。商圈业态创新不足，场景融合不够，国际知名度较低，整体吸引力有限。目前，郑州二七商圈等在国内小有名气，大卫城、正弘城等商业综合体是郑州的重要地标。但从商圈特色、规模数量、业态结构、品牌集聚度、本土品牌国际知名度等方面来看，郑州缺少像南京新街口、成都春熙路、重庆解放碑等的知名商圈，更缺少类似杭州湖滨路、西安大唐不夜城的"网红"新商圈。在全国TOP20商圈排名中，河南无一入选。根据2022年商务部公布的《首批全国示范智慧商圈、全国示范智慧商店名单》，河南也没有商圈或商店入选。二是便民消费载体覆盖面积和比例均有待提升，据中国连锁经营协会发布的"2022中国城市便利店指数"，郑州24小时便利店发展指数得分仅为73.0分，低于厦门（92.0分）、长沙（88.0分）、广州（84.5分）等。在消费场景方面，郑州缺少如北京坊"5G+虚拟现实"商圈、深圳万象城等高标识度场景。三是国际交流广度和深度不够。郑州缺乏具有国际影响力的国际会展、体育赛事、艺术表演等活动，尚未具备国际化城市应有的强大吸引力。

3. 枢纽偏好型产业发展缓慢

相比广州、南京和成都等临空经济示范区，郑州的枢纽产业面临较多考验和挑战，枢纽偏好型产业集群化、规模化发展水平不高，尤其是临空产业与临港产业结构过于单一，尚未形成完整的产业链条，电子信息产业"缺芯少屏"、装备制造业基础不牢，高附加值产品、高品质服务供给不足，未形成有规模竞争力的产业集群，产品缺乏国际话语权。如临空产业结构单

---

① 数据来源：郑州市统计局官网。

一，智能终端产业"独霸"格局难以打破，其增加值占航空港实验区规模以上工业增加值的比重在90%以上，多数企业处于来料加工和组装等初级产品加工阶段，高端制造业、高新技术产业规模偏小，生物医药、精密机械等产业发展明显滞后。

4.体制机制有待进一步完善

一是要素支撑能力不足。产业发展配套、居民生活配套设施匮乏，区域内医疗教育等公共服务设施建设滞后，难以吸引企业和人才落户。二是发展环境有待提升。促进公平竞争、放宽市场准入等方面仍有短板，制约商品及资金、技术、人才等要素流动的壁垒依然存在，跨境资金流通、资金结算等问题尚未得到根本解决，口岸管理信息化水平和通关便利化程度仍需进一步提高。三是总体系统规划不完善。全域消费有机联系有待加强，郑州及区域经济协调发展相对滞后，尚未形成有影响力、清晰明确的消费定位，消费标签存在泛化、低水平重复现象，围绕消费主体合作的顶层设计和协作体系有待完善。此外，城市与枢纽、枢纽与枢纽、中心与产业、枢纽与环境之间的关系，以及它们发展的协同效应，需要依靠整体规划系统地、前瞻性地加以解决。

三 枢纽经济促进国际消费中心城市建设的对策建议

（一）以基础设施为支撑，增强枢纽硬实力

1.强化综合交通枢纽建设

打造以航空、铁路为骨干，高等级公路、城市轨道交通等为基础支撑的交通集疏网络。着力提升物流运输能力，完善门户枢纽布局，着力打造世界级物流枢纽。着眼全市发展需求织密枢纽网络，对交通能级进行更大力度的改造、更新、提升。按照便捷畅通、安全高效的要求，加快建设开放式立体化无缝衔接的客货运枢纽，优化中转和集疏运设施布局，完善枢纽综合服务

功能，建设一批航空转运中心、铁路物流基地、公路港等重大工程，建成全国性、区域性枢纽，打造"一带一路"的重要枢纽，实现与中亚、东南亚、西亚、中东欧等区域的连通。

2. 优化门户枢纽布局

提质发展郑州航空港经济综合实验区，适时启动郑州第二机场建设，积极推进新郑国际机场三期等重大基础设施建设。积极开拓国内外航空网络，深化郑州—卢森堡"双枢纽"战略合作，着力打造"空中丝绸之路"重要航空货运枢纽。高标准推进航空衔接，强化国内国际空铁、空空中转运输，在空港核心区域建设国际航空物流服务园区，合理分配功能与运量，形成以郑州机场为门户枢纽，干、支协作的区域机场格局。谋划推进中牟、登封、巩义等通用机场建设，推动区域通用航空产业发展。

3. 建设国际性区域性铁路枢纽

提升国际陆港运输组织能力，充分发挥中欧班列（郑州）的通道优势，依托路桥运输通道，加快中欧班列郑州集结中心建设，向东强化与沿海港口衔接、向西拓展中欧班列网络、向南联通泛亚铁路，做强中东欧、西欧、中亚和东盟线路，拓展北欧新线路，形成联通欧亚的国际物流通道。构建郑州与青岛、连云港、天津、上海等港口的多式联运系统。布局配套公路港、无水港等联运场站设施，完善腹地集散物流网络、提升货源组织能力。积极谋划与长三角、粤港澳大湾区等区域的高铁项目，提升与京津冀、长三角、粤港澳大湾区和成渝地区双城经济圈"四极"的互联互通水平，深度融入国家综合立体交通网和国家重大发展战略。依托城际铁路打造郑州"米"字形高铁网络延伸线，巩固提升高铁时代郑州区位优势。

4. 建设区域性国际口岸城市

加快提升已运行的功能性口岸业务规模，推进进口粮食、植物种苗、木材、铜精矿等指定口岸的建设和申建工作，充分发挥多功能性口岸体系的组合叠加优势，提高贸易便利化水平，发展壮大口岸经济。

5. 打造"实体+云上"双枢纽

把有限物理空间与无限网络空间结合起来，如交通、地理、物流、口岸等硬件枢纽与数据、信息、金融等软件枢纽结合起来，嵌入全球创新链条和体系，打造优良的云办公、云商务、云指挥、云服务等云环境，形成"实体枢纽+云上枢纽"新形态。强化"枢纽+网络"，以数字化供应链为支撑，打通新型国际贸易"大动脉"，积极培育发展平台经济、数字经济、跨境电子商务、供应链服务等特色新兴产业，形成线上线下有机衔接的智慧型枢纽经济新形态。

（二）以高标准塑造枢纽产业为核心，培育增长新动能

1. 大力培育临空枢纽经济

一方面，以空港枢纽聚产业，强化郑州航空港实验区龙头引领作用，大力发展电子信息、智能装备、生物医药、新能源汽车、航空制造维修等先进制造业，配套发展国际贸易、金融租赁、商务会展等现代服务业，全力打造智能终端、新能源、服务器技术、生物医药、半导体、航空物流、跨境电商等产业集群。另一方面，依托新郑国际机场交通优势、口岸优势及区位优势，促使生产、技术、资本、贸易与人口等生产要素加速集聚。加快航空物流、航空制造维修等航空核心产业提质扩量，建设国内重要的航空航材维修基地。加快航空金融、文旅、会展等服务业深度融合，支持河南机场集团、河南航投等优质业务板块上市挂牌。科学合理布局商务会展、科技研发、人力资源，力争在临空经济领域打造国际知名品牌。

2. 发展壮大高铁经济带、高铁商务圈

充分利用高铁枢纽优势，打造现代服务业产业集群，积极凭借高铁便利条件，围绕总部经济和楼宇经济等领域出台总部经济招引政策，鼓励以建筑业、现代服务业为主的大企业、大集团设立全资子公司、区域分公司，壮大甲级办公、电子商务、金融服务、法律服务等业态，促进总部经济、楼宇经济发展。统筹布局高铁周边商业圈，积极推进电子商务、商贸金融、信息技术、管理咨询、文化创意等产业快速发展。引导沿线城市因地制宜发展以文化旅游为龙头的消费性服务业，打造一批高铁黄金旅游线路，建设一批以休闲旅游康养产业为主导的特色小镇。在发展特色商贸方面，积极调整片区商

业布局，力争招引高端服务业企业入驻，构建以高端商贸、高级商务、高档酒店为特色的商业经济圈。

3. 积极打造陆港产业集群

依托综合保税区、国际陆港、口岸等平台，做强跨境电商、服务外包、国际贸易、国际运邮等外向型产业集群，在中欧班列沿线国家布局建设一批经贸产业合作园区，发展跨境货物加工与转口贸易。推动实现空港、陆港、综合保税区、保税物流中心协同发展，重点支撑枢纽偏好型电子信息、生物医药、新能源汽车等产业发展，建成以机场为核心的跨多关区、多种运输方式无缝衔接的货物集疏运体系，加快国际性现代综合交通枢纽建设。

（三）以提升平台消费能级为关键，提升要素聚合力

1. 枢纽与平台建设融合

高质量建设河南自贸区郑州片区。发挥好郑州航空港经济综合实验区开放引领作用，建设河南自贸试验区2.0版，打造河南省RCEP示范区，制定新一轮自贸试验区深化改革方案，全面完成改革创新试点任务，大力培育引进高技术、高成长、高附加值企业，促进外向型经济高质量发展。推进系统集成化制度创新，深入开展政务、监管、金融、法律、多式联运五大专项服务体系建设工作，打造制度创新先行区。

高标准建设中国（郑州）跨境电子商务综试区。提升跨境电商"单一窗口"和线上综合信息服务平台功能，鼓励跨境电商为企业提供一站式综合服务。创新"电商+"发展模式，推动"跨境电商+装备制造""跨境电商+智能终端""跨境电商+纺织服装"等新业态发展，带动一批实体经济。持续拓宽开放领域，构建连通境内外、辐射东中西的物流通道枢纽，稳步提升与"一带一路"共建国家和地区、RCEP成员国的经贸合作水平。

2. 枢纽与开发区融合

突出国家物流枢纽龙头带动作用，建设以高端制造、国际供应链、金融、科技、大数据等为主的枢纽经济示范区。依托国家物流枢纽节点城市建设，打造一批以先进制造业、物流、文旅为特色的枢纽经济区。加快推进枢

纽承载设施建设，持续拓展枢纽经济承载平台功能，推动货物资源由"过路"转向"集结"，增强产业链、供应链耦合组织能力，积极衔接国内国际"双循环"。

3.枢纽与城市功能融合

优化公共服务供给。完善学校、医院、商贸等服务设施，提高对企业、人才的吸引力，打造高端要素"强磁场"，形成"双循环"流动空间的势能高地。加快推进"过境流量"向"消费体量"转变，积极在文化创意、服装、假发等时尚领域发展首店经济等新业态。加快布局数字化消费网络。推动互联网消费和实体店消费相结合，推广"互联网+消费"模式。积极发展在线教育、互联网医疗、便捷化线上办公等线上服务新模式，探索发展智慧超市、智慧商店、智慧餐厅、智慧体验馆等新零售，使大众体验到更加便捷化的生活与出行服务。积极打造青年友好型城市。持续关注青年人多元化需求，丰富其在学习、生活、工作、住房方面的福利政策。持续优化就业服务，有效链接重点企业等紧缺岗位需求，加大青年创业帮扶力度，积极出台配套扶持政策。

（四）以促进消费升级为抓手，强化枢纽带动能力

1.打造全球消费品集散中心

增强"空中丝绸之路"国际合作论坛、中英氢能产业合作论坛、全球跨境电商大会、世界传感器大会等国际展会溢出效应，推动展品变商品。依托河南自贸试验区、郑州航空港经济综合实验区和郑州跨境电商综合试验区，打造辐射全国、连接世界的交易中心、快件分拨中心及航空、铁路境内境外物流集疏中心，形成物流、贸易、产业融合集聚发展的经济生态链。支持商业企业建立海外分销中心、展示中心等营销网络和物流服务网络。

2.建设国际旅游目的地

围绕"行走河南·读懂中国"旅游形象品牌，坚持境内境外营销双向发力，构建覆盖全媒体、宽渠道的全球旅游营销推广网络。实施"引客入豫"计划，鼓励省内旅行社驻外营销，促进国际旅游市场快速增长。加密

国际航班到达班次，争取航空口岸过境人员144小时免签政策落地。推进旅游服务标准化建设，建立符合国际通行要求的城市英语标识和外语咨询体系，加强窗口单位、公共场所的外语信息服务，以景区景点、餐饮住宿、购物娱乐、机场车站等场所企业为重点，加强国际礼仪、语言、文化素养等方面的培训，提升城市人文形象。

3. 提升本土品牌影响力

打造一批引领性本土品牌，支持其进商场、上平台、入驻特色街区、进免税店。做大做强郑州全国商品交易会、中国郑州国际工业装备博览会等各类品牌展会和活动，提升本土品牌影响力和美誉度。支持郑州金刚石、速冻食品、预制菜、女裤等一批特色产业积极开拓国际市场，扩大出口规模，提高国际市场占有率。打造一批面向垂直领域、细分客群的网络新消费品牌。

4. 丰富数字产品供给

强化信息化建设和智慧旅游服务。进一步完善文化产业和旅游业"云、网、端"数字化基础设施，发展云旅游、云演艺、云展览、景区直播、景区短视频、虚拟现实景区、数字博物馆等新文旅业态，推动文化和旅游数据资源开放共享流通。同时，做好消费场景开发、消费业态拓展、主题活动及平台建设，促进购物、餐饮、休闲、旅游、文化等传统商贸行业与工业、农业、康养、生态等跨界合作，加速线上线下消费场景融合。

（五）以营造发展环境为保障，增强发展软实力

1. 大力发展免退税经济

支持郑州市设立市内免税店，探索"消费+登机预办"一体化试点。在机场、港口等入境口岸，重点商圈、涉外宾馆酒店、重点文旅体育设施和会展场馆，加大免税店和退税商店推介力度。支持企业申请免税品经营资质，鼓励免税店设立国产商品销售专区。扩大境外旅客购物离境退税"即买即退"实施范围、优化退税流程。增加退税商店数量、类型，并扩大其覆盖范围，鼓励重点商圈、机场、宾馆酒店内商场和旅游景区商业网点开设退税商店。

2.完善"枢纽+政策"有效保障机制

制定出台枢纽经济扶持政策,建立推动枢纽经济发展的政策保障机制,破除枢纽经济发展的制度壁垒。聚焦平台企业发展实际需求,加快5G、大数据、区块链等信息技术的应用,以更加完善的基础设施、更加先进的技术和更加优质的服务,激发枢纽经济的发展潜力。

3.优化营商环境

对标国际消费制度政策,推动签证、金融支付、关检等创新,完善知识产权保护制度,建立健全消费维权体系和消费争端解决机制。积极对接国际安全、环保、健康等消费标准规范,推动医疗、物流、餐饮住宿、教育等行业服务标准升级。推进"放管服"改革,进一步推行外商投资"承诺+备案"制度,全面加强监管,放宽医疗、教育、文化、信息等外商投资准入限制。

参考文献

仝新顺、刘珂:《枢纽经济区域经济发展新动能》,中国社会科学出版社,2022。

王承哲、完世伟、高璇主编《河南蓝皮书:河南经济发展报告(2023)》,社会科学文献出版社,2022。

安伟:《奏响创新发展主旋律加快郑州国家中心城市建设新征程》,《郑州日报》2022年4月30日。

陶希东:《国际消费中心城市的功能特征与核心要义》,《人民论坛》2022年第5期。

黄庆华、向静、周密:《国际消费中心城市打造:理论机理与现实逻辑》,《宏观经济研究》2022年第9期。

B.20
鹤壁市城市一刻钟便民生活圈试点建设借鉴

李红生 王斋民 党伟 杨济铭*

摘 要： 近年来，鹤壁市坚持以人民为中心的发展思想，牢牢把握人民群众对美好生活的向往，不断增进民生福祉，将城市一刻钟便民生活圈作为民生工程的重要载体，抓重点、破难点、树亮点，累计投入资金70.7亿元，在全市5个城区121个社区打造一刻钟便民生活圈，城市社区覆盖率达100%。2021年，鹤壁市被商务部评为全国首批城市一刻钟便民生活圈试点市。在城市社区试点的同时，根据群众所需、所盼在市辖两县同步跟进生活圈建设，2023年上半年，县域36个社区覆盖率达100%。鹤壁市民生工程建设走出了一条独具特色的"鹤壁之路"。

关键词： 城市一刻钟便民生活圈 民生工程 促消费 鹤壁市

民之所望，政之所为，鹤壁市坚持以人民为中心的发展思想，坚持把城市一刻钟便民生活圈建设作为头号民生工程，与城市创建、城市更新同谋划、同部署、同推进，围绕"建圈、管圈、用圈"建机制，聚焦"便民、利民、惠民"做文章，在全国首家发布《鹤壁市城区一刻钟（15分钟）生活圈术语》《鹤壁市城区一刻钟（15分钟）生活圈标志》《鹤壁市城区一刻钟（15分钟）生活圈建设标准》三项地方标准，探索建立"四制三化"模式，构建起覆盖百姓生活的九大功能圈，使广大群

---

* 李红生、王斋民、党伟、杨济铭，鹤壁市商务局。

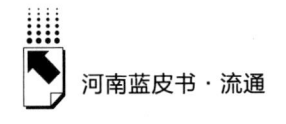

众实现从安居到宜居再到乐居的转变，群众的认可度、归属感显著提升。

一 鹤壁市城市一刻钟便民生活圈试点建设典型做法

（一）坚持高位推动，构建强有力的工作格局

市委、市政府高度重视城市一刻钟便民生活圈建设，高标杆定位，高标准推进，高质量建设。一是书记主抓。把城市一刻钟便民生活圈建设作为"一把手"工程，市委书记既挂帅又出征，县区、街道党（工）委书记分级负责，三级书记同步抓，市县区一体建设。二是专班推进。成立市委书记、市长担任"双组长"，市委副书记担任常务副组长的领导小组，抽调商务、城管、住建、教体、民政等部门精兵强将组建工作专班，专职专责推进。三是健全机制。完善党委领导、政府主导、部门协作、县区实施、社会参与的工作机制，实行周研判、月调度、季评比、半年观摩、年度总评制度，以机制保障运转，用常态推动长效。

（二）坚持以人为本，把让群众满意作为出发点和落脚点

鹤壁市始终坚持以人为本，把群众所思、所想、所需、所盼作为城市一刻钟便民生活圈建设的重要标准。一是聚焦问需于民，让群众成为建设的推动者。成立社区调查组，深入社区广场、楼宇单元，通过走访座谈、问卷调查和现场宣传相结合的方式，倾听群众呼声，找准堵点、痛点、关注点，做到既满足"一老一少"等群体的特殊需求，又兼顾年轻人的时尚消费，推动资源跟着需求走、服务跟着居民走，把群众的"需求清单"转化为"幸福清单"。二是聚焦问计于民，让群众成为建设的参与者。尊重群众首创精神，畅通"问计"渠道，通过政务热线、政府信箱、新闻媒体等多种方式，搭建信息反馈平台，让群众有意见随时提、有想法尽管讲、有不满大胆说，征集管

用的"土办法"、创新的"金点子"、接地气的"新举措",让一刻钟便民生活圈建设更接地气、更合民意、更顺民心。三是聚焦问效于民,让群众成为建设的见证者。把群众赞成不赞成、高兴不高兴、答应不答应,作为衡量城市一刻钟便民生活圈建设成效的唯一标准,因"圈"施策,建立整改工作台账,查漏补缺、提升水平,推动城市一刻钟便民生活圈建设提速提标提质。

(三)坚持多方联动,形成共推共建合力

整合多方力量,形成共推共建合力。一是资源整合。坚持统筹协调、系统推进,将国家关于老旧小区改造、社区养老、托育、家政等支持政策与城市一刻钟便民生活圈建设结合起来,集中财力统筹推进。二是联合攻坚。坚持上下联动,向上加强与上级部门的沟通对接,最大限度争取上级支持;向下推动各县区跟紧全市工作步伐,做到市县两级同频共振、工作合拍。坚持左右联动,各部门加强工作衔接,做到既各司其职、各负其责,又点面结合、条块结合,全力攻坚。三是社会参与。坚持政府引导、市场运营,吸引社会力量共同参与城市一刻钟便民生活圈建设,形成政府搭台、企业运营、市民满意、示范推广的良性循环。

(四)坚持分类施策,打造多样化建设模式

围绕提高便利化程度、提升满意度目标,结合不同社区情况分类推进。一是规划先行、配套建设。对新建社区,规划时预留城市一刻钟便民生活圈用地。示范区聆海社区利用预留用地高标准建设社区综合服务中心,该中心集购物、餐饮、休闲、养老、托育、家政等功能于一体,社区服务便利程度明显提升。二是置换改造、废旧利用。对土地、用房不足的老旧社区和小区,以置换改造为主、新建为辅,满足群众生活需求。山城区广场社区对废弃厂房进行科学改建、适度改造,建成社区日间养老照料中心、医疗卫生服务站,拓宽了社区服务空间。三是整合归并、设施共用。对规模小、服务功能少的老旧社区,整合服务用房,合理布局服务设施。淇滨区九大院小区原来有9个家属院13栋家属楼,消防、物业、商超、就医等问题十分突出,

经过改造后整合成一个新小区，原有分散的服务设施得到充分利用。四是提质提标、打造精品。针对服务功能较全但质效不高的社区，在提质增效上下功夫，优化商业网络布局，提升服务功能。推动裕隆、家园等品牌连锁企业进社区，引进京喜拼拼等社区电商，创新"线上下单、站点自提、无接触配送"模式。擦亮"淇河书屋"品牌，在居民区周边小巷、游园等空间规划"淇河书屋"，配建读书广场、运动设施等。打造"智慧养老"品牌，智慧养老信息平台建设成为全国居家和社区养老服务改革试点工作优秀案例。

（五）补齐短板，推动一刻钟便民生活圈优化升级

在前期城市一刻钟便民生活圈建设的基础上，围绕群众急难愁盼问题，聚焦短板弱项，以开展十大专项行动为抓手，推动城市一刻钟便民生活圈不断优化升级。

一是开展养老服务提升行动。按照"政府引导、市场运作、协同推进"原则，大力发展银发经济，对全市养老服务中心、日间照料中心进行摸排统计，采取社区强制性、居家选择性等方式推进社会面适老化改造，实现养老数据信息化、养老业务网络化、养老服务便民化、养老监管智能化。打造"智慧养老"品牌，构建"1+7+N+M"四级智慧养老服务网络，打造"5G+智慧养老"全场景服务体系。

二是开展便捷消费提升行动。以优化服务网点、完善服务功能、提升服务品质为重点，每个小区特别是老旧小区至少配齐便利店、早餐店、生活超市等基本保障类业态，先后推动连锁便利店、品牌商超等在全市所有社区完成进驻或提升，不断满足市民品质化消费需求。大力发展"夜经济"，改造提升示范区朝歌里人文小镇步行街、浚县古城商业步行街、淇县朝歌老街等商业街区，打造一刻钟夜间经济集聚区，让市民"近"享烟火气。

三是开展就业服务推进行动。持续推进"人人持证、技能河南"与城市一刻钟便民生活圈建设深度融合，通过网格化服务、链接企业资源、社工就业辅导、订单定向培训等方式，打造青年e站、零工市场、社区就业指导站、技能书屋等阵地，把技能提升作为带动就业增收的关键举措。截

至 2023 年 10 月，鹤壁市城镇新增就业、失业人员再就业、就业困难人员再就业等指标均在全省名列前茅。

四是开展书香阅读提质行动。紧扣文化强市、书香鹤壁建设，完善综合性文化服务中心、文化活动站等设施配置，健全服务体系，塑造特色品牌，构建开放多元、充满活力的公共文化服务供给体系，实现"淇河书屋"15 分钟可达、社区书屋建设全覆盖，打通公共阅读服务"最后一公里"，"书香鹤壁"成为新的城市名片。

五是开展卫生服务推广行动。以打造健康社区为目标，通过提高社区医生业务能力、返聘退休专家进社区、搭建远程诊疗平台、增设社区智慧药房等方式，建立全覆盖、高品质的医疗服务网络，提高社区卫生服务中心（站）诊治水平，更好满足居民基础性门诊医疗服务、日常保健护理等需求。落实家庭医生签约机制，鼓励开展上门服务。截至 2022 年底，全市家庭医生签约人数为 1047363 人，位居全省前列。

六是开展健身娱乐均衡行动。结合现有城市游园、健康设施，大力推进社区公园、慢行步道、口袋公园、儿童游乐场、室外健身场所、多功能运动场地等服务设施建设，有序推动学校、机关等内部运动场、健身场地实行预约开放，打造 15 分钟健身圈，满足居民个性化公共活动需求，实现"200 米见绿、500 米见园"的美好愿景。

七是开展安全充电普及行动。制定安全充电普及行动方案，通过"政府指导建设、社区统一规划、分户分表用电、集中使用管理"的模式，结合老旧小区改造工作，积极探索"一户一表"集中充电设施建设，实现居民充电"各用各的电、各掏各的钱"，便利群众充电需求，降低充电成本，确保充电不"飞线"、不"上楼"。

八是开展基础服务惠民行动。按照"惠民、利民、便民"原则，通过完善基础设施、提升服务品质、整合分类资源等方式，加快推进政务服务集成自助终端、智能快件箱、智慧安防系统、生活垃圾分类、无障碍化出行等设施建设，提升社区便民服务整体水平，确保群众基本服务不出"圈"，更好满足居民品质化、多元化需求。

九是开展托育托幼贴心行动。围绕"托育难""入园难""接娃难"等问题,大力开展普惠托育专项行动,加大学前教育投入,按照同步规划、同步建设、同步验收、同步交付"四同步"要求,将托育托幼服务设施纳入新建小区建设规划,建成了一批服务优质、管理规范、群众满意、区域示范的托育服务设施,通过公建民营、购买服务等方式,提供全日托、临时托、半日托等多样化服务,确保幼儿不仅"有园上""上得起",还能"就近上""有质量"。

十是开展便民生活圈智慧化行动。以打造"智慧城区"为目标,推进智能智慧化服务、线上线下资源融合,开发建设小邻通生活圈服务小程序、"淇澳+"生活圈 App、自助政务服务站等,实现物业服务、证照办理、税费缴纳、凭证打印、智慧出行、生活缴费等业务"一站式"办理。围绕应急管理、信息报送、平安建设、养老医疗、社区课堂等五大类重点应用场景,搭建"1+6+N"智慧服务体系,实现居民"小需求不出家、大需求不出圈"。

二 鹤壁市城市一刻钟便民生活圈试点建设取得的成效

(一)积极探索,形成"四制三化"鹤壁模式

坚持把健全制度机制作为基础工作来抓,探索形成了"四制三化"建管模式。一是实行"共议制",通过业主会议、调查问卷等形式广泛征求群众意见,优先提供群众最需要的服务。二是项目建设推行"共建制",由市、县(市、区)、乡镇(街道)、社区共同确定建设项目,凝聚四方合力,确保项目顺利推进。三是社区管理实行"圈长制",由县(市、区)、乡镇(街道)、社区三级干部担任社区生活区三级"圈长",共同推动社区建设和管理。四是实行"共享制",引导社区居民参与社区治理,构建人人参与、人人关心、人人享有的治理新格局。确保实现社区建设项目化、社区管理智慧化、社区服务便民化,着力打造城市一刻钟便民生活圈建设"鹤壁样板"。

（二）全面发力，推进生活圈建设举措落实落细

近年来，鹤壁市统筹推进城市一刻钟便民生活圈"九圈共建"，覆盖综合服务、便捷消费等九大领域，群众幸福感、满意度显著提升（见表1）。

表1　城市一刻钟便民生活圈主要建设内容

城市一刻钟 便民生活圈	建设内容
综合服务圈	新建、改造高标准社区综合服务中心204个，社区综合服务站52个，24小时便民服务站20个，自助政务服务站10个，智慧警亭4个，增设自助服务设备36台。
全民健身圈	增设、修复健身器材720台，修缮健康步道、社区健身路径468条，新建场馆45个，室外综合健身场地201个，社区游园及小型公共开放空间210个，多功能运动场地103个。
养老服务圈	打造社区养老服务机构46家，街道级综合养老服务中心30家、社区日间照料中心231家，面积增加6.1万平方米，床位增设1525张。
健康医疗圈	高质量建设卫生服务中心15个、卫生服务站46个、残疾人康复站37个。
社区文化圈	打造书香社区、国学教育、家长学校等活动场所82处，建成"淇河书屋"65座、社区书屋134座，投放图书35.8万册，服务群众68.5万人次。
就学便利圈	城区已建成中小学和幼儿园108所（普惠性幼儿园36所、托幼机构8家、小学36所、初中20所、高中8所），建成中小学和幼儿园校园配套设施102处，普惠性资源覆盖率85.3%。
绿色出行圈	在城市主次干道增设95条慢行通道、48条骑行专用道，新增297个公交站点，打造公交港湾35个，改造充电桩23669个。
便捷消费圈	改建便民消费市场20处，建设提升小型便民超市448个，建设智能快递箱、邮政快递末端综合服务站327个。
市政提质圈	新建垃圾分类收集站520座，新增智能化垃圾分类柜195个，社区及周边新增绿地435万平方米，增设停车位27000余个；新建车棚893座、爱心驿站62个，建设智慧安防小区314个，高标准改造和建设公厕、无障碍化设施258处，直接惠及23万户69万人。

（三）巩固拓展，推动生活圈建设由城区向县城延伸

自城市一刻钟便民生活圈试点以来，鹤壁市在推进城区试点社区建设的同时，根据群众所需所盼，把县城一刻钟便民生活圈建设抓在手上、记在心

上，坚持以人民为中心的发展思想，全域统筹、一体推动，加快城乡融合步伐，深入推进一刻钟便民生活圈向县城延伸。不断完善社区功能，着力满足人民对美好生活的向往，持续为县城群众幸福生活加码。自建设工作开展以来，两县成立了工作专班，明确了具体建设内容。县城各成员单位通过资源整合、共同谋划、协同推进，形成工作合力。加速补齐县城社区基础设施短板，新建、提升36个县城社区基础设施，新建社区日间照料中心，打造书香社区等活动场所，投放图书6.1万册，服务群众50多万人次，引导连锁商超进社区，建设社区老年活动室，成立儿童服务站。

三 下一步建设思路

（一）注重优化提质，构建生活圈建管用标准体系

坚持问需于民与顶层设计相结合，鼓励各县区、各部门立足自身创新模式，将城市一刻钟便民生活圈建设纳入各级议事协商机制，科学编制地方和行业城市一刻钟便民生活圈建设总体推进方案，围绕生活圈建、管、用和单项工作梳理出一整套经验、制度和模式，并形成地方标准，确保生活圈建设工作样样有标准、项项有模板、事事有参照，逐步形成具有鹤壁特色、可推广可复制的生活圈建设标准体系。

（二）聚焦重点群体，确立专项服务行业领先地位

立足优势，抓好发展，在重点群体服务工作上持续发力，支持相关部门制定养老、就业、就学、托育、出行等领域的建设规范和地方标准，实现"一老一小一青壮"服务工作在全省乃至全国占据领先地位。大力推进社区食堂建设，通过单独运营、共享自助、以大带小、集中配送等形式为居民提供三餐服务，满足社区居民日常就餐需求。

（三）关注健康服务，明确健身医疗服务供给路径

立足提供多层次、多类型的室外综合健身场地、城市游园、多功能运

动场地，满足居民不同类型的体育健身及公共活动需求，构建起全民健身公共服务体系，激发全民健身积极性；优化家庭医生签约服务，建立全覆盖、高品质的社区医疗卫生服务网络，全力提升街道卫生服务中心、社区卫生服务站服务水平；推动公立医院优质资源通过专家坐诊、人才培养、技术帮扶等手段下沉基层，建立社区卫生服务中心（站）与就近医院对口帮扶机制，为辖区居民提供就医"一站式"服务，更好地满足群众医疗卫生服务需求。

（四）丰富消费业态，提升多层次多元化消费体验

在居民"家门口"（步行5~10分钟范围内）配齐购物、餐饮、快递、维修、家政等基本保障类业态，引进智能零售终端，让消费更便捷。发展"一店一早"、补齐"一菜一修"。支持发展即时零售模式，赋能实体门店，拓宽服务半径。不断激发服务消费活力，鼓励多功能运动场、健身房、游泳馆、美容护肤店、保健理疗店等进社区，鼓励连锁化经营，促进健康消费。在居民"家周边"（步行15分钟范围内）因地制宜发展社交、康养、健身、文化、娱乐、休闲等提升类业态，让消费更舒心。

（五）注重优势提升，打造更具影响力特色品牌

全面开展"淇河书屋"形象提升工程，围绕书屋"建管好、实效强、受欢迎"进行优化提升，在2023年底实现"淇河书屋"管理服务达到《鹤壁市"淇河书屋"星级管理规定》四星以上标准；同时新建"淇河书屋"软、硬件配套设施均应达到四星以上标准。推动"淇河书屋"标准化建设工作，让"淇河书屋"的建设、管理、运维、使用、评价有章可循、有据可依，逐渐形成一套可复制可推广的标准体系。

鼓励各部门积极探索创新，寻找自身工作需求和城市一刻钟便民生活圈建设的结合点，打造极具行业特征的生活圈，如"一刻钟就业服务圈""一刻钟残健融合生活圈"等，形成部门工作的特色品牌。

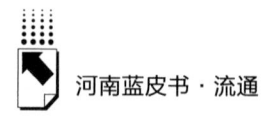

（六）推动技术赋能，提高为民服务智慧便捷水平

推广互联网、智慧管理等在生活圈建设中的运用，鼓励利用物联网、云计算、大数据、人工智能等技术，推动生活圈建设和服务数字化，生活圈内设置智能终端设备（含银行、快递、药品、饮料、取水等），提供24小时自助服务，提升服务质量、管理效率，降低综合成本。发展智能快件箱、智慧商店、共享书店、自助售货等业态，提供现场交互、智能结算、无接触交易等服务，提升服务体验。

搭建供需对接平台，鼓励美团、微信、党政服务平台等参与构建城市一刻钟便民生活圈智慧服务平台App，整合服务资源，实现线上线下互动。利用大数据开展监测分析，精准补建网点，拓展服务功能，挖掘消费潜力。推广城市一刻钟便民生活圈网点动态地图、"小修小补"便民地图，引导更多点位"进图"，让居民"找得到""用得好"。

B.21
2023年鹤壁文旅消费态势分析

呼田甜　李凯　秦福广*

摘　要： 自2023年以来，鹤壁市委、市政府深入贯彻习近平总书记关于文化旅游融合发展的重要指示和视察河南重要讲话精神，践行省委、省政府赋予鹤壁建设高质量发展示范城市的决策部署，深化文化和旅游领域供给侧结构性改革，依托"山、水、城"和"一山两河五板块"全域文化旅游资源格局，以创建国家全域旅游示范区和文化旅游融合发展示范区为抓手，推进文化和旅游消费提质转型升级，全市文旅市场持续回暖，文旅消费新亮点不断涌现。

关键词： 文旅消费　高质量发展　鹤壁

文旅消费是畅通"双循环"的关键环节和重要引擎，也是人民群众美好生活的基本需求，对拉动经济恢复发展、扩内需具有基础性作用。以习近平同志为核心的党中央高度重视文旅消费发展，出台《关于释放旅游消费潜力推动旅游业高质量发展的若干措施》等政策文件，为释放文旅消费潜力指明了前进方向、提供了行动指南。自2023年以来，在市委、市政府领导下，鹤壁坚持文化旅游高质量发展，加快建设文化旅游强市，以满足人民日益增长的美好生活需要为出发点和落脚点，抢抓市民、游客出游热情空前高涨的机遇，推出精彩纷呈的文旅活动和丰富优质的文旅产品，带动文旅消费增长。

---

* 呼田甜，河南省社会科学院鹤壁分院研究实习员；李凯，河南省社会科学院鹤壁分院研究实习员；秦福广，河南省社会科学院鹤壁分院研究实习员。

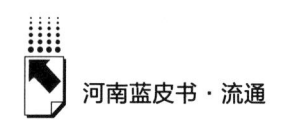

一 鹤壁文旅发展及文旅消费基本情况

自2023年以来，鹤壁市委、市政府认真贯彻落实习近平总书记关于文化和旅游工作的重要要求，与省委书记楼阳生对全省文旅文创融合战略部署的指示精神。作为全国优秀旅游城市，鹤壁抓住自身旅游资源丰富、文化底蕴深厚的优势，深耕文旅深度融合，推进文旅产业高质量发展。自2023年以来，鹤壁文旅发展态势良好，文旅品牌热度不断攀升，文旅市场逐渐复苏。

（一）鹤壁文旅资源情况

鹤壁旅游资源丰富，文化底蕴深厚。截至2023年9月，全市拥有"国字号"名片70多张，A级景区共25个，其中4A级景区11个；拥有100多个省级及以上文旅品牌，其中国家级文旅品牌26个。人文历史资源丰富，殷商文化、诗经文化、鬼谷子文化等在此荟萃；许穆夫人、端木子贡、鬼谷子王禅等先贤在此会聚；辛村遗址、黎阳仓、大运河等历史遗迹在此绽放光芒；民俗文化节、樱花文化节、中原文博会等节会成为品牌；诗经文化休闲游、鬼谷文化研学游、运河古城体验游等文旅线路知名度较高。自然生态资源类型多样，"北国漓江"淇河流淌千年，旖旎秀美，西部太行山川雄奇、钟灵毓秀，云梦山、老寨峰、古灵山、鸡冠山、牟山、五岩山是鹤壁境内精品旅游资源。历史人文资源与自然生态资源交相辉映，鹤壁淇水古迹、鹤水山川、古都遗存、传统村落、主题小镇、自然人文景区等多类型主题资源如今正焕发勃勃生机。

（二）鹤壁文旅市场消费总体情况

总体而言，2023年前三季度鹤壁文旅市场迎来全面复苏。随着疫情防控政策的优化调整，2023年鹤壁文旅市场迅速升温。根据旅游经济运行监测统计，1~9月全市共接待游客1508.6万人次，同比增长139.3%，相当于2019年全年的98.7%，全市接待游客人次恢复至疫情前水平，预计2023年底全市接待游客人次将创历史新高；1~9月全市旅游综合收入为22.7亿元，同比增长163.5%，旅游收入为近4年最高；1~9月全市游客人均消费为150.5元，同比增长10.1%，人均消费水平逐渐攀升。

（三）鹤壁文旅市场消费特征分析

从时间节点上看，2023年第二季度、节假日旅游成为拉动文旅消费的主力。随着疫情形势的逐渐平稳，鹤壁以樱花文化节等大型文旅活动为"燃点"，为第二季度全市文旅市场增添了活力。第二季度全市共接待游客671.1万人次，环比增长65.9%，占前三季度总接待游客人次的44.5%，旅游综合收入为9.99亿元，环比增长80.0%，占前三季度旅游综合收入的44.0%。小长假、黄金周游客出游意愿强烈。春节假日期间，鹤壁共接待游客124.3万人次，占1月总接待游客人次的64.3%，实现旅游综合收入1.85亿元，占1月旅游综合收入的71.8%。五一假期，全市接待游客112.8万人次，占4~5月总接待游客人次的24.2%，实现旅游综合收入1.73亿元，占4~5月旅游综合收入的26.3%。端午假期，全市接待游客73.0万人次，占6月总接待游客人次的35.7%。2023年中秋、国庆期间，全市共接待游客162.5万人次，接近前三季度的月平均水平（167.6万人次），实现旅游综合收入3.08亿元，比前三季度月平均水平（2.5亿元）高23.2%，游客人均消费为189.5元，比前三季度人均消费高25.9%。从人均消费来看，游客人均消费逐渐回暖，暑期消费力度显著提升。自疫情发生以来，鹤壁游客人均消费一直处于较低水平。一方面，游客消费意愿偏保守、更理性，全市一日游、两日游等短途旅游市场热度较高，餐饮、住宿和交通等高消费项目占比减少。另一方面，"鹤壁游"成本相对较低，全市近70%的A级景区免门票，民俗文化节、樱花文化节、中原文博会等品牌文旅活动均免费开放。自2023年以来，随着全市旅游热度空前高涨，游客人均消费逐渐回暖，旅游统计监测数据显示，2023年1~9月全市接待游客人均消费为150.1元，同比增长10.1%，人均消费水平逐渐提高，虽仍低于疫情前水平，但发展享受型旅游消费理念逐渐增强，文旅消费水平有望继续回升。自

2023年下半年以来，全市游客人均消费水平逐渐提升，其中，7~8月人均消费水平在前三季度中居前两位。7~8月全市虽仅接待游客239.2万人次，但旅游综合收入达4.05亿元，人均消费达169.2元，比上半年游客人均消费高17.1%，游客消费意愿显著增强。

二 鹤壁文旅消费亮点

2023年，鹤壁文旅行业围绕"一山两河五板块"发展格局和《鹤壁市"十四五"文化旅游融合发展规划》，紧扣文旅文创融合和国家全域旅游示范区创建，多措并举构筑文旅消费平台，持续推进产品转型、产业升级，促进文旅消费复苏，在夜间文旅消费、特色文化节促消费、假日文旅市场方面亮点纷呈。

（一）夜文旅助推夜经济，引发消费集聚效应

作为一种特殊的以时间分割的文旅经济形态，夜间文旅消费既是现代城市重要业态之一，也是传统文旅消费模式在时间和空间上的延伸。2023年，鹤壁以夜文旅助推夜经济发展，单纯延长营业时间的夜市，逐步向融合了文化、旅游、住宿、餐饮、购物、娱乐等多种业态的夜间文旅消费集聚区转变，成为文旅消费市场上一道亮丽的风景线。一是夜间文旅消费品牌初步形成。2023年，鹤壁把城市历史文化肌理有效转化为夜间文旅资源与文创产品，围绕传统文化传承与再发展，以国家历史文化名城浚县为载体，推出民间社火、汉服快闪秀、"千年运河，天下粮仓"光影秀等体验项目，打造"古城夜八点"的夜游文旅消费品牌；依托淇县朝歌老街资源优势，推出夜间消费项目，建设24小时书店、深夜食堂、不打烊购物中心、夜间休闲街区、夜间剧场等，打造"朝歌—夜游""梦回朝歌"等以朝歌文化为核心的夜间文旅消费品牌，全力促进鹤壁文旅消费升级。二是夜间文旅消费业态丰富多元。鹤壁在夜间餐饮、夜间购物等常见消费业态的基础上，通过政府引导、政策引领，深挖夜间文旅消费市场，举办实景演艺、音乐节、文创体

验、非遗展演等多种活动，吸引消费者深度参与，培育夜间沉浸式演出、夜享民俗、夜品非遗等多种消费业态。三是建设夜间文旅消费集聚区。鹤壁市委、市政府引导各县区结合当地特色文化和旅游资源优势，挖掘历史文化内涵，整合资源、规划设计、精准招商，因地制宜对夜间文旅产业进行规范提升，着力打造集餐饮、娱乐、文化展示于一体的夜间经济集聚区，建设浚县古城、朝歌老街、龙岗人文小镇等夜间文旅消费集聚区。其中，浚县古城夜间文旅消费业态提档升级，成功创建国家级夜间文化和旅游消费集聚区，引发消费集聚效应，以复合型消费业态、特色消费新空间为鹤壁夜间经济注入活力。

（二）特色文化节促消费，激发文旅市场活力

在充分挖掘民风民俗、传统文化、自然资源内涵与特色的基础上，2023年，鹤壁通过系列策划、规划、营销等方式，精心培育筹划多个特色文化节，为文旅经营者与消费者提供连接的平台。特色文化节是具有双边市场特征的公共产品，对提振经济具有立竿见影的效果。自2023年以来，鹤壁成功举办第十五届中国（鹤壁）民俗文化节、第九届中国（鹤壁）樱花文化节、"清凉朝歌·封神之战"泼水狂欢节、第十届中原文博会，形成"春有樱花节、夏有诗歌会、秋有文博会、冬有民俗文化节"的常态化节庆新格局，以文促旅、以旅促商，刺激全市文旅消费，助推文旅市场蓬勃发展。在运营模式上，鹤壁推进市场化运作、商业化运营，变"举办"文化节为"经营"文化节。樱花文化节期间，鹤壁打造以婚恋为主题的产业链，策划包括开幕式、马拉松、文创大赛在内的35项活动，推出赏樱线路演出活动20场，设置启浪开幕式、逐浪嘉年华、漫趣游园会、漫妙文创展四大活动区域，设立书香文创市集、樱花里文化休闲市集，启动"樱飞鹤舞·惠享时光"浪漫樱花季消费促进活动，采取发放消费券、开展商贸促销、提振餐饮住宿消费等具体举措，多种活动充分释放"樱花经济"潜能，带动文旅产业持续复苏回暖。在全域办会上，鹤壁依托特色文化节构建全域旅游格局。文博会期间，鹤壁根据县区特色设置10个分会场，打造全域文博，主

会场和分会场现场观展达63万人次，参展商有1400余家，现场交易额达3500余万元，订单交易额达14.1亿元，签约项目46个，签约总金额达174.76亿元。全域文博的模式有效提振了文化产品消费、活跃了文化产品市场，拉动批零住餐、休闲娱乐消费，形成集交通、住宿、餐饮、娱乐、观光、购物于一体的消费链，既带动文化旅游产业，又赋能传统产业，为中国式现代化建设河南实践注入新动能。此外，鹤壁坚持全域全季开展文化节，与景区联动打造特色文化节，如云梦山草原风情节、古灵山泼水节、鹤鸣湖桃花节、王家辿香椿节、五岩山登山节，充分发挥节会引领作用，激发消费活力，有力促进文旅消费高质量增长。

（三）假日文旅市场热，多元业态释放消费潜力

假日经济是带动供给、带动市场、带动经济发展的一种系统经济模式，是观察经济的一扇窗口。为充分激发假日文旅消费活力，自2023年以来，鹤壁把恢复和扩大消费摆在优先位置，大力实施扩大内需战略，发布多项优惠措施，推出近郊游、周边游、休闲游、度假游、康养游等主题旅游产品，以新业态、新玩法、新项目，多措并举满足游客消费需求，激活假日文旅市场。一方面，假日文旅消费市场供需两旺。围绕新形势下文旅需求端的新变化，鹤壁持续推进优质文旅产品精准供给，解决民众"玩什么"的问题。从主题活动、休闲旅游到非遗作品展，从实物消费到服务消费，2023年节假日期间，文旅行业新玩法新模式不断涌现，以节日期间的各种业态、精彩活动催热文旅市场，推出消费者感兴趣、参与度高的"节庆+文体旅"产品，为消费市场注入新动能，假日文旅消费市场呈现供需两旺的特点。另一方面，特色文旅线路激发消费活力。立足华夏文明主根、国家历史主脉、黄河文化重要发源地，2023年，鹤壁系统梳理特色资源和历史文化，将文旅资源串珠成链，中秋国庆双节期间集中打造古都文明探源之旅、古城民俗体验之旅、山水休闲康养之旅、诗河情谷体验之旅、红色基因传承之旅5条精品线路。并通过传播媒介宣传推广，为游客推送"2023国庆长假鹤壁市旅游地图"。中秋、国庆"双节"假期，鹤壁共接待游客162.51万人次，4A

级景区共接待游客 50.93 万人次，文旅消费发展迅速，为经济高质量发展提供内生动力。

三 鹤壁促进文旅消费的有效做法

为深入实施扩大内需战略，把恢复和扩大消费摆在优先位置，以文旅消费拉动经济增长，释放旅游消费潜力推动城市高质量发展。鹤壁充分利用文旅消费综合性和联动性极强的特征，在加强政策规划引领、深化文旅产业融合、提升文旅品牌影响力、增强消费服务功能等方面积累了有效的经验做法。

（一）政策先行先试，加强文旅消费规划引领

扩大文旅消费是一项系统性工作，需要科学的顶层设计和完善的政策措施。自 2023 年以来，鹤壁出台一系列政策有效布局文旅新赛道。一是充分激发消费增长潜力。通过印发《鹤壁市 2023 年大力提振市场信心促进经济稳定向好的政策措施》《鹤壁市进一步释放消费潜力促进消费持续恢复实施方案》等文件，发挥消费激励效应。二是推动文旅产业提质增效。围绕文旅推动高质量发展的主题，鹤壁绘制了建设"三个强市三个鹤壁"、实现"三富三美"的蓝图。以文旅融合高质量发展为主线，先后出台《鹤壁市"十四五"文化旅游融合发展规划》《加快文化旅游高质量发展的实施意见》《鹤壁市全域旅游高质量发展三年行动方案（2023—2025）》等一系列政策措施和文旅发展规划，为文旅强市建设开局起步夯实了基础。《鹤壁市"十四五"文化旅游融合发展规划》提出构建"一山两河五板块"的发展格局，全力打造全国知名文旅之城。三是激发文旅消费活力。为促进文旅消费活力的释放，鹤壁陆续出台《鹤壁文旅十条优惠政策措施》《鹤壁市"引客入鹤"旅游奖励办法》《鹤壁市消费地图》《2023 年大力提振市场信心促进经济稳定向好政策措施》等。通过优惠扶持政策的制定和促消费政策的引导，鹤壁重点文旅企业在税收、财政、金融等方面得到优惠和帮扶，进一步做大

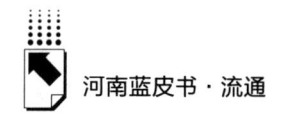

做强。同时，加强对各级政府促消费活动的指导，各县区依托五一、中秋、国庆等假日，打造特色消费场景、发放政府奖励与消费补贴、引导开展优惠让利活动，持续推进文旅消费市场发展。

（二）深化产业融合，丰富文旅消费产品供给

当前我国文旅市场的有效产品供给与文旅消费的适配性不高，是文旅消费市场进一步扩大的瓶颈。2023年，鹤壁通过推进文旅产业深度融合，增加文旅优质产品供给，营造文旅消费新场景、优化文旅消费环境，满足人民日益升级的消费需求。一是文旅深度融合丰富非遗产品供给。自2023年以来，鹤壁围绕非物质文化遗产传承和保护，推出文旅消费精品。加强黎阳古城、朝歌遗址等重要遗址展示，开展中国（鹤壁）运河文化旅游节系列主题活动，推进国家和省级考古遗址公园、辛村遗址豫北文物整理基地、大运河文化带等建设。大力培育文化旅游演艺市场，打造以淇河、朝歌、瓷艺、牛派艺术为主题的大型舞台演艺项目，支持旅游景区建设演艺场所，鼓励各类演艺机构进城市、进景区。推广文化节和文创商品，举办浚县千年古庙会、木偶狂欢节、社火展演大赛等主题活动，推出非遗展演、戏曲展演、街头艺演等文旅娱乐项目。打造杨屯泥塑系列、黄河古陶系列、鹤壁瓷工艺美术品系列文创商品，引进文创市集、酒吧书屋等精致业态，满足游客特色化、多层次消费需求。二是"文旅+农业"丰富乡村旅游产业供给。鹤壁大力推广乡宿、乡游、乡食、乡购、乡娱等休闲体验产品，培育乡村旅游康养休闲产业，整合资源优势，打造一批以养生宜居为主题的特色旅游乡村，鲍庄村、凉水泉村、张家沟村成功创建首批乡村康养旅游示范村，桑园村、杨玘屯村、中石林村等23个乡村纳入省级乡村康养旅游示范村创建单位。培育特色乡村民宿，灵泉妙境、云端西顶、五号山谷等主题民宿成功创建五星级民宿，推动旅游消费持续增长。三是"文旅+科教"丰富公共文化产品供给。布局科技馆、文化馆、美术馆、图书馆、纪念馆等公共文化设施，丰富内设内容，增加体验消费项目。通过数智赋能让文旅与现代科技深度融合，用5G、AR、VR等新

技术呈现文化，让"橱窗中的文物"变成可参与、可体验、可互动的文化产品，给消费者带来全新体验。同时联合企业、个人及社会组织兴办主题突出、特色鲜明、有重要传承价值的特色博物馆。

（三）宣传全面有力，提升文旅消费品牌效应

打造文旅消费市场"引爆点"，做好宣传工作是必不可少的一环。2023年，鹤壁建立政府、媒体、公众等多方共同参与的营销联动机制，运用多种方式进行宣传推广，打造鹤壁文化旅游品牌。一方面，多渠道宣传发力，全媒体平台同步运作。组建全媒体运营平台，开通文旅"两微一抖"构筑全方位宣传推介网络，大力宣传鹤壁旅游环线、最美风光和旅游打卡地。塑造鹤壁城市形象，加大在中央电视台、河南卫视等主流媒体城市形象广告投放力度，在高铁站、广场等人群密集区域，利用LED屏或广告牌投放鹤壁宣传片和宣传标语。另一方面，借助影视塑造鹤壁文旅IP，提升文旅消费品牌效应。2023年随着电影《封神》热映，鹤壁提前谋划，全力下好文旅出圈先手棋，运用新媒体矩阵制定常态化线上宣传方案，与网络达人、鹤壁籍文体名人等深度合作，宣传推介鹤壁特色文旅资源，展示鹤壁文旅名片。电影热映期间，鹤壁借助影视热度将"流量"变为"留量"，"看封神游朝歌""原来朝歌在这里"等话题热度居高不下，打响"封神之地·古都朝歌"文旅品牌，鹤壁文旅产品搜索和预订热度攀升，助力文旅消费高质量发展。

（四）整合服务资源，促进文旅消费扩容提质

文旅消费服务水平反映了一个地区的城市形象，是提升城市魅力与丰富精神内涵的重要因素，更是促进文旅消费带动经济增长的重要引擎。自2023年以来，鹤壁着力整合服务资源，有效推进文旅消费服务体系进入高质量转变与提升阶段。一是完善旅游交通体系。2023年实现全市4A级景区、省级旅游度假区二级及以上公路全覆盖。完成G342国道改道、最美黄洞南太行云端天路项目建设，实施西部山区传统村落和景点贯通工程，打通全域旅游的"末梢"。完善城区主干道和景区外连道路旅游标识，开通旅游

专线，方便消费者出行。二是完善旅游配套服务设施。2023年建成市游客集散中心、智慧旅游平台、文创体验中心及浚县、淇县、淇滨区全域旅游服务中心。推进A级景区、旅游度假区智慧化建设，建成互联互通的网络信息服务平台，全市4A级及以上景区、省级旅游度假区实现智慧旅游服务全覆盖，景区实现4G/5G网络全覆盖。大力实施旅游厕所革命，旅游景区、旅游干线厕所全部达到1A级以上水平。三是提升住宿餐饮服务水平。鹤壁加快建设设施功能完善的旅游星级饭店，促进文旅住宿向品牌、连锁、规范、便利化转型升级，实施市县两级奖补激励措施，对四星级以上并具有接待大型会议能力的新建饭店项目，在用地审批、信贷融资、税收、用电等方面予以支持，2023年鹤壁新增4家五星级文旅酒店民宿。持续弘扬"食不厌精、脍不厌细"餐饮文化，挖掘并推出"淇河宴"特色菜、地方名小吃等特色餐饮，建设一批特色美食街区、特色餐饮企业和名小吃品牌店，塑造"美食鹤壁"品牌。

参考文献

鹤壁市文化广电和旅游局：《鹤壁市"十四五"文化旅游融合发展规划》，2022年10月8日。

鹤壁市统计局：《2022年鹤壁市国民经济和社会发展统计公报》，2023年4月4日。

叶胜利、高铮：《诗和远方牵手奏响"诗画鹤壁"新乐章——我市文旅融合高质量发展十年工作综述》，《鹤壁日报》2022年11月2日，第4版。

王玉姣：《全市3天共接待游客73万余人次》，《鹤壁日报》2023年6月25日，第4版。

李萌萌：《乡村振兴背景下培育文旅消费创新功能研究——以河南省安阳市为例》，《农村·农业·农民（A版）》2022年第12期。

宋长海：《坚持文旅消费带动经济复苏》，《党课参考》2023年第19期。

《鹤壁市春节文旅市场亮点纷呈旅游综合收入达1.85亿元》，鹤壁市人民政府网站，2023年1月29日，http://wap.hebi.gov.cn/ywdt/hbyw/art/2023/art_97e10975912a4a108883f0d07aa72c79.html。

Abstract

Annual Report on Circulation Development of Henan (2024) compiled by Henan Academy of Social Sciences, with the theme of restoring and expanding consumption, comprehensively analyses the basic situation and prominent char-acteristics of the operation of Henan circulation industry in 2023, studies and judges the situation facing the development of Henan circulation industry in 2024, and predicts and prospects the operation trend of circulation industry. The book is divided into five parts: general report, thematic report, sub-report, thematic report and regional report, and puts forward ideas and countermeasures to restore and expand consumption from various angles, accelerate the high-quality development of Henan's circulation industry, help Henan accelerate its integration into the new develop-ment pattern and the domestic unified market, and strengthen Henan's realization of two guarantees The circulation support of ten strategies.

The general report, written by the research group of the Institute of Business Economics, Henan Academy of Social Sciences, represents the basic viewpoints of the book on the operation situation and development trend of Henan circulation industry from 2023 to 2024. According to the report, Since 2023, facing the extremely complex domestic and international environment, Henan Province has taken the initiative to adapt to the new situation and new requirements, seized the strategic opportunity of building a new development pattern with domestic circulation as the main body and domestic and international double circulation as the mutual promotion, anchored the two guarantees and implemented the ten strategies to restore and expand consumption, the quality and expansion of consumer market, the rapid development of new modes and new formats, the promotion of logistics to reduce costs and increase efficiency, the rapid development of e-commerce, the steady improvement of foreign trade quality, and the continuous optimization of the development environment have made the circulation industry of the whole province show a good trend of steady prog-ress. 2024 is the key year to fully implement the spirit of the Party's twentieth National Congress, the development opportunities of circulation industry in Henan Province are greater than challenges, commodity prices will stabilize upward; The consumer goods market is steadily rising and continues to improve; Under the high base, the trade in goods will be steadily improved and the structure will be continuously optimized; The application of e-commerce has be-come more and more extensive, and the volume of e-commerce transactions has increased by more than 10%.

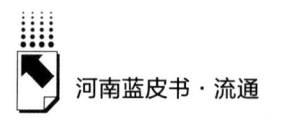

Theme report, sub-report, Special report and regional report, and provides ideas and suggestions for the development path of Henan circulation industry in 2024. In the theme report, the key points and paths of consumption recovery and expansion in Henan Province are put forward, and the quality of circulation industry development in 17 provincial municipalities and Jiyuan Demonstration Zone is evaluated. The sub- report mainly analyses the operation situation of commodity circulation, consumer goods market, foreign trade and e-commerce in 2023, and puts forward countermeasures and suggestions. The special report studies from the perspectives of silver-haired consumption, digital consumption, green consumption, urban-rural consumption difference, consumption environment, night economy and commercial circulation efficiency. The regional report carries out typical case studies on the development highland of land-port logistics in Zhengzhou Economic Development Zone, Zhengzhou International Consumption Center City, the construction of a quarter of an hour convenient life circle in Hebi, and the joint development of culture, business and tourism in Hebi.

Keywords: Circulation Industry; Recovery and Expansion of Consumption; Format Innovation; Cross-border Linkage; Henan Province

Contents

I General Report

B.1 Analysis and Prospect of the Development Situation of
Circulation Industry in Henan Province from 2023 to 2024
Research Group of Institute of Commercial Economics
in Henan Academy of Social Sciences / 001

Abstract: Since 2023, facing the extremely complex domestic and international environment, Henan Province has taken the initiative to adapt to the new situation and new requirements, seized the strategic opportunity of building a new development pattern with domestic circulation as the main body and domestic and international double circulation as the mutual promotion, anchored the two guarantees and implemented the ten strategies to restore and expand consumption, the quality and expansion of consumer market, the rapid development of new modes and new formats, the promotion of logistics to reduce costs and increase efficiency, the rapid development of e-commerce, the steady improvement of foreign trade quality, and the continuous optimization of the development environment have made the circulation industry of the whole province show a good trend of steady progress. 2024 is the key year to fully implement the spirit of the Party's twentieth National Congress, the development opportunities of circulation industry in Henan Province are greater than challenges, commodity prices will stabilize upward; The consumer goods market is steadily rising and continues to improve; Under the high base, the trade in goods will be steadily improved and the structure will be continuously optimized; The application of e-commerce has become more and more extensive, and the volume of e-commerce transactions has increased by more than 10%. Guided by Xi Jinping Thought on Socialism with Chinese Characteristics for a New Era, we should thoroughly implement the spirit of the Twentieth National Congress of the Communist Party of China, adhere to the general tone of steady progress, implement the new development concept completely, accurately and comprehensively, seize the strategic opportunity of building a new development pattern, and restore and expand consumption, improve supply and demand adaptability, promote the integration of on line and offline develo-pment, accelerate the cross-border linkage of circulation, increase the innovation of circulation, enhance the influence of radiation, pro mote the high-quality development of circulation industry, and create an important fulcrum of the new development.

Keywords: Expanding Consumption; Circulation Innovation; Cross-border Linkage; Henan Province

Ⅱ Theme Reports

B.2 Research on the Key Point and Path of Restoring and Expanding Consumption in Henan Province

Hou Shujuan, Song Feng and Ren Xiuping / 019

Abstract: 2023 is the year to boost consumption, and the recovery and expansion of consumption are given priority. How to expand consumption is an important issue for the economy to enter a new stage of development. This report first clear recovery and expand consumption for the importance of economic development, secondly according to the present situation of consumption in Henan province in recent years, the new trend in Henan consumer market, such as consumption scale overall slow rebound, consumption concept more rational, consumption mode to "online", rural consumption recovery growth faster than town, consumer demand tends to be developing, consumption scene pay more attention to atmosphere experience, etc., was clear about the recovery and expand consumption focus need from the auto industry, the real estate market, travel consumption, rural areas and household home appliance market. Finally for the new trend of consumption and restore the focus of the consumption, analysis out the path of improving consumption, such as from increasing employment, increasing consumption subsidies, improve the income distribution system three aspects to solve the problem of consumption, from providing quality products and foster new consumption to stimulate consumption will, from perfecting the county business system and external conditions to facilitate residents consumption, thus to play a fundamental role of consumption stimulating economic growth.

Keywords: New Consumption Trend; Consumption Focus; Consumption Promotion Path; Henan Province

B.3 Evaluation Report on Competitiveness of Regional Commercial Circulation Industry in Henan Province

Research Group of Institute of Commercial Economics,

Henan Academy of Social Sciences / 037

Abstract: Commercial circulation industry is a bridge connecting production and consumption, is an important part of the construction of modern circulation system, plays an important role in smoothing the domestic circulation and promoting the international and domestic double circulation, and its competitiveness will be directly related to the high-quality economic development of a region. Drawing lessons from the existing achievements of competitiveness evaluation and high-quality development evaluation of commercial circulation industry, following the principles of scientificity, systematicness and objectivity, taking into account the availability of data, this paper constructs the competitiveness evaluation index system of Henan regional commercial circulation industry. The index system includes five first-level indicators such as scale strength, development potential, market environment, infrastructure and information capacity, and 24 second-level indicators. The results show that Zhengzhou, Luoyang, Luohe, Xinxiang, Jiaozuo and Nanyang rank the top six in the competitiveness of Henan commercial circulation industry. Specific to the first level indicators, scale strength, Zhengzhou, Nanyang, Luoyang, Luohe, Shangqiu and Jiaozuo ranked the top 6 in the province; In terms of development potential, Zhengzhou, Nanyang, Luoyang, Pingdingshan, Sanmenxia and Puyang rank among the top 6 in the province; In terms of market environment, Zhengzhou, Luoyang, Jiyuan, Jiaozuo, Sanmenxia and Xinxiang rank among the top 6 in the province; In terms of infrastructure, Zhengzhou, Shangqiu, Luohe, Jiaozuo, Zhoukou and Luoyang rank among the top 6 in the province; In terms of informatization capability, Zhengzhou, Luoyang, Xinxiang, Jiyuan, Jiaozuo and Sanmenxia rank among the top 6 in the province. In the process of promoting the practice of Chinese-style modernization in Henan, we should take innovation-driven, open cooperation, advantage reengineering, green low-carbon transformation and digital intelligence empowerment as the grasp, continuously release the potential of domestic demand, promote the upgrading of consumption quality, and comprehensively enhance the competitiveness of Henan regional commercial circulation industry.

Keywords: Commercial Circulation Industry; Competitiveness Evaluation; Henan Province

Ⅲ Sub-reports

B.4 Analysis and Prospect of Bulk Commodity Circulation in Henan Province from 2023 to 2024

Sun Bo, Li Xiaopei, Liu Yeqing and Wu Tao / 051

Abstract: Since 2023, the overall situation of commodity circulation in

Henan Province has been stable and the market price has fluctuated in a reasonable range. Based on the analysis of the possible impact of digitalization process, relevant policies and regulations, international geopolitical risks, economic downward pressure, extreme weather and so on on commodity circulation, overall, the supply and demand of commodities in Henan Province will continue to improve in 2024, and it is expected that there will be little room for price to rise or fall sharply.

Keywords: Bulk Commodities; Modern Circulation System; Supply Chain

B.5 Analysis and Prospect of Consumer Goods Market in Henan Province from 2023 to 2024　　　　　　　　　　　*Cao Lei* / 062

Abstract: Since 2023, affected by the severe and complex macroeconomic environment at home and abroad, the sustained and stable recovery of the province's economy has been constrained by multiple factors, such as weak endogenous power, slow demand recovery and large fluctuations in the consumer goods market. However, with the in-depth implementation of various policies to stabilize the economy and promote development, the positive factors in economic operation have accumulated and increased, the consumption potential has been released continuously, the economic operation of the whole province has rebounded obviously, and the consumer goods market has continued to improve its quality and expand its capacity. Looking forward to 2024, the international environment is still complex, severe and uncertain, domestic economic development is facing triple pressures of demand contraction, supply shocks and expected weakening, and it will take time for market consumer confidence to fully recover, but with the acceleration of the construction of the new development pattern, various policies to promote consumption continue to exert efforts, residents' consumption capacity and consumption will be enhanced. The basic aspects of the steady development of the consumer goods market in the whole province still exist, and the consumer goods market is expected to show a steady and rising trend.

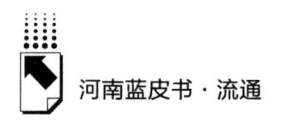

Keywords: Consumer Market; Consumer Confidence; Consumption Upgrading

B.6 Analysis and Prospect of Henan's Foreign Trade Situation from 2023 to 2024   *Zhou Qiong* / 072

Abstract: From January to August 2023, Henan's imports and exports continued to face pressure, with a slight increase in export volume. The export of bonded logistics saw rapid growth, and private enterprises contributed nearly sixty percent to import and export. Emerging markets became a bright spot for growth, with strong export performance in the "new three items" of foreign trade. Looking ahead to the full year of 2023 and 2024, the external development environment for foreign trade still contains unstable and uncertain factors, with both favorable factors for foreign trade growth and potential pressures coexisting. In the face of the challenges in the foreign trade situation, Henan needs to accelerate institutional opening, attract more high-end resources, promote "four-way coordination," accelerate the development of new foreign trade formats, continually explore international markets, with a focus on emerging markets, and provide support for Henan's foreign trade development and high-level opening with a first-class business environment.

Keywords: Foreign Trade; New Foreign Trade Formats; Emerging Markets; Henan Province

B.7 Analysis and Prospect of E-commerce Situation in Henan Province from 2023 to 2024   *Zhang Wei, Yuan Wenzhuo* / 087

Abstract: E-commerce is that most active component of the digital economy, which has the lar development scale, the fastest growth rate and the most entrepreneurial innovation. At present, facing the new situation of accelerated evolution of the century-old changes and profound changes in the international environment, the Henan Provincial Party Committee and the provincial government firmly grasp the strategic orientation in the overall situation of national development, twist the primary task of promoting high-quality development, scientifically grasp the law of development, conform to the general trend of economic and social development, and make the implementation of digital transformation, E-commerce in the whole province has steadily become a new driving force for expanding domestic demand and promoting consumption, a new driving force for serving the innovation of traditional industries, the birthplace of new formats and new models, a good helper for rural revitalization, and an important grasp for promoting the quality of foreign trade.

Keywords: Electronic Commerce; Online Retail; Henan Province

Ⅳ Special Reports

B.8 Improving the Community-based Aged Care Service to Promote Silver Consumption in Henan　　*Tao Hongzhan* / 097

Abstract: Henan, as a province with a large population, the aging of population continues to deepen, and the situation of caring for the aged is grim. As the focus of the construction of the aged care services system in Henan, the improvement of Community-based aged care service is an effective measure to turn the crisis into an opportunity for the aging of population, which is of great practical significance to meet the multi-level and diversified needs of the silver group, release the huge potential of domestic demand and promote the consu-mption of the silver-haired group. However, there are still some problems in the construction of Community-based aged care services in Henan, such as imbalance between supply and demand, shortage of funds, and lack of professional service personnel. Therefore, it is necessary to continuously improve the construction of c Community-based aged care services from the aspects of information management, standardized development, diversified supply, industrialized operation, and creating professional service personnel, so as to better promote the silver consumption.

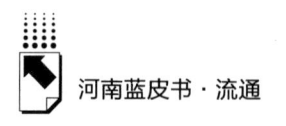

Keywords: The Aging of Population; Community-based Aged Care Service; Silver Consumption; Henan Province

B.9 Study on the Expansion of Digital Consumption Demand in Henan Province *Hu Xiaoma / 108*

Abstract: The further expansion of digital consumption demand is an important practical support for expanding domestic demand, stabilizing growth and promoting transformation in Henan Province. In recent years, the digital economy in Henan Province has been developing at a high speed, and the role of digital consumption in promoting the economy has been constantly highlighted. How-ever, there are still constraints that are not conducive to the further expansion of digital consumption demand, such as uneven distribution of digital infrastructure, insufficient release of the potential of digital consumption demand, low level of digital consumption supply, and lagging development of digital consumption platforms in practice in Henan Province. Further, the digital consumption infrastructure, the demand side of digital consumption, the supply side of digital consumption, and digital consumption carriers should be optimized and improved in a targeted manner to fully release the potential of digital consumption in Henan Province, and to provide solid support for the solid advancement of the practice of Chinese-style modernization in Henan.

Keywords: Digital Consumption; Demand Expansion; Henan Province

B.10　Research on Green Consumption Development in Henan
　　　　Province　　　　　　　　　　　　　　　　　*Yang Xu* / 120

Abstract: In Henan province, the whole development degree of green consumption is immature. There are aggregate and structural problems in energy consumption. There are bright spots in new energy vehicles, green food, green home and other fields. The characteristic of green consumption of Henan has been its consumption concept, supply-side and growth rate and so on. With the gradual implementation of long-term sustainable development plans in Henan Province, green consumption will be deeply integrated into daily production and society, with supply-side and demand-side, and commodity consumption and service consumption.

Keywords: Green Consumption; New Energy Vehicles; Consumption Concept

B.11　Research on Urban and Rural Consumption Differentiation
　　　　in Henan Province　　　　　　　　　　　*Xu Yuantao* / 136

Abstract: As a traditional agricultural province, Henan Province has a much lower degree of urbanization construction than the eastern coastal cities, with prominent problems in dual economic structure, large income gap between urban and rural residents, and significant differences in total urban and rural consumption, residents' consumption tendency and consumption structure. In order to tap the potential consumption of residents in Henan Province and improve the overall consumption level of residents, this report focuses on the difference between urban and rural consumption, analyzes the current situation of total urban and rural consumption, consumption tendency and consumption structure in Henan Pro-vince, explores the dilemma faced by urban and rural consumption in Henan, and then put forward to improve the rural industrial system, expand farmers' property income sources, stable urban housing prices, improve the housing rental market, improve the level of economic development, optimize the urban and rural consumption structure and other targeted countermeasures and suggestions, release Henan consumption potential, help Henan consumption development.

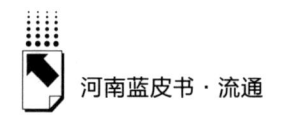

Keywords: Urban and Rural Consumption; Average Consumption Tendency; Consumption Structure

B.12 Research on the Countermeasures for the High Quality Development of the "Night Economy" in Henan Province
Qiao Jinyan / 148

Abstract: As an important lever to stimulate consumer demand, expand employment opportunities, and stimulate urban vitality, the "night economy" has become a "new track" for urban competition. This paper summarizes the current situation and existing problems of Henan's night economy development, draws lessons from the experience of provinces with better night economy development, and aims at the problems of lack of bright spots, insufficient influence and lagging service in the development of night e conomy, puts forward some countermeasures and suggestions, such as focusing on creative leadership, cultural advance, digital empowerment, focusing on format, brand and propaganda, creating a new consumption environment, creating a new demonstration highland, clarifying the layout of development, and strengthening policy support.

Keywords: Night Economy; Digital Enabling; Culture First; Henan Province

B.13 Research on the Modern Circulation System of Agricultural Products in Henan Province
Du Heming / 162

Abstract: In recent years, the production and output value of agricultural products in Henan have steadily increased, with a significant increase in agricultural product exports. Agricultural product circulation enterprises have developed and expanded, with diversified circulation models. However, the wholesale market remains the main channel for agricultural product circulation. The favorable conditions of the circulation network covering urban and rural areas, abundant agricultural raw materials, leading agricultural product processing industry in the country, and policy efforts promote the smooth and development of the modern circulation system of agricultural products in Henan Province. At the same time, there are also factors such as bottlenecks in the development of agricultural product circulation enterprises, low degree of organization in agricultural product circulation, and lagging development of standardization in the entire process of agricultural product circulation that restrict the healthy development of the agricultural product circulation system in Henan Province, Countermeasures and suggestions were proposed for this: to expand and strengthen agricultural product circulation enterprises, innovate agricultural product circulation methods, establish agricultural product standards and testing systems, and build an efficient and smooth modern circulation system for agricultural products in our province.

Keywords: Agricultural Products; Circulation System; Circulation Subject

B.14 Research on the Promotion Strategy of Consumption Environment in Henan Province　　　　*Wang Chaoya* / 172

Abstract: Since 2023, various departments of Henan Province have given priority to restoring and expanding consumption. By strengthening the effective supply of consumption promotion policies, accelerating the construction of consumption infrastructures, continuously deepening and expanding various consu-mption scenarios, and optimizing the consumption supervision and management, the driving effect of consumption on economic development has continued to increase. However, at the same time, there are still some weak links in the consumption supply system, consumption infrastructure, and supervision system. In the next step, Henan Province should identify the shortcomings and blocking points of the current consumer demand upgrading and producer consumption supply, and combine the in-depth implementation of the strategy of expanding domestic demand with deepening the structural reform of the supply side. Starting from the "soft" and "hard" aspects, we should optimize the consumption environment, boost consumption confidence and stimulate consumption potential.

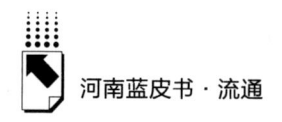

Keywords: Consumption Environment; Domestic Demands Expanding; Henan Province

B.15 Research on Efficiency Evaluation of Commercial Circulation in Henan Province from the Perspective of Six Central Provinces *Jia Wancong / 184*

Abstract: Improving the circulation efficiency and building an efficient and smooth circulation system is an inevitable requirement for building a new development pattern. Taking six provinces in the central region as the research object, this paper makes a comparative evaluation on the efficiency of commercial circulation in Henan Province. Based on the circulation data of six provinces in the central region from 2012 to 2021, the non-radial and non-oriented super-efficiency SBM model is used to calculate the circulation efficiency of commerce and trade in the central region. The results show that the circulation efficiency of Henan Province has declined significantly, from the first place in the central region in 2012–2018 to the fifth place in 2019, and maintained at the fourth place in 2020–2021, and the sharp decline in scale efficiency is the main reason for the decline in circulation efficiency; the pure technical efficiency of Henan Province has always been in the leading position in the central region, but the overall efficiency shows a downward trend; the scale efficiency of Henan Province is not only in a state of decline, but also in a low level of efficiency, which is in the middle and rear position in the central region.

Keywords: Circulation Efficiency; Super-efficiency SBM Model; Modern Circulation Industry; Six Central Provinces

B.16 Leveraging Port Advantages to Enhance the Economic Circulation Efficiency of Henan Province　　*Wang Liang* / 198

Abstract: Ports play an important role in circulation and promoting economic development. Currently, the development of ports in Henan Province has achieved some achievements, but there are still issues such as the port infrastructure needs to be improved, the port channel network system needs to be improved, and the port economy is not large enough. In the future, Henan should promote the high-quality development of Henan Port in the four aspects of improving the level of port construction and operation, optimizing port transportation channel networks, improving the "single window" service level of international trade, and strengthening the port economy.

Keywords: Port; Economic Development; Henan Province

B.17 Opportunities and Challenges of High-quality Development of Henan Cross-border E-commerce Under the New Development Pattern　　*Hou Shujuan* / 209

Abstract: The construction of a new development pattern is an important driving force to promote high-quality economic development. As an important force to smooth the domestic and international double circulation, cross-border e-commerce not only enhances the vitality and resilience of foreign trade development, but also promotes the optimization and upgrading of the industrial structure. Based on this, this report mainly analyzes the development status of cross-border e-commerce in Henan province, and based on the background of the new development pattern, explores the main opportunities and challenges of the high-quality development of Henan province, and finally puts forward some countermeasures and suggestions, such as focusing on the development of cross-border e-commerce + industrial belt, improving the ecological circle, focusing on finding high-quality products and building brand in Henan Province, deepening the industrial chain, planning the characteristic mode as a whole, competing and cooperating for coordinated development, cultivating three-dimensional e-commerce talents, and consolidating team building.

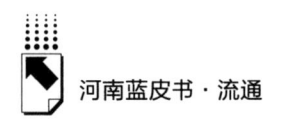

Keywords: New Development Pattern; Henan Cross-Border E-Commerce; High-Quality Development

V Regional Reports

B.18 Creating a Land Port Logistics Development Highland and Releasing the New Kinetic Energy of Hub Economy

Zhang Jincai / 221

Abstract: As the first state-level economic development zone in Henan Province, Zhengzhou Economic Development Zone has become the main engine of regional economic development. The rapid development of the economic scale of Zhengzhou Economic Development Zone has driven the logistics industry to become the basic and supporting industry in the region, and Zhengzhou Economic Development Zone has become the highland of land-port logistics development, constantly releasing the new momentum of the hub economy. Next, let modern logistics play a greater role in promoting consumption, explore a deeper integration of multimodal transport, logistics industry embedded in the whole industrial chain operation, logistics industry will become a strong driving force to enhance the development scale of Zhengzhou Economic Development Zone.

Keywords: Zhengzhou Economic Development Zone; Central Europe Banlie; Bonded Logistics; Third Party Logistics

B.19 Promoting the Construction of Zhengzhou International Consumption Center City with Hub Economy Thoughts and Suggestions *Yi Weiwei / 228*

Abstract: Consumption is an important engine of economic development. Relying on transportation hubs and industrial clusters to create a "consumption hub" and construction of international consumption center cities, so as to promote Zhengzhou to accelerate its integration into the new national dual-cycle development pattern and promote the high-quality economic development of Henan is worthy of serious exploration and study. This report analyzes the feasibility and the bottleneck constraints from the aspects of network connection, some suggestions are obtained, such as tamping the "hard support" of the hub net-work, promoting the interactive integration of related industries, saving consu-mption and upgrading, creating a development environment "soft power" and so on. The purpose of this report is to provide reference for promoting the hub economy to help the construction of Zhengzhou International consumption Center.

Keywords: "Double Cycle" Hub; High-Level Opening; Hub Industrial System; International Consumption Center

B.20 Lessons from the Pilot Construction of a Quarter of an Hour Convenient Life Circle in Hebi City *Li Hongsheng, Wang Zhaimin, Dang Wei and Yang Jiming / 243*

Abstract: In recent years, Hebi City adheres to the people-centered development idea, firmly grasps the people's yearning for a better life, constantly improves people's livelihood and well-being, takes the city's quarter hour conve-nient life circle as an important carrier of livelihood projects, grasps key points, breaks difficulties and sets up bright spots, with a total investment of 7.07 billion yuan. In 121 communities of 5 urban districts in the city, a quarter of an hour convenient life circle was built, and the coverage rate of urban communities was 100%. In 2021, Hebi City was awarded the first batch of pilot cities in China and the only pilot city in the province by the Ministry of Commerce. At the same time of the pilot project in urban communities, according to the needs and expectations of the masses, the construction of life circle in two counties under municipal jurisdiction was followed up synchronously, and by the end of the first half of 2023, 36 communities in the county achieved 100% coverage. It has stepped out of a unique Hebi Road.

Keywords: A Quarter of an Hour Convenient Life Circle; People's Livelihood Project; Promoting Consumption; Hebi City

B.21 Analysis on the Consumption Situation of Hebi Wenlu in 2023　　*Hu Tiantian, Li Kai and Qin Fuguang* / 253

Abstract: Since 2023, Hebi City has thoroughly implemented the important instructions of General Secretary Xi Jinping on the integration and development of cultural tourism and the spirit of his important speech on inspecting Henan Province, carried out the decision-making and deployment of the provincial Party Committee and the provincial government to build Hebi into a model city of high-quality development, deepened the structural reform of the supply side in the field of culture and tourism, and promoted the development of culture and tourism, relied on the global pattern of cultural tourism resources of mountains, waters, cities and one mountain, two rivers and five plates, and took the establishment of national tourism demonstration zones and cultural tourism integration development demonstration zones as the starting point, promoted the transformation and upgrading of cultural and tourism consumption, and the whole city's cultural tourism market has shown a continuous recovery, and new highlights of cultural tourism consumption are constantly emerging.

Keywords: Cultural Tourism Consumption; High Quality Development; Hebi

社会科学文献出版社

皮 书
智库成果出版与传播平台

❖ 皮书定义 ❖

皮书是对中国与世界发展状况和热点问题进行年度监测，以专业的角度、专家的视野和实证研究方法，针对某一领域或区域现状与发展态势展开分析和预测，具备前沿性、原创性、实证性、连续性、时效性等特点的公开出版物，由一系列权威研究报告组成。

❖ 皮书作者 ❖

皮书系列报告作者以国内外一流研究机构、知名高校等重点智库的研究人员为主，多为相关领域一流专家学者，他们的观点代表了当下学界对中国与世界的现实和未来最高水平的解读与分析。

❖ 皮书荣誉 ❖

皮书作为中国社会科学院基础理论研究与应用对策研究融合发展的代表性成果，不仅是哲学社会科学工作者服务中国特色社会主义现代化建设的重要成果，更是助力中国特色新型智库建设、构建中国特色哲学社会科学"三大体系"的重要平台。皮书系列先后被列入"十二五""十三五""十四五"时期国家重点出版物出版专项规划项目；自2013年起，重点皮书被列入中国社会科学院国家哲学社会科学创新工程项目。

权威报告·连续出版·独家资源

皮书数据库
ANNUAL REPORT(YEARBOOK) DATABASE

分析解读当下中国发展变迁的高端智库平台

所获荣誉

- 2022年，入选技术赋能"新闻+"推荐案例
- 2020年，入选全国新闻出版深度融合发展创新案例
- 2019年，入选国家新闻出版署数字出版精品遴选推荐计划
- 2016年，入选"十三五"国家重点电子出版物出版规划骨干工程
- 2013年，荣获"中国出版政府奖·网络出版物奖"提名奖

皮书数据库　　"社科数托邦"微信公众号

成为用户

登录网址www.pishu.com.cn访问皮书数据库网站或下载皮书数据库APP，通过手机号码验证或邮箱验证即可成为皮书数据库用户。

用户福利

- 已注册用户购书后可免费获赠100元皮书数据库充值卡。刮开充值卡涂层获取充值密码，登录并进入"会员中心"—"在线充值"—"充值卡充值"，充值成功即可购买和查看数据库内容。
- 用户福利最终解释权归社会科学文献出版社所有。

卡号：276627732425
密码：

数据库服务热线：010-59367265
数据库服务QQ：2475522410
数据库服务邮箱：database@ssap.cn
图书销售热线：010-59367070/7028
图书服务QQ：1265056568
图书服务邮箱：duzhe@ssap.cn

S 基本子库
SUB DATABASE

中国社会发展数据库（下设12个专题子库）

紧扣人口、政治、外交、法律、教育、医疗卫生、资源环境等12个社会发展领域的前沿和热点，全面整合专业著作、智库报告、学术资讯、调研数据等类型资源，帮助用户追踪中国社会发展动态、研究社会发展战略与政策、了解社会热点问题、分析社会发展趋势。

中国经济发展数据库（下设12专题子库）

内容涵盖宏观经济、产业经济、工业经济、农业经济、财政金融、房地产经济、城市经济、商业贸易等12个重点经济领域，为把握经济运行态势、洞察经济发展规律、研判经济发展趋势、进行经济调控决策提供参考和依据。

中国行业发展数据库（下设17个专题子库）

以中国国民经济行业分类为依据，覆盖金融业、旅游业、交通运输业、能源矿产业、制造业等100多个行业，跟踪分析国民经济相关行业市场运行状况和政策导向，汇集行业发展前沿资讯，为投资、从业及各种经济决策提供理论支撑和实践指导。

中国区域发展数据库（下设4个专题子库）

对中国特定区域内的经济、社会、文化等领域现状与发展情况进行深度分析和预测，涉及省级行政区、城市群、城市、农村等不同维度，研究层级至县及县以下行政区，为学者研究地方经济社会宏观态势、经验模式、发展案例提供支撑，为地方政府决策提供参考。

中国文化传媒数据库（下设18个专题子库）

内容覆盖文化产业、新闻传播、电影娱乐、文学艺术、群众文化、图书情报等18个重点研究领域，聚焦文化传媒领域发展前沿、热点话题、行业实践，服务用户的教学科研、文化投资、企业规划等需要。

世界经济与国际关系数据库（下设6个专题子库）

整合世界经济、国际政治、世界文化与科技、全球性问题、国际组织与国际法、区域研究6大领域研究成果，对世界经济形势、国际形势进行连续性深度分析，对年度热点问题进行专题解读，为研判全球发展趋势提供事实和数据支持。

法律声明

"皮书系列"(含蓝皮书、绿皮书、黄皮书)之品牌由社会科学文献出版社最早使用并持续至今,现已被中国图书行业所熟知。"皮书系列"的相关商标已在国家商标管理部门商标局注册,包括但不限于LOGO( )、皮书、Pishu、经济蓝皮书、社会蓝皮书等。"皮书系列"图书的注册商标专用权及封面设计、版式设计的著作权均为社会科学文献出版社所有。未经社会科学文献出版社书面授权许可,任何使用与"皮书系列"图书注册商标、封面设计、版式设计相同或者近似的文字、图形或其组合的行为均系侵权行为。

经作者授权,本书的专有出版权及信息网络传播权等为社会科学文献出版社享有。未经社会科学文献出版社书面授权许可,任何就本书内容的复制、发行或以数字形式进行网络传播的行为均系侵权行为。

社会科学文献出版社将通过法律途径追究上述侵权行为的法律责任,维护自身合法权益。

欢迎社会各界人士对侵犯社会科学文献出版社上述权利的侵权行为进行举报。电话:010-59367121,电子邮箱:fawubu@ssap.cn。

社会科学文献出版社